英雄总随风吹去

说说历史上那些将军们

姜若木◎编著

中国华侨出版社
·北京·

图书在版编目（ＣＩＰ）数据

英雄总随风吹去：说说历史上那些将军们 / 姜若木编著 .
—北京：中国华侨出版社，2012.9（2024.1 重印）
ISBN 978-7-5113-2932-5

Ⅰ . ①英… Ⅱ . ①姜… Ⅲ . ①将军—生平事迹—中国
Ⅳ . ① K825.2

中国版本图书馆 CIP 数据核字（2012）第 221372 号

●英雄总随风吹去：说说历史上那些将军们

编　　著：姜若木
责任编辑：崔卓力
版式设计：丽泰图文设计工作室 / 桃子
经　　销：新华书店
开　　本：710 mm × 1000 mm　1/16 开　印张：15.25　字数：238 千字
印　　刷：三河市嵩川印刷有限公司
版　　次：2012 年 9 月第 1 版
印　　次：2024 年 1 月第 3 次印刷
书　　号：ISBN 978-7-5113-2932-5
定　　价：48.00 元

中国华侨出版社　北京市朝阳区西坝河东里 77 号楼底商 5 号　邮编：100028
发 行 部：（010）64443051　　　传　真：（010）64439708
网　　址：www.oveaschin.com　　E - mail：oveaschin@sina.com

如果发现印装质量问题，影响阅读，请与印刷厂联系调换。

前 言

    细数历史上的那些风流人物，有雄才大略的深宫帝王，有德厚功高的文臣武将，亦有满腹经纶的风流才子，更有一朝恩宠红颜渐老的后宫嫔妃，文功武略不输须眉的女中丈夫，锦心绣口零落风尘的绝色佳人。随着时间的流逝，历史在前进，朝代在更迭，然而这些在人们心中留下深刻印象的人不会被历史的洪水淹没——

    历史的发展和文明的进步总是伴随着累累白骨和烽火狼烟，战争往往成为解决各种矛盾的终极手段，如农民阶级和地主阶级政权的统治与被统治的矛盾，外族入侵和维护民族权益的矛盾。在这样的特殊时期，往往有那么一群人肩负特殊使命应运而生，或成枭雄、或败走沙场。

    一将功成万骨枯。数千年历史，无数战争成就了一颗颗熠熠将星。他们叱咤风云，彪炳千秋；他们运筹帷幄，南征北战。泱泱中华，能征善战的将领简直太多了。他们无一不是战功赫赫，谋略出色。岁月如梭也不会让他们的威名有所蒙尘，朝代的更迭，让他们的功勋变得更为瞩目。

    他们腹藏雄兵百万，胸怀浩然正气，他们中有的是雄才大略、选贤任能的明君圣主，有的是励精图治、鞠躬尽瘁的贤相，有的是横刀立马、保国定边的将军，有的是料事如神、算无遗策的谋士，更有忧国忧民、心怀天下的贤臣义士。他们是中华民族的精英分子，为中华文明的发展作出了伟大的贡献，是我们的骄傲。人们理应记住他们，怀念他们。

当然，鱼目尚有混珠的时候，在这些精英的身影中，难免夹杂着一些历史的罪人，比如那些荒淫残暴的昏君、贪赃枉法的贪官、结党营私的阴谋家，这样的人只能为人们所不齿，最终被遗忘。

本书搜集整理了我国古代历史上 10 位极具特色的军事将领的大量资料，将他们的生平一一道出。本书语言流畅通顺，内容翔实有趣，集可读性与知识性于一体，期待与读者共飨。

第一章

齐勇若一——春秋兵圣孙武

孙武，字长卿，后人尊称其为孙武子、孙子，齐国乐安（今山东广饶）人。是春秋时期伟大的军事家、思想家，被誉为"兵圣"。孙武的一生，除赫赫战功外，最主要的是他给后人留下了不少珍贵的论兵、论政的篇章，其中以《孙子兵法》最著名。

第二章

出奇无穷——"人屠将军"白起

白起，芈姓，楚白公胜之后。战国时期秦国郿县（今陕西眉县常兴镇白家村）人。春秋时期楚君僭称王，大夫、县令僭称公，白起为白公胜之后，故又称公孙起。白起号称"人屠"，战国时秦国名将，战国四将之一，中国历史上继孙武、吴起之后又一个杰出的军事家、统帅。

英雄总随风吹去
——说说历史上那些将军们

第三章
横扫六国——智勇猛将王翦

王翦，战国时期秦国名将，关中频阳东乡（今陕西富平东北）人。主要战绩：破赵国都城邯郸，消灭燕、赵；以秦国绝大部分兵力消灭楚国。与白起、廉颇、李牧并称战国四大名将。

第四章
拔山盖世——西楚霸王项羽

项羽，名籍，字羽，战国时期楚国下相（今江苏宿迁）人，中国古代杰出军事家及著名政治人物。中国军事思想"勇战派"代表人物，秦末起义军领袖。秦末随项梁发动会稽起义，在公元前207年的决定性战役——巨鹿之战中大破秦军主力。秦亡后自立为西楚霸王，统治黄河及长江下游的梁、楚九郡。后在楚汉战争中为汉王刘邦所败，在乌江自刎而死。

第五章

国士无双——军事奇葩韩信

韩信，淮阴（今江苏淮安）人，西汉开国功臣，中国历史上杰出的军事家，"汉初三杰"之一。曾先后为齐王、楚王，后贬为淮阴侯。为汉朝的创建立下赫赫功劳，但后来却遭到刘邦的疑忌，最后被安上谋反的罪名而遭处死。韩信是中国军事思想"谋战"派代表人物，被后人奉为"兵仙""战神"。"国士无双""功高无二，略不世出"是楚汉之时人们对他的评价。

第六章

千古一人——匡济名帅郭子仪

郭子仪，中唐名将，华州郑县（今陕西渭南华州区）人，祖籍山西汾阳。以武举高第入仕从军，累迁至九原太守、朔方节度右兵马使。

天宝十四载，安史之乱爆发后，任朔方节度使，率军收复洛阳、长安两京，功居平乱之首，晋为中书令，封汾阳郡王。代宗时，又平定仆固怀恩叛乱，并说服回纥首长，共破吐蕃，朝廷赖以为安。郭子仪戎马一生，屡建奇功，大唐因有他而获得安宁达20多年，史称"权倾天下而朝不忌，功盖一代而主不疑"，享有崇高的威望和声誉。

第七章

精忠报国——抗金名将岳飞

岳飞，字鹏举，北宋相州汤阴县永和乡孝悌里（今河南汤阴）人。中国历史上著名的战略家、军事家、民族英雄、抗金名将。岳飞因军事方面的才能被誉为宋、辽、金、西夏时期最为杰出的军事统帅，是连接河朔之谋的缔造者，同时又是两宋以来最年轻的建节封侯者。与韩世忠、张浚、刘光世三人并称南宋中兴四将，岳飞居首位。

第八章

万里长城——开国元勋徐达

　　徐达，明朝开国第一武将，字天德，元末濠州（今安徽凤阳）人，出身于农家。徐达谋略过人，治军严明，智勇兼备，战功卓著，在帮助朱元璋攻灭张士诚、陈友谅等割据势力，北伐元军，灭亡元朝等重大战争中都立下赫赫战功，名列功臣第一。明朝建立后，因功被任命为中书右丞相，且先后被封为信国公、魏国公。徐达一生刚毅武勇，持重有谋，纪律严明，屡统大军，转战南北，功高不矜。朱元璋誉其为"万里长城"，并称赞其"出将入相，才兼文武世无双"。

第九章

阵演鸳鸯——抗倭英雄戚继光

　　戚继光，字元敬，号南塘，晚号孟诸，山东登州人。明代抗倭名将，中国历史上杰出的军事家，伟大的民族英雄。戚继光一生供职嘉靖、隆庆、万历三朝，史称"三朝虎臣"。其或在东南沿海扫灭倭寇，廓清海疆；或在北方练兵御边，使蓟门安然。智勇兼备，练兵有方，战功卓著。一生征战四十二年，誉声满华夏，威名震域外，举朝武将无出其右者，被誉为我国"古来少有的一位常胜将军"。

第十章

白发临边——晚清怪杰左宗棠

　　左宗棠，字季高，一字朴存，号湘上农人，署名今亮，谥文襄，湖南湘阴人。清朝大臣，著名湘军将领。一生亲历了湘军平定太平天国运动、洋务运动、率军平定陕甘回变和收复新疆等中国重大历史事件。左宗棠少时屡试不第，功名止于举人，转而留意农事，遍读群书，钻研舆地、兵法。后竟因此成为清朝后期著名大臣，后破格敕赐进士，官至东阁大学士、军机大臣，封二等恪靖侯。

第 一 章

齐勇若一
——春秋兵圣孙武

　　孙武，字长卿，后人尊称其为孙武子、孙子，齐国乐安（今山东广饶）人。是春秋时期伟大的军事家、思想家，被誉为"兵圣"。孙武的一生，除赫赫战功外，最主要的是他给后人留下了不少珍贵的论兵、论政的篇章，其中以《孙子兵法》最著名。

避乱奔吴，隐居著书

约公元前 545 年，孙武出生在齐国一个有军事传统的贵族家庭。他勤于治学，成长为一名伟大的军事家和军事理论家，被后世并称为山东文武两圣人之一（武圣）。

孙武的远祖其实既不姓孙，也不姓田，而是姓陈，是春秋时期陈国公子陈完的后代。

陈国是春秋时期的一个小国，其封疆包括今河南的东部及安徽的北部，国都在陈（今河南淮阳一带）。始封的国君是周武王的女婿胡满，他是舜的后代，父亲是周武王时负责执掌陶器制作的"陶正"（官名）。周王朝建立后，分封了数百个诸侯国，以屏卫周王室。姜子牙被周武王分封到齐地，建立齐国。胡满则被周武王分封到了陈。此后，胡满因封陈而称陈胡公，所建方国亦称陈国，子孙后代也以国名为姓氏，即姓陈。

公元前 707 年，当陈国君位传至陈桓公时，陈国发生了内乱。陈桓公的弟弟杀了兄长陈桓公，篡夺了君位，自立为王，史称陈厉公。7 年以后，陈桓公的儿子陈林又杀死了他的叔父陈厉公自立为陈庄公。庄公在位 7 年，死后由其弟弟接位为陈宣公。陈宣公立其长公子御寇为太子。公元前 672 年，陈宣公的宠妃为他生了一个儿子。为讨好宠妃，陈宣公废嫡立庶，杀死了太子御寇，另立宠妃生的儿子为太子。公子陈完（字敬仲，生于公元前 705 年）是陈厉公的长公子，又是太子御寇生前的知己好友。他预感到大祸即将殃及自己，甚至有生命危险，于是决定逃离陈国。

离开陈国以后要投奔到什么地方，陈完早就有了打算。他目睹了在争霸中原的角逐中，齐桓公不计前嫌，重用和自己有"一箭之仇"的管仲为相，君臣同心，励精图治，对内整顿朝政，锐意改革，对外尊王攘夷，广纳人才。于是，陈完毅然来到齐国。

陈完到达齐国后，齐桓公见他仪表堂堂，言谈不俗，颇有经天纬地之才，而且陈完又是陈国公子，虞舜之后，就打算聘他为客卿，也就是当齐桓公但非齐裔的高级幕僚，陈完谦逊地谢绝了。后来齐桓公就让他担任了管理百工（全国所有的手工制造业）的"工正"（官名）。

陈完在齐国，讲仁守义，办事得体，表现出很高的道德修养。有一次，陈完在白天招待齐桓公饮酒，当喝到兴头时，天已经黑下来了。齐桓公说："点上灯继续喝！"这时陈完很恭敬地站起来说："臣只知道白天侍奉君主饮酒，不知道晚上陪饮，实在不敢奉命。"后人评价陈完这种做法时说："用酒来完成礼仪，不能无限度地继续下去，就是义；陪君主饮酒完成礼仪后便不再使君主过量过度，这就是仁。"这件事是陈完讲仁守义的很好体现。

陈完在担任"工正"期间，不仅帮助齐国完成了"工盖天下"、"器盖天下"的争霸目标，还组织人编定了《考工记》一书。由于陈完出色的工作和绝佳的人品，齐桓公便赐给了他一些田庄。陈完一则为了隐姓避难，二则为了表示对齐桓公赐封田庄的感激，三则当时陈、田二字的读音差不多，故以田为姓，改陈完为田完。田完后来娶齐大夫懿仲之女为妻，家世逐渐兴旺起来，富贵盈门，成为齐国的望族。田完死后，谥号敬仲。

田敬仲（完）之子名稺孟夷。田稺孟夷生湣孟庄。田湣孟庄生文子须无，事齐庄公。田文子须无生桓子无宇，亦事齐庄公。田无宇承田氏家族尚武遗风，以勇武著称，力大无比，受到齐庄公的宠爱和器重，官至大夫，并被封采于齐国的莒邑（孙武出生地）。田无宇有三个儿子：田开（武子）、田乞（厘子）和田（孙）书。田开没有官职，是平民布衣，其一生主要活动在柏寝台，曾为齐景公登台而鼓琴，是齐国有名的"乐师"。田乞为齐国大夫，先事齐景公，后为齐悼公之相。

其执政期间，向民众收取赋税时，故意用小斗；而在向民众放贷时，却故意用大斗，暗行德政于民，收取民心。从此，田氏深得民众爱戴，"归之如流水"，田氏家族日益强盛。田（孙）书即孙武的祖父，在景公朝官至大夫，后因景公赐姓孙氏，改姓名为孙书。田（孙）书的儿子孙凭，即孙武的父亲，字起宗，在景公朝中为卿。田无宇、田（孙）书、孙凭，祖孙三代同在朝中为官，且地位显赫，权倾一时。

孙武就出生在这样一个祖辈都精通军事的世袭贵族家庭里。当时是齐景公在位早期，齐国的政治局势极为混乱，各大贵族互相争斗不止。孙武从小就喜欢兵法，为了有一个稳定的环境潜心研究兵法，同时受吴国良好的社会环境吸引，孙武便移居吴国。

孙武到了吴国，被伍子胥引荐给吴王阖闾，通过斩姬练兵，取得了吴王的赏识。在伍子胥，孙武的治理下，吴国的内政和军事都大有起色。吴王极为倚重二人，把他们两人视为左臂右膀。吴王读过《孙子兵法》，也想深入讨论。一天，吴王同孙武讨论起晋国的政事。吴王问道："晋国的大权掌握在范氏、中行氏、智氏和韩、魏、赵六家大夫手中，将军认为哪个家族能够强大起来呢？"

孙武回答说："范氏、中行氏两家最先灭亡。"

"为什么呢？"

"我是根据他们的亩制、收取租赋以及士卒多寡，官吏贪廉做出判断的。以范氏、中行氏来说，他们以一百六十平方步为一亩。六卿之中，这两家的亩制最小，收取的租税最重，高达五分抽一。公家赋敛无度，人民转死沟壑；官吏众多而又骄奢，军队庞大而又屡屡兴兵。长此下去，必然众叛亲离，土崩瓦解！"

吴王见孙武的分析切中两家的要害，很有道理，就又接着问道："范氏、中行氏败亡之后，又该轮到哪家呢？"

孙武回答说："根据同样的道理推论，范氏、中行氏灭亡之后，就要轮到智氏了。智氏家族的亩制，只比范氏、中行氏的亩制稍大一点，以一百八十平方步为一亩，租税却同样苛重，也是五分抽一。智氏与范氏、中行氏的病根几乎完全一样：亩小，税重，公家富有，人民穷困，吏众兵多，主骄臣奢，又好大喜功，结果只能是重蹈范氏、中行氏的覆辙。"

吴王继续追问："智氏家族灭亡之后，又该轮到谁了呢？"

孙武说："那就该轮到韩、魏两家了。韩、魏两家以二百平方步为一亩，税率还是五分抽一。他们两家仍是亩小，税重，公家聚敛，人民贫苦，官兵众多，急功数战。只是因为其亩制稍大，人民负担相对较轻，所以能多残喘几天，亡在三家之后。"

孙武不等吴王再开问，接着说："至于赵氏家族的情况，与上述五家大不一样。六卿之中，赵氏的亩制最大，以二百四十平方步为一亩。不仅如此，赵氏收取的租赋历来不重。亩大，税轻，公家取民有度，官兵寡少，在上者不致过分骄奢，在下者尚可温饱。苛政丧民，宽政得人。赵氏必然兴旺发达，晋国的政权最终要落到赵氏的手中。"

孙武论述晋国六卿兴亡的一番话，就像是给吴王献上了治国安民的良策。吴王听了以后，深受启发，高兴地说道："将军论说得很好。寡人明白了，君王治国的正道，就是要爱惜民力，不失人心。"

练兵斩姬，军令如山

阖闾即位三年（前512），吴国国内稳定，仓廪充足，军队精悍，向西进兵征伐楚国的准备工作已经基本就绪。伍子胥向阖闾提出，这样的长途远征，一定要有一位深通韬略的军事家筹划指挥，方能取胜。他向吴王介绍孙武的家世、人品和才干，称赞孙武是个文能安邦、武能定国的盖世奇才。可是，孙武自从来到吴国后一直隐居著书，吴王连孙武这个名字都不曾听说，认为一介农夫不会有多大本事。伍子胥先后推荐了七次，吴王才答应接见孙武。孙武带着他写的兵法十三篇觐见吴王。吴王将兵法一篇一篇看罢，啧啧称好，但忽然产生一个念头：兵法写的头头是道，是否真能适合于战争的实用呢？孙武能写兵法，又怎样才能证明他不只是一位纸上谈兵的人呢？吴王便对孙武说："你的兵法十三篇，我已经逐篇拜读，实是耳目一新，受益匪浅，但不知实行起来如何，可否用它小规模地演练一下，让我们见识见识？"孙武回答说："可以。"吴王又问道："先生打算用什么样的人去演练？"孙武答："随君王的意愿，用什么样的人都可以。不管是高贵的还是低贱的，也不论是男的还是女的，都可以。"吴王想给孙武出个难题，便要求用宫女来演练。于是，吴王下令将宫中美女一百八十人召到宫后的练兵场，交给孙武演练。

孙武把一百八十名宫女分为左右两队，指定吴王最为宠爱的两位美姬为左右队长，让她们带领宫女进行操练。同时指派自己的

孙武兴建的华夏兵学第一圣殿

驾车人和陪乘担任军吏，负责执行军法。分派已定，孙武站在指挥台上，认真宣讲操练要领。他问道："你们都知道自己的前心、后背和左右手吧？向前，就是目视前方；向左，视左手；向右，视右手；向后，视后背。一切行动都以鼓声为准。你们都听明白了吗？"宫女们回答："听明白了。"安排就绪，孙武便击鼓发令。宫女们口中应答，内心却感到新奇、好玩，她们不听号令，捧腹大笑，队形大乱。孙武说："申令不详，罪在主将没有将军规说明白，我再重申一次。"于是他把前面的话重复了一遍，再次问宫女们是否听明白了，宫女们回答"听明白了"。孙武再次击鼓，宫女仍然乱作一团。孙武说："军令已明，有违者，首罚队长。"遂下令军吏根据兵法，就地将两位队长斩首。吴王见孙武要杀掉自己的爱姬，马上派人传命说："寡人已经知道将军

能用兵了，没有这两个美人侍候，寡人吃饭也没有味道，请将军赦免她们。"孙武毫不留情地说："臣既然受命为将，将在军中，君命有所不受。"孙武执意杀掉了两位队长。这一来，宫女们大为惊骇，霎时间全场鸦雀无声，个个屏住声息，肃然而立，静听孙武的命令。孙武重新任命两队的排头充当队长，继续练兵。当孙武再次击鼓发令时，宫女们或左、或右、或前、或后、或跪、或起、都随令而行，用心尽力去做，谁也不敢稍有差错。整个练兵场上，只听到齐刷刷的脚步声和器械撞击声，阵形十分齐整。孙武使人请阖闾检阅，阖闾因为失去爱姬，心中不快，便托辞不来，孙武便亲见阖闾。他说："令行禁止，赏罚分明，这是兵家的常法、为将治军的通则。对士卒一定要威严，只有这样，他们才会听从号令，打仗才能克敌制胜。"听了孙武的一番解释，吴王阖闾怒气也消散了，便拜孙武为将军，积极筹划伐楚之事。在孙武的严格训练下，吴军的军事素质有了明显的提高。

妙计伐楚，以少胜多

吴王阖闾有了伍子胥、孙武两位股肱之臣，真是如鱼得水，如虎添翼。随着吴国政治、经济和军事实力的不断增长，伐楚的时机日益成熟。周敬王八年（前512），阖闾、伍子胥和孙武，指挥吴军攻克了楚的属国钟吾国（今江苏宿迁东北）、徐国（今安徽宿县西），这时阖闾头脑发热，想要长驱直入攻打楚都郢（今湖北江陵县纪南城）。孙武认为这样做不妥，便进言道："楚军是天下的一支劲旅，非徐国和钟吾国可比。我军已连灭二国，人疲马乏，军资消耗巨大，不如暂且收兵，养精蓄锐，再等良机。"吴王听从了孙武的劝告，下令班师。伍子胥也完全同意孙武的主张，并向吴王献策说："人马疲劳，不宜远征。不过，我们也可以设法使楚人疲困。"于是伍子胥与孙武共同商订了一套扰楚疲楚的计策，即组成三支劲旅，轮番袭扰楚国。当吴国的第一支部队袭击楚境的时候，楚国见来势不小，便全力以赴，派兵迎击。待楚军出动，吴军便往回撤。当楚军返回驻地时，吴国的第二支部队又攻入了楚境，如此轮番袭击，弄得楚国连年应付吴军，人力物力都被大量耗费，国内十分空虚，属国纷纷叛离。吴国又从轮番进攻中抢掠不少财物，在与楚对峙中完全占据上风。

周敬王十四年（前506年），楚国攻打已经归附吴国的小国蔡国，给了吴军伐楚的借口。阖闾和伍子胥、孙武指挥训练有素的三万精兵，乘坐战船，溯淮而上，直趋蔡国与楚军交战。楚军见吴军来势凶猛，不得不放弃对蔡国的围攻，收缩部队，调集主力，以汉水为界，加紧设防，抗击吴军的进攻。不料孙武突然改变了沿淮河进军的路线，放弃战船，改从陆路进攻，直插楚国纵深。伍子胥便问孙武："吴军习于水性，善于水战，为何改从陆路进军呢？"孙武告诉他说："用兵作战，贵在神速，应当走敌人料想不到的路，以便打它个措手不及。逆水行舟，速度迟缓，楚军必然乘机加强防备，那就很难破敌了。"说得伍子胥点头称是。就这样，孙武在三万精兵中选择了强壮敏捷的三千五百人为前锋，身穿坚甲，手执利器，连连大败楚军。吴军先后用"半渡而击"等战法，十一天行军七百里，五战五胜，一举攻陷楚国的国都郢，楚昭王带着妹妹仓皇出逃。孙武以三万军队攻击楚国的二十万大军，获得全胜，创造了以少胜多的光辉战例。

隐入深山，兵典传世

孙武在帮助阖闾西破强楚的同时，阖闾便计划征服越国。周敬王二十四年（前496年），阖闾听说越王允常去世，新即位的越王勾践年轻稚弱，越国国内不大稳定，认为机不可失，时不再来，便不听孙武等人的劝告，不等准备工作全部就绪，就仓促出兵，想要击败越国。不料，勾践整顿队伍，主动迎战，两军相遇于吴越边境的秭李（今浙江嘉兴西南）。勾践施展巧计，他派死刑犯首先出阵，排成三行，把剑放在脖子上，一个个陈述表演后，自刭于阵前。吴国士兵不知那是些罪犯，看得目瞪口呆，傻了眼，越军乘机发动冲锋，吴军仓皇败退，阖闾也伤重身亡。

阖闾去世后，由太子夫差继承王位，孙武和伍子胥整顿军备，以辅佐夫差完成报仇雪恨大业。周敬王二十六年（前494）春天，勾践调集军队从水上向吴国进发，夫差率十万精兵迎战于夫椒（今江苏吴县西南太湖边），在孙武、伍子胥的策划下，吴军在夜间布置了许多诈兵，分为两翼，高举火把，迅速向越军阵地移动，杀声震天。只见在夜幕中火光连成一片，越军惊恐万状，军心动摇。吴军乘势总攻，大败越军，勾践在吴军的追击下带着五千名士兵跑到会稽山（今浙江绍兴东南）上的一个小城中凭险抵抗。由于吴军团团包围，勾践只得向吴屈辱求和，夫差不听伍子胥劝阻，同意了勾践的求和要求。

随着吴国霸业的蒸蒸日上，夫差渐渐自以为是，不纳忠言。伍子胥认为，勾践被迫求和，以后一定会想办法报复，故必须彻底灭掉越国，绝不能姑息养奸，留下后患。但夫差听信奸臣的挑拨，不仅不理睬伍子胥的苦谏，反而制造借口，逼其自尽，甚至命人将伍子胥的尸体装在一只皮袋里，扔到江中。孙武深知"飞鸟绝，良弓藏；狐兔尽，走狗烹"的道理，对伍子胥惨死的一幕十分寒心，于是便悄然归隐于封地，息影深山，根据自己训练军队、指挥作战的经验，修订其兵法十三篇，使其更趋完善。事情果然不出伍子胥所料，越王勾践屈辱求和后，卧薪尝胆，立志报复，发愤十年，富国强兵。周敬王三十八年（前482），越军乘吴军主力聚集黄池与中原诸侯盟会、吴国国内兵力空虚之际，发兵袭击吴国，攻入吴国国都。吴国遭此劫难，一蹶不振，由盛转衰，延至周元王三年（前473），终于被越国灭亡。夫差愧恨交加，自刎而死。

孙武由吴王统一华夏的梦想，也就成为泡影。但在孙武、伍子胥的鼎力辅佐下，吴王夫差曾南服越国，北威齐、晋，并在周敬王三十八年（前482）的黄池之会上与晋国争做盟主，使吴国的强盛达到巅峰，显名诸侯。这一切都是与孙武杰出的军事谋略分不开的。正如司马迁在《史记·孙子吴起列传》中说的那样，吴王拜孙武为将后，"西破强楚，入郢，北威齐晋，显名诸侯，孙子与有力焉"。

第 二 章

出奇无穷
——"人屠将军"白起

白起，芈姓，楚白公胜之后。战国时期秦国郿县（今陕西眉县常兴镇白家村）人。春秋时期楚君僭称王，大夫、县令僭称公，白起为白公胜之后，故又称公孙起。白起号称"人屠"，战国时秦国名将，战国四将之一，中国历史上继孙武、吴起之后又一个杰出的军事家、统帅。

关西大将，一战成名

白起生活在战国末期，当时社会剧烈动荡，群雄争霸不休，一些驰骋沙场、能征善战的将领脱颖而出。白起的父亲曾经随秦军四处征战，建立过不少战功。自从有了儿子，他便给儿子起名为"起"，希望儿子将来能够像战国名将吴起那样所向披靡，屡立战功。小时候，白起就经常听他父亲讲述历史上英雄人物的故事，尤其爱听司马穰苴、孙武、吴起、孙膑的故事。白起长大以后，父亲就把他送进军营，使他从小就受到军旅的熏陶。白起不负父望，从小就酷爱军事，加上他有军事天分，喜欢研究各家兵法，又长期生活在军旅之中，积累了丰富的实践经验，久而久之，便逐渐精通了军事这门艺术，成了一位用兵如神的杰出将领。

公元前 294 年，秦昭王任命白起为左庶长，统率秦军进攻韩国。白起在这次战役中初步展示了自己的军事才华，精心策划，突出奇兵，以迅雷不及掩耳之势一举攻占了新城（今河南伊川西南），使魏国大惊。捷报传回秦国，秦昭王大喜，下令嘉奖白起。此后不久，经丞相魏冉推荐，昭王又命白起为将，带兵与韩、魏联军大战于伊阙（今河南洛阳南）山下。

当时，韩魏联军将多兵广，而秦军还不及他们一半。但韩魏联军表面上联合，实际上各怀心思，都想把对方推到前面迎战秦军，而自己退居后面隔岸观火，坐收渔利。白起抓住敌军的心理，先设疑兵麻痹韩军，然后派精兵猛攻魏军，魏军大败，韩军自然也不战自溃。白起乘胜追击，杀敌 24 万，死尸遍野，还俘虏了魏将公孙喜，攻陷五座城池。白起打了一个漂亮的大胜仗。战斗结束，白起因功官至国尉。

伊阙之战，是韩、魏两国遭到最大损失的一次战役。

韩、魏地靠秦国，按照秦国远交近攻的策略，二国是秦国"蚕食"的首要目标所在。在秦昭王十五年（前292），秦国又向韩、魏发动了进攻。这次秦昭王仍派白起为将，攻下了魏的垣（今山西垣曲县东南）。由于白起多次立功，被秦昭王提升为大良造（战国时秦的最高官职，掌握军政大权，也是尊贵的爵位）。第二年，白起率军攻占了中原重镇韩国的宛（今河南南阳）。宛是重要的产铁基地，又是冶铁业中心。与此同时，秦昭王派司马错占领了韩国另一炼铁基地邓（今河南孟县西）。宛、邓的被夺取，对秦国有重要的经济、军事价值，大大增强了秦国的国力，尤其增强了秦国的兵器制造工业，为秦最后统一天下打下了物质基础。

秦昭王十七年（前290），韩、魏两国在秦国大军连续不断的打击下，畏于秦的强大攻势，遂被迫向秦割让土地以求苟安。在多方筹商后，韩国割让武遂（今山西垣曲东南黄河以北地区）200里地给秦，魏割让河东400里地给秦。韩、魏割地求和，更加刺激了秦国的雄心，加速了秦国的向外扩张。

秦昭王十八年（前289），白起再次率领大军浩浩荡荡杀向魏国，一路势如破竹，连下蒲阪（今山西永济县蒲州镇）等61城，使魏国再次遭到沉重的打击。

至此，秦国认为韩、魏已不堪一击，对秦国已不构成威胁。决定改变策略，把主攻方向改向北方的赵国和南方的楚国。

在加兵赵国、楚国之前，秦国于公元前284年，曾联合韩、赵、魏、燕五国军队大败齐军，在白起的统率下战必胜、攻必克，威震邻国。东方的齐国在齐王统治下也大力发展，国力强盛，打败了南方的楚国，杀死楚国将领唐眜，在西边于观津（今山东观城）摧毁了三晋的官兵，之后又与三晋联合攻击秦国，帮助赵国灭了中山国。公元前286年，齐王又挑起战端，攻破宋国，宋偃王逃奔到魏国，死在温城（今河南孟县）。

这时的齐王，在屡屡胜利下，雄心大增，攻楚、击三晋之后，目标直接指向已分裂为二的周王朝，扬言要把周天子赶下台，由他来做天子。大臣狐咺因指责他而被绑到街市上斩首，陈举规劝他，齐王又把他绑到临淄（齐国都城）东门处决。齐王的倒行逆施，使齐国民怨沸腾。

燕昭王得知齐国臣民对齐王的怨恨，认为机会来了，日夜加强战备，准备伐齐。燕昭王向乐毅咨询伐齐的事，乐毅说："齐国是霸主的后代，地广人多，以我们燕国的兵力，单独攻击，不容易成功。要想成功，就必须与赵国、楚国、魏国联合起来，共同出兵。"于是，燕昭王就派乐毅前往赵国联络赵惠文王，再派其他使节分别出使楚国、魏国。又请赵国去联络秦国，向秦申明伐齐的理由，承诺事成之后分给秦国一定的利益。秦昭王心想，如能借此机会击败齐国，秦国不是可以坐收渔翁之利吗？这对今后秦国争霸，并进而吞灭六国，统一天下也就更容易，于是便很痛快地同意了使者的请求。其他各国因受齐国侵略，早已对齐王的蛮横自大恨之入骨，早想联合起来讨伐齐国。他们听说强大的秦国也加入了讨齐的行列，更是欢欣鼓舞，跃跃欲试。

公元前284年，燕国派出全国的兵力，跟秦、赵、魏、韩军队会合，乐毅兼任五国联军总指挥官，以泰山压顶之势向齐国发动进攻。齐王急忙调兵遣将，在济西（今山东阳信）与联军会战。齐将触子见联军势大，不知如何是好，一战就下令退兵，只身逃走，齐军大败。部将达子统率余部，继续与联军作战，于秦周（临淄雍门）又战败，达子战死。至此，齐军败局已无可挽回，乐毅见胜利在望，遂请秦军、韩军先行班师，请魏军前往占领原来宋国的领土，请赵军前往夺取河间（今山东高堂、堂邑）。乐毅亲自率领燕国远征军深入齐国国土，迅速占领了齐国首都。

破齐成功，秦国将进攻的矛头改变。秦军班师不久，即把进攻的矛头指向楚国。在进攻楚国的战斗中，白起一马当先，所向无敌，为秦国立下了汗马功劳。

为给进攻楚国创造有利的外部环境，消除后顾之忧，公元前279年，秦昭王与赵惠文王在河南渑池相会，两国修好停战，秦国的北面得到了稳定。外部工作做好之后，秦国便集中优势兵力，着力对抗楚国。

秦军兵分两路，一路由白起率领主力部队，由汉北地区南下，先夺鄢之后再夺楚都郢；另一路由蜀守张若率领侧翼部队，由四川出发，进攻巫、笮、黔中一带，然后沿长江东下，配合主力部队，牵制楚国兵力，使楚军顾此失彼，首尾无法接应，同时夺取楚国西部地区。

白起率领秦兵包围鄢城后，遭到楚国军民的奋力抵抗，战斗一时无法向纵深发展。鄢是楚的别都，距离楚国都城郢很近。鄢是郢的西大门，鄢城失守，郢将不保，楚国竭尽全力守卫鄢城。楚王为了保卫京师，派精兵良将，加强守卫。白起深知鄢城战略地位的重要，他决心攻下鄢城，以打开进军楚都的通道。

身经百战，具有丰富作战经验的白起仔细思量，寻找破城方略，他详细观察了鄢城附近的地理形势后，断然决定实行水攻的策略。

原来鄢城西有一条鄢水，发源于荆山与康山之间，向东南注入汉江。白起就命士兵在鄢城以西修筑堤堰，拦截鄢水，积水为湖。待水升到一定高度时，他就下令决堤放水。滔滔洪水，一泻而下，一下子就吞没了鄢城。大水从城西灌入，从城东北角溃出。楚国军民猝不及防，一时阵脚大乱，被大水淹死的达数十万，尸体流入河中。时值夏日，尸体腐烂，臭气冲天，人们把那里称为臭池。

白起以水淹之计击溃楚军，顺利地占领了鄢城。又乘胜急进，攻下安陆（今湖北安陆），紧接着乘胜迅速占领了楚都郢。楚军狼狈溃逃，秦军穷追不舍，一直追到洞庭湖边，并占领沿湖地区。秦兵过西陵（今湖北宜昌县）时，将楚先王之墓夷陵烧毁。楚王在秦军重创楚国之后，把国都迁往陈（今河南淮阳）地。公元前278年，秦设置了南郡，治所郢，管辖新占领的地区。白起因这次攻楚立了大功，被秦昭王封为武安君。

白起拔郢胜利，楚国已成日落西山之势，楚国从此失去了强国的地位，已不再作为秦国的强劲对手而存在了。白起为秦国最后统一天下奠定了又一基础，其功劳是很大的。

秦国打败楚国之后，进攻目标指向赵国和魏国。赵国是秦国进行兼并战争中所剩下的唯一强敌。秦昭王三十四年（前273），白起率军长途奔袭，一路急行，与赵、魏联军大战于华阳（今河南郑州南）。秦军不顾长途行军的疲劳，以迅雷不及掩耳之势猛攻敌阵。赵、魏联军听说与之对阵的是料敌如神、百战百胜的武安君白起，先已怯了三分，在秦军的迅猛攻击下，落荒而逃。秦军乘胜追击，俘虏魏军3名将领，斩首13万，乘势占领华阳，随后，白起指挥军队进攻贾偃率领的赵军。赵军失去魏军的支持，顿失信心，毫无斗志，与秦军交战不久，即大败而逃。秦军穷追不舍，结果使2万赵军溺毙水中。

长平之战，千古罪证

昭王四十三年，白起攻韩之陉城，攻陷五城，斩首5万。四十四年，白起又攻打韩南阳太行道，断绝韩国的太行道。四十五年，攻韩的野王（今河南沁阳）。野王降秦，上党通往都城的道路已被绝断，韩都新郑，上党必须由野王渡河始能通新郑。郡守冯亭同百姓谋议道："上党通往外界的道路已被绝断，我们已不可再为韩国百姓了。秦兵日渐逼近，韩国不能救应，不如将上党归附赵国，赵国如若接受，秦怒必攻赵。赵国受敌一定亲近韩国，韩、赵联合，就可以抵御秦国了。"于是派人报告赵国。赵孝成王与平阳君、平原君为此计议。平阳君说："还是不要接受吧，接受后带来的祸患一定大于得到的好处。"平原君则认为，白白得来的土地，怎有不要之理，接受了会对我们有利。赵国果然接受了上党，封冯亭为华阳君。

昭王四十七年（公元前260），秦派左庶长王龁攻韩，夺取上党。上党的百姓纷纷逃往赵国，赵驻兵于长平（今山西高平），以便镇抚上党之民。四月，王龁攻赵，赵派廉颇为将抵抗。赵军士卒犯秦斥兵，秦斥兵斩赵裨将茄。六月，败赵军，取二鄣四尉。七月，赵军筑垒壁而守。秦军又攻赵军垒壁，取二尉，败其阵，夺西垒壁。双方僵持多日，赵军损失巨大。廉颇根据敌强己弱、初战失利的形势，决定采取坚守营垒以待秦兵进攻的战略。秦军多次挑战，赵军却不出兵。赵王为此屡次责备廉颇。秦相应侯范雎派人携千金向赵国权臣行贿，用离间计，散布流言说："秦国所痛恨、畏惧的，是马服君赵奢之子——赵括；廉颇容易对付，他快要投降了。"赵王既怨怒廉颇连吃败仗，士卒伤亡惨重，又嫌廉颇坚壁固守不肯出战，因而听信流言，便派赵括替代廉颇为将，命他率兵击秦。

赵括上任之后，全面改变廉颇的部署，不仅临战更改部队的制度，而且大批撤换将领，使赵军战斗志力下降。秦见赵中了计，暗中命白起为将军，王龁为副将。赵括虽自大骄狂，但他畏惧白起为将。所以秦王下令"有敢泄武安君将者斩。"《史记·白起王翦列传》白起面对鲁莽轻敌，高傲自恃的对手，决定采取后退诱敌，分割围歼的战法。他命前沿部队担任诱敌任务，在赵军进攻时，佯败后撤，将主力配置在纵深构筑袋形阵地，另以

白起画像

精兵 5000 人，楔入敌先头部队与主力之间，伺机割裂赵军。8 月，赵括在不明虚实的情况下，贸然采取进攻行动。秦军假意败走，暗中张开两翼设奇兵胁制赵军。赵军乘胜追至秦军壁垒，秦军早有准备，壁垒坚固不得入。白起令两翼奇兵迅速出击，将赵军截为三段。赵军首

尾分离，粮道被断。秦军又派轻骑兵不断骚扰赵军。赵军的战势危急，只得筑垒壁坚守，以待救兵。秦王听说赵军的粮道被切断，亲临河内督战，征发 15 岁以上男丁从军，赏赐民爵一级，以阻绝赵国的援军和粮草，倾全国之力与赵作战。到了九月，赵兵已断粮 46 天，饥饿不堪，甚至自相杀食。

赵括走投无路，重新集结部队，分兵四队轮番突围，终不能出。赵括亲率精兵出战，被秦军射杀。赵括军队大败，40 万士兵投降白起。白起与人计议说："先前秦已攻陷上党，上党的百姓不愿归附秦却归顺了赵国。赵国士兵反复无常，不全部杀掉，恐怕日后会成为祸乱。"于是使诈，把赵降卒全部坑杀，只留下 240 个小兵回赵国报信。长平之战，秦军先后斩杀和俘获赵军共 45 万人，赵国上下为之震惊。

君臣猜忌，赐剑自刎

长平之战过后，是秦国灭赵的最好时机，白起当然希望一劳永逸。但一报还一报，赵国也想到了反间计。

公元前 259 年，大名鼎鼎的说客苏代，受赵王委托，带上丰厚的礼物入秦，问秦相范雎："武安君擒杀了赵括吗？"

"是。"

"秦国就要围攻赵都邯郸了吗？"

"是。"

苏代于是说："灭了赵国，秦国称王，武安君必然位列三公，他为秦国夺取了 70 多座城池，就是历史上周公、召公的功劳，也不过如此。到那时，您就要屈居其下了。"

苏代接着说："上党的百姓宁可归附赵国，也不向秦投降，可见天下百姓不愿做秦国的臣民。如果秦国灭了赵国，赵国北方的人会投奔燕国，东边的归入齐国，南面的跑去韩国、魏国，秦国能得到的百姓又有多少呢？不如趁着赵国惊恐之际，叫赵国割地求和，别再让武安君建功立业了。"

这番话说到了范雎的心坎上，他果然劝秦昭王和谈，白起大失所望。一年后，等秦昭王再次意欲攻赵时，时机已然错过了：赵国从重创中喘息过来，白起的身体也大不如前。

秦昭王首先派王陵出兵，大败。于是去请白起，白起断然拒绝："邯郸不是那么容易拿下的，何况各国的救兵纷纷开进赵国，他们对秦国的怨恨何止一日两日？长平一战，赵军虽然死了40万，但秦军也折损了一半，我们国内空虚，还要远征别国。赵军以逸待劳，各国援军里应外合，秦军必败。"

昭王不听，强行派兵。不久，第二员大将王龁果然遭遇了赵楚魏三国联军的夹击。白起不免自鸣得意："不听我的话，如今怎么样啊？"这句话传到昭王的耳朵里，昭王恼羞成怒。那好，你白起上阵吧！国相范雎亲自去请，但白起犟如黄牛，偏不从命。一个将军，既然不能为王所用，就只能为王所弃。

公元前258年，白起被夺官、削爵、降为士兵、迁居他乡。由于病情反复，白起无法远迁。他滞留在咸阳的3个月里，正是秦军节节败退之时。颜面扫地的秦昭王，不想让他继续得意，更不想让他看到自己决策的失败，便勒令他离开。

白起才走，秦昭王就和范雎商量："白起心怀怨诽，不如处死。"在咸阳城外十里，白起接到了赐死的命令。刚烈的白起拔出剑："我有什么弥天大罪，何至于这个下场？"良久，他又叹息道，"我本来就该死。长平之战，赵国40万人投降，我欺骗了他们，把他们都活埋了，这足够死罪。"说罢，他举起了那把鲜血浸染过的战剑，刺向了自己。

白起戎马一生，指挥过数十次重大战役，为秦国夺城70余座，扩地数千里，有大功于秦。在军事上，他料敌如神，战法灵活多变，攻无不克，战无不胜，是一位常胜将军，也是我国古代难得的军事天才。他的悲剧，源于他的性格。昭王明知必败仍强令出征，这已经不是对白起军事能力的考验，而是对他听命与否的检测，白起偏偏看不到这一点，一而再再而三地抗命。此后秦国的另一位名将王翦就很好地接受了白起的教训，在残暴的秦始皇手下得到善终。

在后人的眼中，白起更多是以"杀神"的形象出现；然而当年，他是秦国真正的"战神"，他的军事才能无人能敌。秦国最终能一统天下，与他征战数十年取得的赫赫战功关系密切——这是历代史学家都不会否认的事实。

第 三 章

横扫六国
——智勇猛将王翦

　　王翦，战国时期秦国名将，关中频阳东乡（今陕西富平东北）人。主要战绩：破赵国都城邯郸，消灭燕、赵；以秦国绝大部分兵力消灭楚国。与白起、廉颇、李牧并称战国四大名将。

少年老成，谋定而动

在秦始皇统一六国的战争中，有一位战功显赫的大将军叫王翦。

王翦生于战国时期关中频阳县。那时正处诸侯争雄的时代。为了争夺土地和人民，各国钩心斗角，到处发动战争，烧杀抢掠，战士白骨暴野，百姓生灵涂炭。看着满目疮痍、哀鸿遍野的大地和惨遭屠毒、流离失所的百姓，青少年时代的王翦心里十分难过。他决心练习好武艺，熟读兵书，将来报效国家，平定天下。刚满 18 岁，王翦就报名应征，驰骋于疆场。由于王翦作战勇敢，智勇双全，屡建奇功。秦王嬴政很快擢升他为大将，统率几十万大军。王翦不负秦王厚望，运筹帷幄，屡出奇兵，连拔赵国 9 城，斩首 10 万余众，攻克赵国京城邯郸，俘虏了赵王迁。接着又挥戈东进，兵渡易水，大败燕军。王翦从此威名大振，听到王翦的名字诸侯各国无不心悸胆寒。

秦国的历史上，战绩最辉煌的就数秦昭王时代的白起了。正如前文所述，白起一生历经大大小小 70 余战，竟能未尝一败，是当之无愧的"常胜将军"。他攻必克，战必胜，无往而不利，堪称战神。但是，《史记》没有写明的是，白起和秦昭王终其一生，势力范围还是限于黄河以西。黄河以东虽然也屡有斩获，但是胜负反复无常：因为战线拉得太长，兵员和粮草补给困难，于是始终无法有效占领，要么不得已撤退，要么被反攻失守。细究起来，其实最大的原因就是吕梁山脉和黄河的阻隔，直到秦始皇时期，秦军才对症下药，制订出了绝妙的军事计划：攻破城皋、荥阳、卷城、酸枣城一直到卫国的濮阳，把魏韩两国以黄河为线切割成南北两部，使得秦国东扩能避开吕梁山脉，变黄河为内河，便于运输兵员和粮草，对韩魏两国的都城形成泰山压顶之势。而之后，秦军又北渡黄河，占领对岸的汲城，建立根据地。与此相对应的，秦国在本国的最北面渡过黄河，攻占晋阳（今太原），之后一路南下，与汲城连成一线，一来使得韩魏两国黄河北岸的领土被秦国彻底包围，名存实亡；二来是连成一线后，向赵国包围，收缩战线，形成围攻赵国都城邯郸之势。就这样，曾经令秦国历代君王头疼不已的河东之地终于归于秦国的掌控之下，秦军宛如打破了缚束多年牢笼的猛虎，彻底摆脱了三晋的包围之势，开始进入全面进攻姿态。始皇一统天下的千古伟业终于踏出了实质性的第一步，而帮助他制定、实施这一天才军事构思的则正是我们本篇的主人公——王翦。当然，王翦的大才还不仅于此，真正的高手从来不会给对手任何一点点翻盘机会。为了保险，在包围圈形成后，王翦又花了四年等待（局部战争时有）战机，一边是以太原为基地，回身经营已经占领的城池，一边是多与士兵休整养息，以待时机，一举歼灭赵国。最终，王翦抓住机会，三路大军齐发，仅耗时一年，就攻占赵国全境，昔日曾力挽狂澜，以一己之力屡败秦军，始终站在抗秦第一线的善战之国——赵国就此灰飞烟灭。

王翦是真正的军事天才。凡事先做好充足的准备，不冒险，不打硬战（能打而尽量避免），不打险战，不追求以少胜多而是以绝对的优势兵力布局，步步为营，引诱敌方兵力集中，整个歼灭。没有白起的轰轰烈烈、惊险刺激、荡气回肠，其过程平淡如水，水到渠成，但这才是真正做事情的方式，至少是绝大多数想成功但天赋稍差的人最需要学习的做事方式。

计深虑远，功到自成

秦王雄心勃勃，决心乘胜扩大战果，"续六世之余烈，振长策而御宇内"，吞并六国，实现统一中国的大业。在消灭了燕赵之后，秦王又积极准备讨伐楚国。但楚国并非燕赵，地处江南，地大物博，兵源丰富，是个强劲的敌手。这次伐楚，秦王不得不格外谨慎。那么选谁挂帅出征才能万无一失，一举成功呢？秦王经过反复筛选，认为只有两个人可以胜任：一个是年轻有为、血气方刚的李信，一个是身经百战、深谋远虑的老将王翦。权衡利弊，二人各有长短，秦王一时犹豫不决。各位大臣又公理婆理，各持己见，莫衷一是。于是秦王决定亲自和二人当面理论，再做决定。秦王首先问李信："攻打楚国，需多少人马？"李信昂首挺胸，十分自信地回答说："不过二十万尔！"秦王笑了笑，便回头问王翦。王翦沉思片刻，回答说："以臣之见，非六十万人马不可。"秦王听完沉思了一会儿，又笑了笑，对王翦说："王将军到底是老了。"秦王即刻任命李信为帅，即日出征讨伐楚国。王翦看着秦王对刚愎自用的李信深信不疑，暗叹此战必败无疑，本想再谏，又怕弄不好还会引起秦王的怀疑，招来杀身之祸，就向秦王请求告老还乡。秦王以为王翦年老无用，略微挽留几句，也不再强留。

李信即日率领 20 万大军，浩浩荡荡向楚国进发。秦王长亭短亭亲自饯行。李信受宠若惊，对秦王说："大王放心，楚国不过弹丸之地，臣定会马到成功。大王只消在皇宫静候佳音就是了。"李信看着秦王弃了王翦，对自己如此器重，不由得沾沾自喜。一路耀武扬威，根本不把楚军放在眼里。楚军将领项燕（项羽的祖父）看李信年轻气盛，如此狂妄，不觉心中暗喜。他有意安排前军诱敌深入，佯装溃退。李信求功心切，轻兵冒进，长驱直入。楚军避实就虚，迂回运动，乘秦军不备，突然出击，切断其后路，使秦军首尾不能照应，连斩秦将七员。李信陷入楚军重围，多亏众将拼死相救，才得逃脱。秦王闻讯，十分震惊，这才幡然醒悟，深悔自己耳目不明，用错了人，寒了老将军的心。秦王亲率人马到王翦的故乡频阳，向王翦赔礼道歉。王翦借口有病，不见。秦王在频阳整整等候了 3 天，他明白王翦有气，再三赔罪说："寡人轻信李信，铸成大错，已无法挽回。今楚国士气正盛，国家存亡危在旦夕，难道将军能无动于衷？将军纵然对我有气，难道能为一己之怨，置国家大局于不顾？如果真这样，就算朕真看错人了。"但王翦仍不肯搭理他。秦王沉思片刻，心想：按将军为人不该如此，便说："莫非将军有什么难言之隐？尽管说，朕一概答应就是了。"王翦这才说："大王如果一定要臣出征，仍非六十万人马不可。"秦王满口答应。

接受了秦王的命令，王翦第二天就从家乡千口村出发。但秦王仍不放心，又派

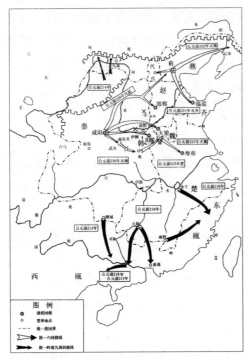

秦国统一六国形势图

人传下话来，说："大王决定将华阳公主嫁给将军。"公主即日起程相迎，二人在相逢处完婚。王翦早明白秦王心意，统率几十万人马南行四十余里，不料华阳公主和一百名美女已到频阳县的南塬上。王翦列兵为城，与华阳公主匆匆举行了婚礼。后来，人们就把王翦与华阳公主成婚的那座土塬称华阳塬。为纪念这一盛事，当地百姓还在华阳塬

为华阳公主修了庙宇，称华头庙。

公元前 224 年，秦军出动 60 万大军，像一片卷动的乌云，推向天光灿烂的南中国天空，去做统一中国前的最后冲刺——攻击楚国。

在中国乃至世界历史上，六十万人的战争规模是空前绝后的。

西方的战争史上，一般就是几万人的战斗规模而已。到了 19 世纪拿破仑进攻俄国，才平了这个六十万的纪录。直到爆发两次世界大战，苏德之间才开始以百万大军相搏杀。

在中国历史上，六十万人的战争规模也是空前的。曹操赤壁之战不过二十万。直到六百年后苻坚的淝水之战才平了六十万的纪录。此后再有六十万规模的，就是近代的解放战争了。

秦王嬴政交给王翦这六十万大军的时候非常舍不得，如果王翦这老小子带着六十万大军造反了，那我秦王只得下台。

王翦于是故意说："我曾经考察过，秦国某某处的庄稼地是块好田，还有，吕不韦从前留下的某处宅子风水也很好，他还有一处园子也很好——从来不闹鬼。能不能请大王赐给老臣，以为我的子孙住。"

秦王政略一错愕，旋即应允。

"还有了，嫪毐玩过的一个什么池子，我也去'考察'过，能否请大王也一并赐我。"

秦王政非常疑惑："将军此次出征，大功在即，回来之后，何愁贫寒？"

"大王，说句心里话，我们这样的人，功劳再大，也指望不了封侯喽。能够趁着现今被大王垂爱，早要些田园，亦足矣！"

秦王政闻言哈哈大笑："好！好！寡人就都答应你！"秦王原有的一脸愁云，顿扫而空。

我们说，王翦非常会演戏，绝对奥斯卡级别的影帝。

他把自己表现得贪财鄙陋，目光短浅，像个锱铢必较的小财主似的，好让秦王政放心，知道他没有鸿鹄之志——只求吃饱喝足、不求尊荣至贵。

王翦到了战场以后，还是隔三差五派人去跟秦王嬴政要房子：

"我听说嫪毐还有一处什么地方好像风水也不错啊。"

王翦的幕僚实在看不过去了，劝告他说："老将军你也太没风度了吧——老要房子！我们都跟您丢不起这个脸了。再说您老是这么去要，不怕大王怪罪吗？"

王翦哈哈大笑："你不知道！秦王如今空一国甲士尽付与我，如何放心得下。我不频频索要房子，以此自污品位格调，难道坐等大王疑我志向远大，有吞天翻地之心吗？"

幕僚敲了敲脑壳，翘着大拇指说："高！实在是高！"

所谓"求田问舍，原无大志"。但不管怎么样，"求田问舍"这个成语就这么传下来了，专指关心家产而无远大志向的人。

王翦带着60万大军到了楚国之后，楚国大将项燕前来迎战。

王翦决定坚壁高垒，采取拖延战术。

他对自己的军士训话说："按照我的战术，都给我留在壁垒内，洗澡、休息、吃饱喝足！谁也不许出战，否则直接拉出去斩首！"

于是士兵们就洗澡、休息、吃饭，原地休整。

秦军休养了很长时间，无所事事。夜晚他们都觉得很无聊，军官们睡在帐子里，士兵们干脆去土坡上躺着，幕天席地，偎着土地上白日的余温，望着夜空忽而闪过的流星，想到战争快要结束了。

绵延春秋战国时代六百年的兵气，终于就要销为天涯日月平静的光辉。

漫长的白天又到了，秦兵们就在兵营里练习立定跳远和飞石、弓箭的投射，因为他们实在憋得发慌了。

跳远是军人选拔的项目，因为战场上有许多壕沟需要跳。

自由搏击还是那么如火如荼，但王翦可以从士兵的眼中看出不同以往的杀气。让一帮如狼似虎的勇猛秦兵愣是休整了大半年，宛如将一只猛虎困于囚笼而不让其活动。这回"饥渴"了许久的他们终于嗷嗷叫了……

王翦看见了，就说："嗯，差不多到火候了，准备上战场吧。"于是他派人去打探项燕军队的动向。

而恰恰正在此时，王翦期待已久的战机终于出现了。楚军内部突然发生了严重的内讧，楚大将项燕和新楚王负刍此时因为争夺最高指挥权一事闹得不可开交。原来，自从第一次击败秦军入侵后，年纪轻轻的楚王就自信心暴涨，一心认为自己才是楚国的命脉所在，于是开始排斥大将军项燕。前番因为秦兵大军压境，重压之下，双方矛盾还来不及爆发，结果现在战事一稳定下来，楚王竟然开始发飙，罢免了项燕的所有职务，让他回家养老反省。结果项燕一时气愤不过，决定领着自己的兵马和楚王兵分两处，向东转移。

军队移动的时候是最危险的时刻，在行军中很容易阵列混乱，露出自己的软肋：后身和两翼都容易成为敌人攻打的目标。就像两个拳击手正在互相交手，其中一个突然掉头去场子边上喝饮料，那他的屁股和两肋就完全暴露给对手，很容易受到对手的攻击。

王翦没有浪费这稍纵即逝的时机，他令军中最精壮者为先驱，对楚军发起猛烈攻击。

项燕一离开，楚军顿时军心涣散，小楚王负刍这才明白谁才是楚国真正的"救星"，无奈大势已去，空有悔恨却已无力再改变什么。不久之后，王翦率兵南下数百里，直取楚都寿春，寿春陷落，楚王负刍被俘。项燕败退至江南，立昌平君为王。公元前223年，秦军攻到蕲（今安徽宿县东南），项燕兵败自刎而死。号称南方赫赫强国的楚国，至此冰消瓦解。

一个人即使再会作哀凉的诗，其情形意境也比不上公元前223年的长江流域，就像某一片带黄痕的绿叶，清风一拂，便无奈地飘下了枝头。

楚国就这样在一年间被王翦率领的秦军灭亡了。

安逸终老，一生败笔

王翦给人的印象是一员智将，在伐楚之时，用请求赏赐田地来消除秦王的疑心。这件事也成为一个典故，"求田问舍"由此而来，这个词语也就成了明哲保身的代名词。从王翦率六十万秦军伐楚攻百越直到班师回朝，秦王都不曾表示过怀疑，实属难得。王翦的安逸终老与白起的不得善终成了鲜明的对比。

王翦虽然足智多谋，但不能助秦建德，是一生中最大的败笔。太史公曾说王翦虽被秦王尊为师，但是不能辅佐秦的统治者建立德政，以巩固国家的统治。他辛辛苦苦帮秦王打下的江山仅历二世就烟消云散，这和秦王的暴虐是分不开的，王翦被尊为帝师，可以说没有负起自己应尽的责任，他死后不久，农民起义的烈火就燃遍大江南北。而最后其孙王离兵败被杀，也和王翦的过错是不无关系的。这也印证了一句老话，打江山易守江山难。正是因为这样，王翦也只能作为一名杰出的军事家流芳后世，而称不上是一位合格的政治家。

第 四 章

拔山盖世
——西楚霸王项羽

项羽，名籍，字羽，战国时期楚国下相（今江苏宿迁）人，中国古代杰出军事家及著名政治人物。中国军事思想"勇战派"代表人物，秦末起义军领袖。秦末随项梁发动会稽起义，在公元前207年的决定性战役——巨鹿之战中大破秦军主力。秦亡后自立为西楚霸王，统治黄河及长江下游的梁、楚九郡。后在楚汉战争中为汉王刘邦所败，在乌江自刎而死。

初生牛犊，少年意气

公元前 210 年，秦始皇到会稽郡（治所在今江苏吴县）巡游，在准备渡过钱塘江的时候，许多人赶来观看。其中有一个 20 多岁的青年，望着秦始皇前呼后拥、神气十足的样子，忍不住说："彼可取而代也！"他身边一个上了年纪的人赶忙制止了他，说："不要胡说！要被灭族的！"这两个人就是项羽和他的叔父项梁。

项家世世代代都是楚国的将领。项羽的祖父项燕就是楚国的名将，他在项羽 10 岁的时候率领军队与秦军作战，兵败自杀。这年，楚国被秦国灭亡了。项羽生于公元前 232 年（秦王政十五年），从他 3 岁那年（前 230）起，秦国先后灭了韩、赵、魏、楚、燕、齐六国，到公元前 221 年，一统天下，建立了我国历史上第一个中央集权的统一帝国。这一年，项羽才 12 岁。

项羽小的时候学写字，学不好就放弃了；后来又去学习剑术，依然如此。他的叔父项梁很生气，项羽却对叔父说："学写字不过记记名字而已！学剑术也只能抵挡一个人，不值得学；要学就学那种能够抵挡上万人的真本领。"于是项梁便教他学兵法，项羽大悦。但是，学起来也是粗知大意，从来不肯深入钻研下去，只求大概，不求甚解，这是项羽最终失败的重要原因。项羽长大成人，身材高大，体格魁伟，膂力过人，能把铜鼎举起来，气魄、才干也很出类拔萃。后来，项梁犯了杀人之罪，便带着项羽逃到吴中（今江苏苏州）去避难。在吴中，他们结识了当地的豪杰，这些人都很敬畏项羽，对他崇拜有加。

就在这时候，秦始皇东巡，路过钱塘江边，项羽情不自禁地说出了要取而代之的话。不久，秦始皇在沙丘（今河北平乡县东北）病死，他的小儿子胡亥登基当上了皇帝，即秦二世。秦二世昏庸无能，被宦官赵高操纵，统治集团内部也互相倾轧，十分黑暗。秦朝的残暴统治，加剧了阶级矛盾，造成了"天下苦秦"的局面，六国贵族的残余势力，也在等待时机，准备东山再起。秦王朝已经危在旦夕，一场农民起义的疾风暴雨很快就来到了，年轻的项羽就被这股急流推上了历史的舞台。

举兵反秦，等待战机

公元前 209 年（秦二世元年），中国历史上第一次大规模的农民起义终于爆发了。这年七月，陈胜、吴广在大泽乡（今安徽宿县东南刘家集）揭竿而起，并在陈县（今河南淮阳县）建立"张楚"政权，陈胜自立为楚王。大泽乡振臂一挥，天下云集响应，从此一发而不可收，反抗暴秦的旗帜插遍大地。

同年九月，项羽与叔父也在吴中起兵。当时，会稽郡守殷通见秦政权的灭亡指日可待，自己地位难保，就想让项梁和桓楚统率军队，乘机起兵。他把这一想法告诉项梁，项梁借口桓楚逃亡在外，只有项羽知道他的去向，便去找项羽商量，并让项羽手持宝剑，在外边等候。项梁安排好以后，又回来坐定，对殷通说："还是让项羽进来，叫他去找桓楚。"殷通答应了。项羽进来不久，项梁对他使了个眼色说："动手吧。"话音未落，项羽就拔出宝剑，杀了殷通。项梁提着殷通的人头，佩挂上会稽太守的大印，神气十足地走出来。郡守府里一下子乱了起来，项羽手起剑落，杀了几十个人，其他的人都惊恐万分。这时，项梁便召集他结识的豪杰和官吏，告诉他们准备起兵的事，并派人到附近去招集人马，很快就征集了 8000 精兵，安排了各级将官。项梁自己当了会稽郡守，项羽做了裨将（副将），正式起兵攻打秦国。

这时，陈胜起义军已经打进了函谷关，（在今河南灵宝西南），到达咸阳以东的戏河（在今陕西临潼东）。秦二世惊恐万状，立即派章邯率领在骊山服役的刑徒对起义军进行镇压。由于起义军力量分散，使章邯得以各个击破，起义军遭到了严重挫折。

公元前208年（秦二世二年）一月，陈胜已死，他的部将召平正在攻打广陵（在今江苏扬州东北）。他得知陈胜兵败，秦军即将南下，便假传陈胜的命令，拜项梁为"张楚"的上柱国（楚国的最高武官，地位仅次于丞相），要项梁赶快领兵向西攻打秦军。于是，项梁带领8000精兵，横渡长江天险，向西进发。他沿途招兵买马，扩充力量，项梁军迅速壮大。在到达下邳（今江苏睢宁县西北）时，已经有六七万人了。年轻的将领项羽所统率的部队，成为这支军队的主力军。

项梁得到陈胜牺牲的消息后，于这年六月在薛（今山东滕县东南）地召集各路起义军将领，部署继续与秦军战斗的计划。刘邦这时已发展到有五六千人，也来归附项梁。项梁

西楚霸王项羽——清人绘

又给了他5000士卒、10名将领，壮大了刘邦的实力。项梁在薛重整了起义军，并采纳了谋士范增的建议，把流落在民间的楚怀王的后人熊心，立为楚王，仍称为楚怀王，建都盱眙（今江苏盱眙县东北）。项梁自称为武信君，主持军事。

在薛安定下来之后，项梁领兵打败了围攻东阿（今山东阳谷县东北的阿城镇）的秦军，并且跟踪追击到陶县（今山东定陶西北）。同时，项羽与刘邦也先后领兵在城阳（今山东菏泽东北）、濮阳（今河南濮阳西南）以东，击溃秦军。接着，刘邦、项羽南攻定陶没有成功，

便西至雍丘（今河南杞县），把秦军杀得片甲不留，并杀死了三川郡守李由，然后乘胜回师东北，攻打外黄（今河南杞县东北）。

就在这时，传来了项梁不幸身亡的消息。原来，随着起义军的不断告捷，项梁越来越骄傲轻敌，章邯利用项梁这一弱点，等到秦军的援兵一到，便在定陶偷袭项梁，项梁仓促应战，不幸身亡，起义军遭到沉重打击。

项羽、刘邦听到这个不幸的消息，立即带兵撤离外黄，改攻陈留（今河南陈留），仍然没有成功。项梁战死以后，起义军士气低落，项羽、刘邦和吕臣等人便率领军队向东转移，来到彭城（今江苏徐州）附近。吕臣的队伍驻扎在彭城的东面，项羽的队伍驻扎在彭城的西面，刘邦的队伍驻扎在彭城西北的砀（今安徽砀山南）。面对着得胜的秦军，起义军只好等待时机，以便扭转战局，夺取胜利。

巨鹿之战，进军关中

秦将章邯在陶县得胜之后，也骄傲起来，认为楚地的起义军已经没有多大力量，没有后顾之忧了。这年的闰九月，章邯便率兵北渡黄河，攻打新近恢复国号、割据称王的赵国。赵军大败，邯郸失守，赵王赵歇、赵相张耳退守巨鹿（今河北平乡）。章邯命秦将王离、涉间领兵包围了巨鹿城，他自己领着队伍驻扎在巨鹿城南的棘原（今为何地不可考），从黄河边到巨鹿城下修筑了甬道，接济围城的秦军。赵王歇多次向楚王求救。

这时，楚怀王已经从盱眙赶到了彭城，并亲自统率项羽、吕臣的军队。他任命宋义为上将军，项羽为次将，范增为末将，率领大军援救赵国。同时，派刘邦西攻关中，直捣秦朝的巢穴。

公元前 207 年（秦二世三年）十月，宋义率领援军开到远离巨鹿的安阳（今山东曹县东）以后，慑于秦军的威力一直停留了 46 天，不敢前进。这时候，被围困在巨鹿城里的赵军已经危在旦夕了。项羽看到宋义滞留不前，便对他说："赵王被围，形势危急，应该赶快领兵渡过黄河，楚军从外边攻，赵军在里边打，这样互为呼应，一定能够打垮秦军。"宋义对援救赵国有二心，便断然拒绝了项羽的意见。他认为，如果秦军打胜了，也已经很疲惫，楚军就可以轻而易举消灭它；如果秦军战败，楚军就可以向西进军，一举推翻秦朝。他对项羽说："冲锋陷阵，我不如你；运筹帷幄，你不如我。"为了压服项羽，他下达了一道命令，谁敢不听指挥，就要杀头。

当时，淫雨连绵，天气寒冷，军粮不足，士卒衣服单薄。宋义为了送他儿子出使齐国，竟亲自送到很远的地方，并在那里大摆酒宴。项羽看到这种情形，十分焦虑。在他看来，当齐心协力攻打秦军的时候，不应该久留不进；处在灾荒之年，百姓贫困，士卒挨饿，军中又余粮不足，身为一军之帅，不应该如此奢侈。他认为赵国刚刚建立，势单力薄，秦军却十分强大。秦军一旦攻下了赵国，就会更加骄横。到那时，形势会更加严重，毫无可乘之机。况且楚军主力刚被打败，楚怀王坐立不安，把所有的兵力都交给了宋义，国家的存亡，在此一举。可是，宋义不但不抚恤士卒，反而只谋私利，不肯一心为国。

十一月的一天清晨，项羽借参见之机，在军帐里杀掉了宋义，并向全军将士宣布："宋义想反叛楚国，楚怀王已密令我把他处死。"当时，全军将士都被项羽镇服了，谁也没有异议，他们异口同声地说："首先拥立楚王的，本来就是你们项家；你杀掉宋义，是镇压叛乱。"于是，众将领都推举他代理上将军。项羽派人报告了楚怀王以后，楚怀王便任命他做上将军，统率全军，前去救赵。从此，项羽成了起义军的最高军事统帅。他不仅威慑一方，而且名闻诸侯。这时，项羽刚刚 25 岁。

当时的形势迫在眉睫，章邯所率领的秦军主力越发嚣张，不可一世。巨鹿城外，重兵压境，秦将王离兵多粮足，攻城猛烈；巨鹿城内，赵军孤立无援，危在旦夕。赵将陈余收集了常山（治所在今石家庄北）

一带的兵将几万人，驻扎在巨鹿城北；张敖收集了代郡（治所在今河北蔚县东北）的人马1万多人，驻扎在陈余大营的旁边。前来救赵的各路人马，在巨鹿城外驻扎下来，但谁也不敢与秦军交战。被围困在巨鹿城里的赵相张耳，要求陈余出兵击秦。陈余自知兵力不足不敢出战。张耳十分恼火，便派张黡、陈泽去责备陈余不该拥兵不救。陈余辩解说："我认为出兵击秦救不了赵国，只会白白地损兵折将，就像拿肉喂饿虎一样。"张黡、陈泽求战心切，表示事到如今，宁愿一死。于是，陈余给张黡、陈泽5000人去进攻秦军，果然全军覆没。面对这种严峻的局面，项羽能否马到成功解救赵国，关系到起义军的成败。

十二月，项羽以视死如归的精神和非凡的气概，挥师北进，向巨鹿进发。他首先派遣英布和蒲将军做先锋，带领两万人马渡过漳水，援救巨鹿，切断了秦军的甬道，断绝了王离的粮草运输。接着项羽亲率全部人马渡河北进。过河后，他们凿沉了所有船只，砸碎了炊具，烧毁了军营，每人只携带三天的口粮，表示只许进，不许退的必胜决心。

前面是气焰嚣张的秦军，后面是波涛汹涌的河水。楚军上下人人知道，只有战胜敌人，解除巨鹿之围，才是唯一的出路；否则就会全军覆没，葬身鱼腹。所以破釜沉舟的办法，使楚军士气大振，斗志昂扬。渡河以后，就以迅雷不及掩耳之势，在巨鹿包围了王离的军队。一连经过9次激烈的战斗，终于消灭了秦军主力，杀死了秦将苏角，俘虏了大将王离，涉间走投无路，自焚而死。在这场鏖战中，各路援赵将领，慑于秦军的淫威，都不敢前往援助。他们远远站在各自的壁垒上，眼看着楚军勇猛善战，以一当十，杀声震天，个个吓得心惊胆战。项羽打败了秦军以后，立即召见各路援军将领。

他们进了项羽的营门以后，一个个俯着身子，跪着用膝盖走路，连头也不敢抬起来。项羽指挥果断、勇于决战的精神和无所畏惧的英雄气概，使他们佩服得五体投地。从此，各路诸侯无不拥戴项羽，项羽也成了各路诸侯的上将军，各路人马都听他的指挥。

解了巨鹿之围并没有消灭秦军的主力。在巨鹿西南的棘原还驻扎着章邯率领的秦军主力 20 余万。项羽立即引兵南下，驻军漳水以南，与章邯的军队对峙了数月之久。当时，秦二世不断派人责备章邯作战不力，章邯也担心遭到权臣赵高的暗算，心中十分恐惧。赵将陈余也写信劝他背叛秦国。正在他犹疑不决的时候，项羽派蒲将军领兵日夜兼程，渡过三户津（今河北临漳县西），与秦军交战，一举击败秦军。项羽又亲自带领主力在汗水（漳水支流，在今临漳县附近）边大败秦军。章邯觉得，如果打了胜仗，赵高会嫉妒他的功劳；打了败仗，赵高更要问罪。经过这两次沉重打击之后，他不得不竖起了降旗。这样，维护秦王朝封建统治的主力军就被歼灭了。

巨鹿之战是推翻秦二世残暴统治的具有决定性意义的一次战役。从项羽引兵渡河到章邯投降，历时近 9 个月，起义军终于赢得了胜利。这次战役之所以取得胜利，跟项羽破釜沉舟的英雄气概和杰出的军事指挥才能，是分不开的。巨鹿之战的胜利，为起义军西入关中，推翻秦朝统治打下坚实的基础。

随后，项羽统率各路人马和秦朝降军向关中进发，准备最后推翻秦王朝。秦朝降军沿途受到诸侯军的鄙视，私下里多有怨言。项羽知道以后，唯恐他们发生变乱，于是就跟英布、蒲将军等人计议，在兵到新安（在今河南渑池东）的时候，乘夜把 20 万秦朝降卒都活埋在新安城南，只留下章邯、司马欣、董翳三名降将，跟随入关。

鸿门风云，错失良机

当项羽领兵到达函谷关的时候，发现把守关隘的不是秦军而是刘邦的军队。原来，早在宋义、项羽、范增北上救赵的时候，楚怀王就派刘邦西进咸阳，并预先约定谁先攻入关中，就封谁为关中王。秦军

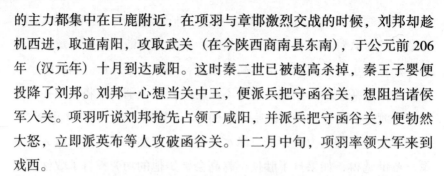

的主力都集中在巨鹿附近，在项羽与章邯激烈交战的时候，刘邦却趁机西进，取道南阳，攻取武关（在今陕西商南县东南），于公元前206年（汉元年）十月到达咸阳。这时秦二世已被赵高杀掉，秦王子婴便投降了刘邦。刘邦一心想当关中王，便派兵把守函谷关，想阻挡诸侯军入关。项羽听说刘邦抢先占领了咸阳，并派兵把守函谷关，便勃然大怒，立即派英布等人攻破函谷关。十二月中旬，项羽率领大军来到戏西。

刘邦手下的曹无伤听说项羽对刘邦非常不满，便想乘机讨好项羽。他派人密报项羽："沛公（刘邦）想做关中王，让子婴为相，秦宫室里的珍宝也全部被他据为己有。"项羽的谋臣范增也对项羽说："刘邦在山东的时候，贪财好色。如今入了关，反倒不要财物，不近女色了，可见他的图谋很大。要赶快击败他，不要丧失良机。"项羽听罢，气冲冲地传令说："明天早晨让士卒们饱餐一顿，准备击败沛公的军队！"这时项羽拥兵40万，号称百万，驻在新丰鸿门（今陕西西安东北）；刘邦有兵10万，号称20万，驻在灞上（今陕西西安东南）。双方力量悬殊，刘邦处于劣势。

项羽有位叔父名叫项伯，跟刘邦的谋臣张良有旧交情。当年项伯曾杀过人，张良救了他。他听说明天早上项羽要进攻刘邦，便连夜赶到刘邦的军营里找到张良，劝张良跟着他一起走，不要跟刘邦一块儿等死。张良不肯丢下刘邦自己逃命，便立即禀报刘邦，并给刘邦出主意。刘邦把项伯请来，像对待兄长那样接待他，亲自向他敬酒，并结成儿女亲家。刘邦还向项伯表示："我进关以来，秋毫无犯，保管好户籍册，封存好府库，就是专等着项将军到来。我派兵把守关口，是为了防备盗贼和非常事件。我期望着项将军能早日到来，以便移交，哪里敢反对项将军呢？您回去以后，请转告项将军，我刘邦决不敢忘恩负义。"项伯答应了，临走时对刘邦说："明早你一定要来向项王谢罪。"刘邦一口答应下来。于是，项伯又连夜返回军营，把刘邦的话告诉了项羽，并且劝项羽："要不是沛公首先攻入关中，你哪能轻易进来呢？人家立下军功你反而要攻打他，这是多么不应该呀！不如乘他明天来谢罪的时候，好好地嘉勉他。"项羽表示赞同。

第二天早晨，刘邦带着100多名随从，骑着马，来到鸿门。他一见到项羽，便主动谢罪说："我和将军同心协力，反抗暴秦，将军在黄河以北作战，没有想到，我能首先攻入关中，推翻秦朝，并有机会在这里再次和将军相见。可是，现在有人想从中离间我们，让将军和我发生误会。"项羽听到这里，便脱口答道："这都是曹无伤告诉我的，不然，我怎么能误会你呢。"说罢就在鸿门设宴款待刘邦。

酒宴摆好，大家就座。项羽、项伯坐在西面，范增坐在北面，刘邦坐在南面，张良坐在东面。宾主边吃边饮，边交边谈。范增多次向项羽示意，并举起佩戴在腰带上的玉玦暗示项羽杀掉刘邦。项羽却依然故我，不理不睬。范增急了，便出去找到了项羽的叔伯兄弟项庄，对他说："项王不忍心杀死刘邦。你现在就到酒宴上去敬酒，然后，你就请求舞剑助兴，并乘机把刘邦刺死，不然的话，你们将来都会成为刘邦的俘虏。"于是，项庄来到酒席宴前敬酒，并且对项羽说："项王跟沛公饮酒，军营里没有什么可以娱乐的，就让我舞剑给大家助助兴吧。"项羽同意了。项庄就在席前舞起剑来。项伯看出了项庄舞剑的真实意图。唯恐伤害了刘邦，于是就拔出剑，与项庄对舞，并总是用身子保护着刘邦，使项庄没有机会下手杀掉刘邦。

张良也看出了苗头不对，连忙离开座席，跑到军营门外去找樊哙。樊哙一见张良，就急不可待地问："今天的事怎么样了？"张良说："项庄舞剑，意在沛公。"樊哙一听就沉不住气了，对张良说："事情万分紧急，让我进去吧，要死就跟沛公死在一块儿！"说罢，就一手持剑，一手拿着盾牌，直往营门里闯，门前的卫士都上前阻拦，不让他进去，樊哙侧着盾牌一撞，便把卫士撞倒在地。没等卫士爬起来，他已经闯入大营，赶到宴席前面，面对项羽怒目而视，头发似乎都竖起来了，眼眶好像也要瞪裂了。

项羽一见樊哙，大吃一惊，立即提高了警惕，按着宝剑，大声问道："你是何人？"张良连忙介绍说："他是沛公的卫士樊哙。"项羽说："好一个壮士！赏他一大碗酒！"樊哙拜谢了项羽，端过酒来一饮而尽。

项羽又说："赏他一条猪腿!"手下的人给了他一条生猪腿。樊哙把盾牌扣在地上，把生猪腿放在盾牌上，用剑切成一块一块的，大口大口地嚼吃起来。项羽对他大加赞赏，说："壮士，还能喝酒吗?"

樊哙答道："我死都不怕，还怕喝酒不成?"接着，他又十分严肃地对项羽说："秦王就像虎狼一样残暴，杀人唯恐少了，用刑唯恐轻了，逼得天下人起来造反。入关之前，楚怀王与诸将约定：谁先击败秦军攻入咸阳，就封谁为'关中王'。如今，沛公先进了咸阳，秋毫无犯，他把宫殿府库封起来，把军队退回灞上，等待大王到来。他派兵守关，是为了防备盗贼和非常事件。沛公这样悉心竭虑，大王不仅没有封赏他，反而听信小人的谗言，要杀害有功之人。这跟残暴的秦朝有什么不同? 这样做，只会使亲者痛，仇者快，我认为大王不应该这样做!"项羽听了这番话，不知如何应对，只是说："坐吧，坐吧。"樊哙就在张良的身边坐下了。

过了一会儿，刘邦托辞要去厕所，就招呼樊哙一同出去了。刘邦出来后，觉得在这里危机四伏，想要回去，可又觉得不该不向项羽辞行。樊哙说："如今人家犹如菜刀和案板，我们好比鱼肉，根本不必辞别。"这时，张良也跟出来了，刘邦让他留下来向项羽辞谢，并把带来的一对白璧和一对玉斗交给张良，要他分别献给项羽和范增。刘邦丢下随从、车骑，骑上一匹快马，由樊哙等四员大将保护着，沿骊山脚下，一路快马加鞭，仓皇逃走，奔回灞上军营。

从鸿门到灞上，相距40里，刘邦走的是小路，仅有20里。张良估计刘邦快到军营了。便回到酒宴上向项羽辞行。他对项羽说："沛公酒量小，醉了，不能亲自来辞行，特意让我奉上白璧一双，献给大王；玉斗一对，献给范将军。"

项羽连忙问："沛公现在哪里?"

张良回答："听说大王有意责备他，他就先回去了，现在已到军营了。"

项羽默然，也没说什么，并接过张良献上的白璧，放在案上赏玩。

范增拿过玉斗，随即丢在地上，然后抽出宝剑，把它击得粉碎，并信口骂道："唉，跟蠢人不能共同完成大业。看着吧，将来夺取天下的，一定是刘邦，我们就等着做人家的俘虏吧!"

刘邦一回到军中，第一件事，就是诛杀与楚军私通的曹无伤。

鸿门宴以后不几天，项羽就和各路将领带领着人马进入咸阳，在咸阳城里烧杀抢掠。他处死秦王子婴，火烧了秦朝的宫室，那个"五步一楼，十步一阁"的阿房宫，也被付之一炬，大火足足烧了3个月，项羽抢掳了秦宫的财宝和美女，准备带回彭城。项羽的这些做法，大失民心。有人建议项羽："关中之地，有山有河，四面有险可守，土地肥沃，可以在这里建都，完成一统天下的大业。"项羽看看秦朝宫室，已被烧得残破不堪，变成了一片焦土，于是又怀念起家乡来，心想着衣锦还乡，便说："富贵不归故乡，如衣绣夜行，有谁知道呢?"当时，有人在背后讽刺项羽说："人们说楚国人就像穿着人衣，戴着人帽的猕猴，外表像人，其实不是人。现在看来，果然如此。"这话让项羽听到了，他就把这个人抓来活活烹死了。

不久，项羽派人向楚怀王请示灭秦后举措。楚怀王说："照原来约定的办。"就是说，应该封刘邦为关中王。对此，项羽极为反感。他认为当初立楚怀王只是为了便于伐秦。楚怀王本来就是他们项家立的，没有什么功劳，根本没资格主持盟约! 这三年来，披坚执锐，征战南北，最后灭秦定天下的，全靠的是各位将相和他项羽的力量，楚怀王根本无功可言。于是，他名义上称楚怀王为义帝，让他建都在郴（今湖南郴县），实际上是有名无实。

公元前206年二月，项羽自立为西楚霸王，把原来楚国、魏国的大部分地区列入自己的封地（今浙江、江苏、山东西部、河南东部），并建都彭城。项羽担心刘邦会跟他势力相当，平分天下，不想封他为关中王，但是又不愿意落个不守信用的坏名声，便跟范增商量，把刘邦封为汉王，占有汉中、巴蜀地区（今陕西南部、四川北部），定都于南郑（在今陕西南郑）。因为巴蜀地区地形险要，交通不便，不利于刘邦的发展。因此，项羽说巴蜀也是关中地区，把它封给刘邦并不违背当初的盟约。为了防备刘邦通过关中向东扩张，项羽又把关中地区一分为三。封秦朝降将章邯为雍王，建都废丘（在今陕西兴平南）；封司马欣为塞王，建都栎阳（在今陕西临潼东北）；封董翳为翟王，建都高奴（在今陕西延安）。让他们堵住刘邦东进的道路。此外，在关东地区还分封了 14 个诸侯王。项羽自称各诸侯王的盟主，各诸侯王听从他指挥。

项羽分封诸侯，破坏了秦始皇以来的统一局面，恢复了战国时代的封建割据，违背了人民渴望统一、安定团结的迫切愿望。同时，他分封诸侯又不完全按照功劳的大小，没有一个统一的标准，很多是依据个人的好恶。由于分封得不够公平，没有受封、或者封地不多的人，怨天尤人，所以酿成了割据势力之间的矛盾和斗争。

项羽之墓

这年四月，受封的诸王各自领兵回到自己的封地去。项羽也东归彭城。这时，义帝还在彭城。项羽催促他赶快迁到都城郴县。义帝在赶往郴县途中，项羽又派人在路上把他杀死了。

不久，在关东地区便爆发了诸侯王之间的局部战争。没有被封的田荣，对项羽怨恨在心。他领兵赶走了齐王田都，杀了胶东王田巿和济北王田安，自称齐王，并与彭城联合起来，反对项羽。陈余也没有被封，便与田荣联盟，打败了常山王张耳的军队，赶走了张耳。

项羽得到齐、赵两地叛乱的消息后，立即征集九江王英布领兵伐齐。没想到英布推说有病，不肯亲自出战，只派他手下的将领带着几千人去援助项羽。项羽因此对英布极为不满。公元前 205 年（汉二年），正月，项羽亲自领兵北上，在城阳（今山东莒县）与田荣会战。田荣战败，逃到平原（今山东平原南），被平原百姓杀死。项羽乘胜前进，一直攻打到北海（今山东淄博以东、莱州以西地区）一带。在齐国境内，项羽烧毁房屋，夷平城市，活埋降兵，烧杀抢掠，结果遭到齐国人民的反抗。田荣的弟弟田横也集聚了齐国散失的士卒几万人，占据城阳，与楚军为敌。项羽屡战不胜，被拖在城阳一带。

这时，刘邦已率领主力部队，浩浩荡荡地杀出函谷关，直奔项羽的国都彭城。消息传来，项羽让部将领兵继续进攻城阳，亲自率领3万精兵向南进发，经鲁（今山东曲阜县），出胡陵（今山东鱼台县东南），昼夜兼程地赶回彭城。袭击刘邦。彭城道上，烟尘滚滚。楚汉之间第一次大规模的交战即将开始。

彭城交战，以少胜多

原来，早在公元前206年（汉元年）八月刘邦乘齐、赵反楚，项羽无暇西顾的时机，按照韩信的建议，决定向东发展，争夺天下。他兵出汉中，打败雍王章邯，占领了关中的大块地盘。不久，塞王司马欣、翟王董翳也都归附了刘邦。为了阻止刘邦东进，项羽又封郑昌为韩王，驻兵阳翟（今河南禹县），对抗刘邦。刘邦也放出风声说：他得到关中已经足够，无意向东发展；真正想灭掉楚国的，是齐国和赵国。项羽果然上当，一门心思要攻占齐国。刘邦在平定关中以后，继续出关东进，河南王申阳被迫投降，韩王郑昌也被刘邦打败。公元前205年（汉二年）三月，当项羽与田横在城阳交战的时候，魏王豹投降了刘邦，殷王司马卬也成了刘邦的俘虏，刘邦进占洛阳。同时又为义帝发丧，派使者遍告诸王，说项羽杀死义帝，大逆不道，号召各路诸侯一起讨伐项羽。这年四月，刘邦领着河南王、魏王、殷王等5个诸侯王的军队，乘项羽后方空虚之际，一举攻入彭城，并抢走了项羽宫中的财宝和美女，每天设宴饮酒，庆祝胜利。

这时，项羽援救彭城的队伍虽是精兵，但只有 3 万；刘邦在彭城的军队却有 56 万，双方的兵力悬殊。

不过，刘邦仗恃着兵多将广，被胜利冲昏了头脑，麻痹、轻敌；项羽却急如星火，决心以少胜多，收复失地。所以汉军军心涣散，戒备松懈；楚军却斗志旺盛，求胜心切。

四月的一天早晨，项羽率领楚军从彭城以西的萧县向东攻打刘邦的军队，打打走走。中午，就在彭城把汉军打得大败，一直追到彭城东北的泗水，汉军无路可退，纷纷跳入水中，淹死、战死的汉军有 10 多万人。另一部分汉兵也从彭城向南逃跑，楚军一直追到彭城西南灵璧（今安徽宿县西北）以东的睢水边。前边有睢水挡路，后有楚军掩杀，汉军死亡人数难以计算，10 多万人只好跳进睢水逃命。但是人多拥挤，加之水深流急，死伤无数，甚至堵塞了睢水。

楚军把汉军围得水泄不通，刘邦想从西北方向突围，但左突右突也突不出去。正当万分危急之时，天气骤变，西北风越刮越大，吹断了树木，掀翻了屋顶，霎时间，飞沙走石，天昏地暗。这猛烈的西北风，正好迎着楚军追击的方向刮来，楚军阵脚大乱。刘邦趁此机会只带着数十名骑兵逃出重围。

彭城之战是楚汉之争的第一次重大战役。在这次战役中，楚军在项羽的指挥下，以少胜多，打败了汉军，很快收复了彭城，打了一个漂亮仗。已经投顺刘邦的诸侯，这时又纷纷归附项羽了。刘邦却全军覆没，连他的父亲太公和妻子吕雉，也被项羽俘虏了。

四面楚歌，霸王归天

公元前 203 年（汉四年）九月，项羽拔营东归，向彭城而去。刘邦也打算撤回到关中。张良、陈平进谏说："如今汉已拥有大半个天下，诸侯都归附于汉，而楚兵疲惫，粮草供应不足，这正是天赐之亡楚良机，如果不立即乘胜追击，让他东归就等于养虎遗患啊！"刘邦听了觉得很有道理，遂决定东进。

公元前 202 年（汉五年）十月，刘邦军队在固陵（今河南淮阳县西北）追上了楚军。项羽指挥军队大败汉军。刘邦以割地封王为条件，赶忙调来韩信和彭越协力攻楚。十二月，项羽驻扎在垓下（在今安徽灵璧县东南）。刘邦和韩信、彭越等各路大军 30 余万人把项羽团团包围。刘邦命韩信率 3 万人向项羽挑战，向楚营大喊："人心已背楚，天下已归刘。韩信屯垓下，要斩霸王头！"项羽大为恼怒，率众冲杀出去。韩信且战且退，把项羽引进埋伏圈。伏兵四起，一拥而上，把项羽围在中央，他左右冲击，体力渐渐不支，最后终于杀出一条血路回到垓下营中，所剩人马不足 3 万，外边围得铁桶一般，几日后粮草断绝。正值隆冬，将士忍冻挨饿，军心涣散。项羽眼看如此凄惨景象，却一筹莫展，无计可施，心中无限凄楚。

一天夜里，汉军在四面唱起了楚歌。歌声传到楚军大营，楚兵听到乡音，思念家乡，不愿再战。项羽听了，也大为听惊，他想："难道楚国已被汉军占领了吗？为什么汉军里有这么多的楚国人呢？"他越想越焦急，心绪烦乱，久久无法入睡，便披衣起身，与美人虞姬在帐中饮酒解闷。他一会儿望着跟他形影不离的心爱的虞姬，一会儿抚摸着跟他南征北战的千里乌骓马，内心激动不已，心境更加悲凉，于是，情不自禁地慷慨悲歌道：

力拔山兮气盖世，时不利兮骓不逝。

骓不逝兮可奈何，虞兮虞兮奈若何！

项羽一遍又一遍地唱着，禁不住落下泪来。左右的人也都低声哭泣，楚军大营被悲伤的气氛所笼罩。

夜深了，项羽决定乘夜突围。他跨上乌骓马，只率领800多名精壮骑兵向南驰去。次日清晨，汉军发现项羽已经突围，刘邦立即命令灌婴率领5000骑兵追击项羽。项羽渡过淮河以后，他的随骑只有100多人了。走到阴陵（今安徽和县北）时，项羽迷了路。他向一个农夫问路，农夫骗他说："向左走。"项羽又一次受骗，向左没走多远即陷入一片沼泽之中，被汉军追上了。项羽只好又领兵向东突围，来到了东城（今安徽安远东南）。这时，手下只剩下28个人了，而汉军的追兵却有几千人。项羽知道大势已去。估计自己末日将临，就对他的骑士们说："我从起兵到现在已经8年了，身经大小70余战，所向无敌，无坚不摧，从未打过败仗，因而才能称霸天下。然而今天困在这里，无路可退，这是天要亡我，并不是我不会打仗。不信，我再打一场痛快仗给你们看，我要斩将、夺旗，没有什么可以阻挡我，为你们解围，叫你们知道知道，这是天要亡我，并不是我的仗打得不好！"

说罢，他把28人分成四队，面向四方。这时，汉军把他们重重包围起来。项羽对他的骑士们说："我为你们杀汉军一名将领！"于是，叫四队骑士向四方冲去，并约定在山的东面分别集合。一切安排就绪，项羽大喝一声，纵马冲向汉军，汉军纷纷溃散，四下逃命，项羽果然斩杀了一名汉将。这时汉将杨喜正在追逐项羽，项羽对着他瞪起眼睛，怒吼一声，吓得杨喜人马俱惊，后退了好几里。

项羽按事先约定跟他的部下在三处会合，汉兵不知项羽去向，也只好兵分三路，分别把楚军包围起来。项羽纵马冲杀，斩了汉军一名都尉和几十名士兵，再次聚集他的部下，只丧失了两人。于是项羽得意地对他们说："我打仗的能力如何？"骑士们说："正如大王所说的那样！"

项羽来到乌江（今安徽和县东北 40 里的乌江浦）边，乌江亭长把船靠在岸边，请他上船，并对项羽说："江东虽是弹丸之地，有方圆千里的土地，几十万民众，可以东山再起。希望大王赶快渡河，现在这里只有我的船，我们一走，汉军就没法过江了。"提起江东，项羽无限感慨，他笑着对亭长说："天要亡我，我渡江也没有用呀。况且我项籍和江东八千子弟一起渡江西进，如今没有一个人生还，纵使江东父老怜爱我，尊我为王，现在我无颜再见到他们。"说罢，他拉着乌骓马，对乌江亭长说："这匹马我已经骑了五年，英勇无畏，曾经一天跑过一千里路，我不忍杀掉它。我知道你是个忠厚长者，就把它送给你吧。"然后，他让将士们下马步行，手持短兵器与汉军接战。在此期间，光项羽一人就杀死杀伤汉兵成百人，他自己也受伤十几处。项羽回身看见了汉将吕马童，便说："你不是我的老朋友吗？"吕马童把项羽指给汉将王翳说："这就是项王！"项羽说："我听说谁要能得到我的头，汉王就赏千金、封万户侯，我就成全你吧！"说罢，拔剑自刎于江边。项羽就这样在乌江边结束了他悲壮的一生，当时年仅 31 岁。

宋代女诗人李清照曾经写道：

> 生当作人杰，死亦为鬼雄。

> 至今思项羽，不肯过江东。

项羽是一位豪气冲天、叱咤风云的英雄人物。在陈胜领导的我国历史上第一次大规模的农民起义爆发以后，项羽和项梁很快兴兵响应，成为反抗秦朝残暴统治的主力军，当陈胜失败，项梁战死，农民起义处于千钧一发的危机关头，项羽率领起义军不失时机地发动了著名的巨鹿之战。他破釜沉舟，以少胜多，终于消灭秦军主力，赢得了胜利，扭转了战局。这不仅加速了农民战争的历史进程，为刘邦顺利攻入咸阳、推翻秦朝残暴统治客观上提供了有利条件，而且表现了项羽的英雄气概和非凡的军事才能。项羽的历史功绩是不可磨灭的，他不愧是波澜壮阔的秦末农民战争中涌现出来的起义领袖之一。

但是，项羽又犯了许多致命的错误，有许多的缺陷，所以又是一位悲剧式的人物。在秦朝灭亡以后，他自称霸王，分封诸侯，违背了劳动人民要求国家统一、社会安定的迫切愿望，违背了社会发展的潮流，使社会又回到春秋战国时期军阀割据和混战的局面。在进军关中和楚汉战争中，他不仅坑杀降卒，而且烧杀抢掠，荼毒百姓，以致天下多怨，民心不服；他有勇无谋，屡被捉弄，性喜猜疑，听信谗言，连谋士范增也被他赶走，搞得民心大乱，众叛亲离。同时，项羽始终没有建立一个可靠的根据地，作为支持自己战争需求的基地。

项羽固然威武雄伟，能征善战，但他不过是个头脑简单，四肢发达的马上英雄。比项羽大 20 多岁的刘邦，虽也粗鲁，不喜诗书，但却豁达大度，百折不挠，又知人善任，能屈能伸，有勇有谋。所以猛将如云，谋士如雨，善于运筹帷幄之中，决胜千里之外，常常使外强中干的项羽疲于奔命，腹背受敌，处于被动局面。所以，在长期的楚汉战争中，刘邦虽屡战屡败，却由弱变强；项羽虽屡战屡胜，却由盛而衰，最后竟落到四面楚歌的地步，在乌江之畔，自刎而死。

"滚滚长江东逝水，浪花淘尽英雄"。两千多年过去了，项羽的英雄形象虽然深入人心，但他失败的历史教训，也值得人们深思。

第 五 章

国士无双
——军事奇葩韩信

韩信，淮阴（今江苏淮安）人，西汉开国功臣，中国历史上杰出的军事家，"汉初三杰"之一。曾先后为齐王、楚王，后贬为淮阴侯。为汉朝的创建立下赫赫功劳，但后来却遭到刘邦的疑忌，最后被安上谋反的罪名而遭处死。韩信是中国军事思想"谋战"派代表人物，被后人奉为"兵仙""战神"。"国士无双""功高无二，略不世出"是楚汉之时人们对他的评价。

少时孤贫，壮志从戎

秦始皇嬴政年代，在江苏淮阴县韩家村，有位少年姓韩名信，家中虽贫寒，但父亲是个勤劳明理之人，节衣缩食也要供韩信读书识字。韩信聪明好学，他没有辜负父亲期望，对所学知识都牢记于心。他的勤奋好学深得老师的器重，一次，老师对其他学生言道："我一生所教的学生中，唯有韩信日后能成大器，有所作为。"可惜韩信 12 岁时，其父积劳成疾，不幸早逝。韩母身染重病，家中渐渐一贫如洗。韩信 15 岁时母亲病故，他不得已而辍学。从此他无依无靠，孤苦伶仃，靠在河边钓鱼谋生。他生性喜爱武功，便向村里一位武师学了点拳脚剑法。师父看他是个可塑之材，便将自己的佩剑赠送于他。他非常感激，便常常佩带在身上。

韩信 16 岁时，秦皇暴政、民不聊生。又因淮阴天旱无雨，河水下降，水中鱼少。他常因钓不到鱼，而没钱买饭吃。一日，他头顶烈日在河边钓鱼，由于既饿又热不觉倒在河边，昏了过去。在下游不远处，一位面容清秀的中年妇人带着她 14 岁的女儿紫娟在河边为人洗衣，当洗完最后一件衣服时，紫娟姑娘站起理了理秀发，忽然发现饿昏在岸边的韩信。

中年妇人是靠洗衣为生，大家都叫她漂母，她顺着女儿手指的方向望去，见河边倒着一位少年，急忙和女儿跑到韩信身边。紫娟姑娘连声呼喊："这位大哥你醒醒。"韩信仍昏迷不醒。紫娟又对娘说："娘，看这位大哥咋了。"

漂母扶起韩信看看脸色说："想必是饿昏了，没关系，灌点粥就会好的。快将他搀扶到我们家中。"漂母与紫娟将韩信搀扶到自己家中。韩信躺在床榻上，漂母一勺一勺地给韩信灌进米粥。韩信渐渐苏醒，睁开双眼，见眼前一位面目慈祥的妇人和一位年轻姑娘，便问道："我这是在哪儿？"紫娟见韩信苏醒，十分高兴。韩信非常感激地说："好些了，多谢伯母、小姐的救命之恩！""不必客气。你姓啥，家住何处，怎么饿成这样？"漂母问道。韩信惭愧地讲述了自己的身世。漂母起了怜悯之心，又见韩信英俊年少，质朴淳厚，便收留了韩信。

韩信见这茅屋虽然简陋，但屋内收拾得非常整洁，又见漂母善良热情，便点了点头说："多谢伯母厚意，信若日后得志，滴水之恩当涌泉相报。"

从此，韩信就寄食在漂母家中，帮助漂母干些体力活。漂母待韩信如亲儿子一般。

有一年冬天，他打完一担柴禾准备回家，忽然抬头见一老翁鹤发童颜，正在忘我地练习武功，他不由自主放下柴担走到老翁跟前观看。老翁剑术已登峰造极，利剑上下飞舞，分不清是雪还是剑影。韩信情不自禁地喝彩："好剑法！"老翁闻声立即收剑，抬头见是一少年后生，便转身要走。韩信慌忙上前跪拜在老翁脚下："请老先生收我为徒！"

老翁上下打量着韩信，见他眉清目秀，眉宇间透着一股英气，心中已有几分喜欢，沉思片刻问道："你喜爱武功？"韩信见老翁发问，急忙答道："我自幼喜文爱武，但家中贫寒，因此习武造诣不深。今日有幸巧遇高人，请师父收我为徒，不然我就跪到天黑。"老翁微微一笑："嗬！你真有诚意，那你习武是为了什么？"韩信沉思片刻："为了将来报效国家，除暴安良！"老翁诧异地望望韩信，心中思量："他年龄不大，志向却不小，竟有如此雄心，日后必是国家栋梁之材。"便答应收他为徒。老翁又道："你先起来，今日先挑柴回家，等三日后来此等候。"言罢转身而去。韩信望着老翁的背影消失后，才起身挑起柴担下山。途中，见好友南亭慌慌张张跑来，韩信急忙问道："南亭兄，何事如此惊慌？"

南亭与漂母是邻居，与韩信结为好友，因他长韩信9岁，韩信称之为兄。他告知韩信，秦皇选美，紫娟、文娟、已被抢去，漂母被踢成重伤。

"啊!"韩信大吃一惊,放下柴担与南亭飞奔下山……

官兵掠走姊妹俩后,南亭夫妇急忙跑进漂母家中将漂母扶在榻上,南亭飞奔上山去找韩信。韩信急忙赶回,见漂母已昏迷不醒。

南亭妻在一旁催促道:"信弟,伯母伤势不轻,得赶快请医生来治啊!"韩信赶忙跑出门请来一位山村郎中,郎中给漂母包扎好伤口,又给漂母诊脉,并不时摇头叹气。开好药方交给韩信,韩信送走郎中再伸手一摸,怀中竟无分文了,他毫不犹豫地从墙上摘下宝剑对南亭夫妇说道:"烦兄嫂在此照料,我去去就来。"

韩信匆匆来到淮阴街头,因无钱抓药,只好手捧宝剑在街头插草卖剑。日近西山仍无人问津。韩信心急如焚便满街叫卖,他来到小河桥头,一班浪汉恶棍竟挡住他的去路,其中县令恶少快步上前趁韩信不备,强行夺去韩信怀里抱着的宝剑。又交与另一浪汉。并且双手叉腰喊道:"你这穷汉,从哪偷的宝剑在此叫卖,你若缺钱老子给你,不过,你得从我胯下钻过,如若不然你这剑嘛,休想拿回,我拉你去见我爹,告你个偷盗之罪,你看怎样?"

淮安韩信故里

这班浪汉望着韩信哈哈嗤笑,韩信大怒,紧握双拳欲想动手痛打恶少,为了给重伤在床的漂母治病。他只好强忍怒火,沉思片刻说道:"好! 拿钱来,这把剑就算卖你。"

恶少从怀中取出一锭银子,却提出一个过分要求:"剑算我买了,不过得从我胯下钻过。"说着双腿一叉，嘻嘻地望着韩信，韩信忍辱伏身在地从恶少胯下钻过。然后站起来取过恶少手中银子，匆匆去街上药铺抓药。他抓好药飞奔到家，将药煎好倒在小碗里，吹凉端到漂母床前，南亭夫妇搀扶起漂母，韩信轻声喊道："伯母，请喝药!"

漂母微睁双眸，强打精神说道："我怕不行了，信儿……你与紫娟是天生一对，你……你一定设法救出她啊! 并……并一定要找到文娟，我……我把她俩托付……你了!"漂母嘱完不幸身亡。

"啪"，韩信手中药碗落地，他扑在漂母身上失声痛哭："伯母，您死得好惨，韩信一定替您老人家报仇雪恨，不忘您的嘱托。"南亭夫妇也十分伤心，并帮助韩信安葬了漂母。

第三日韩信来到漂母坟前，摆好酒肉焚香祭拜，祭奠完毕，韩信来到南亭家中，向南亭夫妇告别，然后含着悲痛进山跟着师父学习文韬武略。

几年以后，韩信已是满腹经纶的青年，他踌躇满志告别师父下山。就在韩信学艺这几年里，秦王朝却发生了翻天覆地的变化。公元前209年，秦始皇在巡游途中于沙丘驾崩，少子胡亥与奸人赵高狼狈为奸，取得帝位，称为二世皇帝。胡亥是个昏庸无能之辈，朝中之事全委托赵高处理，结果导致天下大乱，百姓苦不堪言。陈胜、吴广无法忍受二世苛法，在大泽乡揭竿而起，点燃了反秦烈火。随后楚将后裔项梁、项羽叔侄在会稽起兵反秦，刘邦在沛县起兵反秦。两支队伍在反秦浪潮中很快崛起，秦王朝危在旦夕。

韩信下山后，闻听项梁大将军率军渡淮，怀着满腔热忱与南亭一起前去仗剑从戎。楚军有战将百员，项梁鄙视韩信，只是给了个"薄秩"之职（薄秩是押粮运草帮助记账的士卒）。一次韩信随项梁攻打陶县时，他见楚军连连取胜，已有傲气。又洞察到秦军连日增兵，志在陶县决战，当晚便进帐斗胆向项梁献计，让项梁提防秦军章邯夜晚偷袭。然而未得到项梁重视，结果遭秦军夜袭，项梁阵亡。项羽继承叔父项梁之职，依然没有重用韩信，只是升了个持戟郎中（就是给项羽抬戟的卫士）。项羽统兵在巨鹿大败秦军主力，迫使大将章邯投降，歼灭秦军主力。刘邦不久也率军攻占咸阳，秦王朝覆没。然而刘邦人马只有 10 万，寡不敌众，便封府库，闭宫室，与民约法三章，退守咸阳城郊灞上。以待楚军项羽到来。项羽率雄兵百万到了咸阳，屯兵鸿门，号令天下，自封为西楚霸王，然后又大封诸侯。刘邦被项羽封为汉王，然而刘邦雄心勃勃，对此非常不满，因此楚汉战争开始。

初出茅庐，登台拜将

夜深，月明。韩信骑着马风驰电掣般在关中平原上疾驰，后面喊声震天，楚军十几名将士穷追不舍，荡起满道黄尘。

晨光初照，薄雾缭绕，巍峨的秦岭，山峦重叠，含翠欲滴，韩信一个人骑马越过山梁、峡谷、河沟，后面追兵已被抛得很远。在一岔道口，韩信跳下马，将马拉到右道口狠抽几鞭，那马飞奔而去。韩信从左道而走，后面追兵来到岔道口犹豫不决，一将佐在右道口见有马蹄印，用手一指："给我向这边追！"追兵向右道追去。韩信躲过追踪，翻山越岭，终于来到汉中。

来到汉中以后，韩信受到刘邦手下大将夏侯婴的热情款待。经夏侯婴举荐，韩信在汉军中任连敖之职，管理军中粮草。

自从韩信在汉营任连敖之职后，顶风冒雨、日夜守卫粮库。一日樊哙与郦食其带着几名挑筐的内侍，进了大门直奔粮库，韩信率领几名士卒正在持刀守卫。他见樊哙统军走来便客气地拱手施礼："樊将军，今日来此有何公干？""哦！是韩连敖，郦大人讲，后宫曹妃娘娘要摆筵宴，需要些粮食酿酒，你给他发 15 石粮食。"樊哙吩咐道。"郦大人，樊将军，这军粮乃是军旅之本，怎能拿去酿酒。"郦食其不耐烦地："你吃粮不多，管事倒不少，你管他什么粮，后宫要用粮酿酒，你就快些取来，少在这儿啰唆。"韩信不畏权势，坚定地拒绝道："不行，没有大王及丞相手谕，小人不敢擅自做主，乱发军粮。"樊哙不耐烦地说："我是统军，这些军粮属我管辖，不需什么手谕，你快些开门就是。如果出事由我担当。""樊将军，你让我们做下属的为难呀，大王有旨，萧丞相有令，没有他们的手谕，任何人不得擅动军粮。"韩信耐心解释道。樊哙恼怒道："怎么，老子今日非取不可，看哪个敢拦，来人！把这库门给我打开。""不行！"韩信把刀一举也大喊一声："来人！"十几名守粮士卒应声而到，握着长戈在粮库门前站成一排。"大胆！"樊哙又气又恼："你……你们竟敢与我对抗！"说着眼看双方就要打起来，就在这时韩信急忙从腰间取出一块银牌，举到樊哙面前厉声说道："丞相有令在此，敢私自动用军粮者，斩！"郦食其与樊哙瞥了那银牌一眼，嚣张气焰逐渐落了下来，樊哙咽下一口气："好！咱们以后走着瞧！"郦食其把手一挥："咱们走！"转身带领众人狼狈不堪地离去。

　　韩信拒粮一事很快在军内传开，夏侯婴也禀报了丞相萧何。萧何十分赞赏，于是就与夏侯婴步行前往韩信住处探望他。他们推门一看，韩信不在屋内，可不远处却传来阵阵操练声。萧何、夏侯婴便循着操练声走去，站在一高处举目一望，只见一草坪上，韩信带着他管辖的几十名士卒在操练。韩信在前做示范，士卒跟他动作练习，韩信还不时走入队列认真检查指导，直到士卒记熟时，才满意地点点头。萧何、夏侯婴对望一眼，满意地笑了，萧何说道："百闻不如一见，韩信果真有奇才！"夏侯婴赞同道："我汉军将士如由他来操练，一定能战无不胜了。""看来，这个人正是我要寻找的人，真是上天帮助汉王，我一定要在大王面前保举他，走，下去和他见上一面。"萧何和夏侯婴来到韩信等人身旁，夏侯婴彼此介绍一番，萧何将韩信双手紧紧握住。

　　萧何自从见到韩信操练士卒后，心里十分高兴，他想等有机会一定在大王面前推荐这个人。突然夏侯婴慌慌张张跑进府来禀告，说韩信等一十二人被樊哙和郦食期拘押，言称韩信聚众谋反，大王已经批准在武门外断头台将他们砍头处死。萧何立刻大吃一惊，问其原因，夏侯婴讲道："韩信与一帮士卒晚上在屋内谈论兵法，一名士卒因对樊哙不满，发了几句牢骚，恰巧被樊哙及郦大人听见，他们记恨上次拒粮之仇，便污蔑韩信等人是图谋不轨，聚众谋反，便将韩信等人关入大牢。由于大王面前又有曹妃娘娘进谗言，大王便立即降旨要斩韩信等人。"萧何听完，急忙上马与夏侯婴飞奔武门外。

武门外，断头台汉军戒备森严，郦食其、樊哙高坐监斩台，韩信等人被五花大绑跪在断头台上，刽子手怀抱大刀站在一旁，围观的群众议论纷纷。郦食其走下监斩台，来到韩信身旁，不冷不热道："韩连敖，死到临头还有何话可说？""请问，我等身犯何罪？""聚众谋反！""证据何在？""这还需要什么证据！我与樊统军亲耳听到，亲眼目睹，你们聚众藐视大王，污蔑樊将军，樊将军与大王是连襟，是大王妹夫，你们污蔑樊将军，就是污蔑大王。"被绑的士卒道："这都是我一人所说与连敖无关，你把他们都放了，要杀要剐由我一人承担。"郦食其冷冷一笑："说得轻巧，你们聚众谋反，一个也不能饶恕。""哈哈哈！"韩信藐视地大笑道："看来汉王的疆土也就是这汉中区区弹丸之地了！""狂妄，狂妄！"郦食其边走边喊，走回监斩台坐下。"时间已到，行刑！"樊哙一声令下。"唉！"韩信仰天长叹一声，"我韩信不辞辛苦千里迢迢离开楚国，投奔汉国，未能死在楚军，今日却死于汉军之手！子房，这就是你讲的弃暗投明，辅佐英明的君主吗？"正在此时，几声马嘶，只见两匹快马飞奔而来，萧何、夏侯婴飞马来到，并高声喊道："刀下留人！"两名刽子手刚举起大刀，抬头见是丞相萧何与统军、太仆夏侯婴，忙放下大刀退于一旁。郦食其见萧何来到，气得把脚一跺："唉，他怎么来了。"樊哙见状迎上前道："丞相，末将是奉大王谕旨行刑，请勿干涉。"萧何冷冷一笑："夏侯婴你在此看着，不许任何人行刑，待我去面见大王，讨取赦令。"

萧何上马飞奔汉王宫，他见着汉王刘邦直言不讳："汉王朝刚刚建立，不能乱杀无辜的人，天下人都听说大王以礼待贤士，求贤若渴。韩信千里迢迢弃楚投汉，今日斩了韩信等人，岂不叫天下有志投汉之士寒心！大王日后靠谁来完成统一大业。郦食其与樊哙私动军粮，被

韩信拒绝，他们怀恨在心，昨天晚上韩信是聚集士卒一起谈论兵法战策，并非聚众谋反，请大王明察！"刘邦疑惑地望望萧何："真是这样吗？"萧何点点头："臣以项上人头担保。"刘邦沉思片刻："好吧，既然如此，传孤谕旨，赦免韩信等人死刑，韩信恢复连敖之职。"萧何摇摇头："大王，不可！""萧卿！这是何意？""大王，据臣所观察，韩信有胆有识，熟习兵法，连敖之职实在浪费了人才。"刘邦沉思片刻："既然丞相保举，他管理粮草有功，那就提升他为治粟都尉吧。""大王，这怕不妥当吧？""萧卿就不必多言了。"萧何只好答应："臣遵旨！"接旨后转身离宫，上马直奔武门。

东出汉中，暗渡陈仓

汉王刘邦自拜韩信为大将后，三军经韩信操练一月有余，兵马已基本操练精熟，士气高昂，刘邦非常高兴，与韩信、萧何商量后，决定选择时日向东进发。

在大将韩信府内大厅，今日聚集着汉室各文臣武将。汉王刘邦坐于上首之位，左萧何、右韩信两旁相陪，韩信精神焕发，身穿金甲玄衣英姿勃勃，下首各文武大臣伫立两旁。刘邦春风满面地高声说道："我汉室将于明日起兵东征，韩元帅早已策划好进兵方略，望众卿细听！"众人都鸦雀无声默默细听，韩信望了众人一眼，见个别武将还报以轻蔑的眼光，他只是微微一笑，对众人说道："近一个月来已将人马操练一番，我又遣三千将士修筑栈道。众人定会疑问，这秦岭山中栈道已经烧毁，这三千将士修复得需要多少年月，明日如何起兵东征。这遣兵修筑栈道只不过是掩人耳目麻痹章邯而已，我离开楚军投奔汉王时经老猎人指点出一条捷径，此道虽然难行，但只要稍加修铺可以直捣陈仓。这叫明修栈道，暗渡陈仓，奇袭章邯。"众人听罢这才放下心来，人人显出敬佩之情。并齐声回答："谨遵帅命！"

在雍王宫后殿，饮酒赏舞一夜的雍王章邯，太阳升起老高才慢腾腾晃悠悠地从寝室内走入后殿，他刚坐下，一名侍女端来人参银耳汤奉上。章邯接汤刚喝一口，一内侍慌慌张张跑来禀报："启禀大王，大事不好！""哦！"章邯吃惊地问："何事如此惊慌失措？""探马来报，汉王刘邦已准备东征，数日前派千名士卒修复秦岭山中栈道。"章邯听罢满不在乎说道："区区小事也值得如此惊慌，山中栈道损坏那么多，他何年何月才能修好，还不给我退下。""是！"内侍默默退下。章平又慌张进殿禀报道："大哥！据探马来报，刘邦已拜韩信为大将，统领15万大军，要夺我秦地。"章邯冷冷一笑："刘邦真是痴心妄想。哦，韩信是什么样的人物？""禀大哥，韩信就是楚军霸王麾下的持戟郎中。"章邯听罢哈哈大笑："嗯，却原来是一个胯下受辱，毫无志气的懦夫。刘邦如此糊涂，怪不得他行为乖张荒谬，前烧栈道已是失策，今又修复栈道，只派遣千名士卒，看他何时能修通，不必理睬。"章平劝告道："大哥，还是防备为好！"

章邯略一思索："好吧，贤弟就带上5万人马，在陈仓道上把守，孤王再令其他将佐率领人马在秦岭道口修筑堡垒，料他插翅也难到我废丘都城！"章平很是称赞："大哥不愧久经沙场，布防有理，妙！妙！"

秦岭山中褒斜道上，汉军将士汗流浃背地铺设栈道。有两匹快马飞奔而来，一名将佐下马来到统军周勃、灌婴身旁高声喊道："韩元帅有令，周勃、灌婴监督修筑栈道不力，革去监工之职，带回汉都听候发落！"说罢，冲他们挤了挤眼。周勃心里明白此意就假意发着牢骚："他娘的，干了这苦差事难道还要伏罪不成！"另一名将佐拿出韩信令箭："将他二人拿下，带回营中，此处由我二人监工，继续加紧修复栈道。"

夜晚，韩信带领一支大军悄悄离开南郑，向北挺进并留下标记。后边大队人马随后紧随在韩信留下的标记也向北进发。天刚拂晓，陈仓道上雍军章平的营寨隐约可见，韩信率领着 3 万人马翻山越岭，披荆斩棘经过几天的行军，终于顺利走出秦岭，来到章平营寨之前。韩信一声令下，汉军人马以排山倒海之势攻入敌营。一片喊杀声，惊醒了还在睡梦中的章平，他慌忙从寝室内跑出中军大帐，见到处都是汉军人马，吓得魂不附体，他盔甲未穿就慌忙从后帐中牵出战马，慌不择路匆匆而逃。经过激战，雍军死伤无数，溃不成军，纷纷投降。汉军人马大获全胜。韩信从一士卒怀中取出 3 只白鸽，拴上信绢，放于空中，3 只鸽子在蔚蓝的天空盘旋一圈，然后向汉中方向飞去。韩信命周勃、樊哙速带 2 万人马乘胜向废丘雍都进发，围困雍宫，歼灭章邯。

汉都南郑城内，一只鸽子落于汉王府庭院内，一内侍见着捉住鸽子，从鸽子腿上解下小竹筒，急忙进宫献于汉王面前，汉王刘邦从竹筒内取出丝绢展开一看顿时心花怒放，他立即对内侍下旨："快，速传孤王旨令，宫内准备向秦地进发！"丞相府一只白鸽落入文娟手中，文娟从鸽腿上解下信绢，急忙向丞相萧何禀告，萧何一看满意一笑命令道："准备起程！"军中夏侯婴也从一只鸽子腿上取下信绢，哈哈大笑道："元帅果然奇才，来人，立即拔营起寨，三军向秦地进发。"第二天清晨汉王刘邦率领着汉军人马及后宫、辎重、粮草缓缓向秦中挺进。

废丘城，雍王宫主殿，龙灯凤烛香烟袅袅，章邯左右依偎着红裙舞女，翠袖歌姬，在悠扬的乐声中饮酒观舞。一将佐进殿禀报："启禀大王，汉军修复栈道又增加不少兵士百姓，已修好一处。"章邯冷冷一笑："几百里栈道才修好一处，他何年何月才能修好，看来韩信真是一个无能之辈！不必理会，陈仓道已有章平把守，汉军就是插翅也难飞到我废丘城！"就在这时忽然殿外一传来阵凌乱的脚步声，章平垢面污衣与几名逃回的将佐跌跌撞撞冲进大殿，跪伏于地，失声痛哭。章邯大吃一惊，他一挥手令众舞女退下，乐声也戛然而止。章平战战兢兢说道："大王，陈……陈仓……""陈仓怎么啦？"章邯追问道。"陈仓……失守！""啊！"章邯差点惊晕过去，他怒掷酒杯："你……你如何把守，又是被何人夺去？"章平哭泣道："是韩信所率汉军人

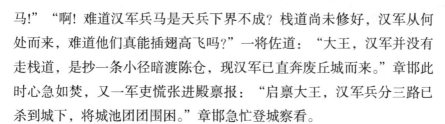
马!""啊！难道汉军兵马是天兵下界不成？栈道尚未修好，汉军从何处而来，难道他们真能插翅高飞吗？"一将佐道："大王，汉军并没有走栈道，是抄一条小径暗渡陈仓，现汉军已直奔废丘城而来。"章邯此时心急如焚，又一军吏慌张进殿禀报："启禀大王，汉军兵分三路已杀到城下，将城池团团围困。"章邯急忙登城察看。

雍城外。韩信率领几万将士猛攻雍城，号角阵阵，杀声连天，雍兵抵挡不住，纷纷败退城内。

章邯在大殿内心急如焚，他令一名军校抬刀备马，决心与汉军决一死战。他刚出大殿，一将佐慌慌张张地跑来禀报："大王，大事不好，不知从哪里涌进大水，已淹死我兵马无数，汉军已架起船舟攻进城内。"章邯大惊失色，断定是韩信先堵截了河水，后又放水淹了城池。

汉军杀进城内，双方将士展开激烈的格斗，雍军又死伤无数。章邯、章平带领着百名士卒向城北仓皇出逃。他们刚出北门，一队人马拦住去路，为首一员大将金盔铁甲，手持长枪在阳光下更显得英气夺人。左有周勃、曹参，右有樊哙、灌婴。章邯一见，吓得魂魄俱散。韩信在马上高喊道："章邯，本帅在此等候多时了，快快下马投降吧！""胯下小儿，孤王久经沙场，不想今日败在小儿你的手里，今日孤王与你拼了！""哼哼！"韩信冷冷一笑："章邯你恶贯满盈，今日便是你魂归地狱之日，休想逃，看枪！"说罢，横枪跃马直奔章邯而来。章邯见势不妙，与韩信战了两个回合，便虚晃一枪拨马向城内逃去。百名雍军士卒被汉军杀死杀伤，不少人跪地投降，章平被樊哙生擒。章邯逃回城内躲进宫中，韩信随后率领人马杀到，章邯又逃入大殿，韩信持剑追入大殿，后面曹参、周勃、樊哙、灌婴等将佐齐拥进殿内。韩信怒斥道："章邯匹夫，看你还想往哪里逃！"章邯见无路可走，前后左右均被汉军将士团团包围，遂拔出利剑自刎而亡。此时夏侯婴也赶到，他向韩信禀报道："启禀元帅，我汉军已分扎雍地各处，汉王及丞相和后队人马已从南郑启程。"韩信大喜："好！我军大获全胜，夏侯将军，速禀告大王，雍地全部平定。"随后，韩信又部署军马，兵分两路夺取塞地栎阳城和翟地高奴城，全部占领秦地。

一个月后，汉王刘邦率军进入废丘城。这时韩信已扫平塞地、翟地，司马欣、董翳二王也相继投降，三秦全部平定，班师回朝。

声东击西，木罂渡军

公元前 206 年底（汉元年）韩信夺取三秦后，刘邦在秦地栎阳城建都，开放秦林苑，奖励耕种，减轻赋税，大赦罪犯，改秦社稷为汉社稷，关中得到治理，出现了一片清明景象，汉王朝从此崛起。同时谋臣汉军师张良在老母病故后，从韩国返回汉室。项羽听说三秦丢失，决心发起大军讨伐，无奈三齐田荣举旗造反，首先背叛楚国，于是项羽先率大军攻打齐军。正当他与齐军打得不可开交之时，张良又用一计，写信一封送与项羽，陈述时局利弊，信中写道："霸王项羽陛下，张良我只是一个小小的草民，虽跟随刘邦，但能深明事理。汉王虽然兴兵，但只收复三秦，按照以前的约定不再兴兵占领他地，在三秦称王就很满足了，不再向东进发。只有三齐背叛楚国，妄想灭楚称霸天下，故寄书阐明汉王之意，请霸王见谅！"范增知道这是张良施计，便请项羽暂且放下齐都不攻，先举兵攻打刘邦。无奈项羽固执地认为不灭三齐，不杀死田荣，气难咽下。刘邦虽夺三秦，并没举旗反楚，因此先平定三齐后伐刘邦。谁知，这样一来，便使刘邦在关中站稳了脚跟。使汉室有了喘息之机，刘邦采纳韩信的策略，迅速在三秦大地招兵买马扩大实力。三秦得到大规模的治理，百姓安居乐业，只等夏收后起兵东征。刘邦此时思念在家乡丰沛居住的父亲、妻子和儿女，便想派一支大军迎取。韩信已料到范增必然派楚军监视汉王眷属，若汉遣兵接人，只怕人没有被接来，太公、吕雉和一双儿女命已丢了！刘邦心急如焚，韩信建议派两名熟悉丰沛地理的心腹乔装成商人去丰乡悄悄地接太公和吕雉，张良也赞同这个计谋。刘邦无奈，只好派薛欧、王吸二位偏将去丰沛接取家眷。

关中平原今年夏粮遇上了大丰收。汉室粮仓均已堆满，三秦百姓丰衣足食，人人笑逐颜开。汉王宫主殿内这几日讨论事情非常激烈，经过韩信、张良多方争执和议论，刘邦才决心东征。但汉王刘邦决意亲自统领大军前往，关中大地交予长子刘盈留守。上次太公及吕雉因楚军监视很严未能接到关中，只把长子刘盈偷偷接走。长子刘盈年幼，让曹妃娘娘照看他，丞相萧何辅佐留守栎阳城。

此时楚军项羽正讨伐三齐相持不下，汉军才乘此机会东征，汉军从临晋渡黄河入河南，殷王司马卬率军阻拦，韩信略施小计破了殷军，活擒司马卬，汉军浩浩荡荡直捣洛阳。此时楚军项羽遣都尉陈平率军援助殷军，在途中获知殷军大败，司马卬被活擒，陈平恐怕被项羽治罪，便独自一人丢弃金甲到洛阳城投汉。刘邦见陈平面如冠玉，相貌非凡，委派他担当重任。陈平降汉后献上一计，让汉军乘项羽尚忙于在千里之外攻打三齐，何不乘隙攻下楚都彭城，刘邦非常高兴，便决意亲统大军前往，让韩信据守洛阳。韩信多次谏阻，刘邦不听，他怕韩信再夺彭城立功，功高震主，故让韩信据守洛阳。汉军一路所向披靡，攻下楚都彭城。此时项羽已攻下齐都，杀了田荣，立田假为齐王。当项羽听说刘邦偷袭了彭城，立即率领大军杀回彭城。刘邦做梦也没想到项羽会率大军悄悄杀回，汉军大败，死伤无数，汉王刘邦还差点丢了性命，多亏太仆夏侯婴拼死保驾才得以逃回。韩信听说汉王刘邦大败，便亲统人马前往荥阳救驾。刘邦被救回，可汉军元气大伤，多亏韩信在荥阳多次击败楚军追兵，汉军才得到喘息的机会。否则项羽会一鼓作气直追杀到三秦栎阳城中。在关中栎阳城中，丞相萧何闻知汉军大败，便征来新兵数万和筹来粮草数十万，让长子萧平与文娟亲自押送到荥阳城中，汉军及时得到补充，军威才开始重振。

荥阳城。韩信巡城刚回到府邸，进书房御下金甲，一名侍卫献茶放到案上，韩信端茶刚呷一口，忽然听见一女子喊声。韩信不由自主地转身一看，见门口站立一人，心中一怔，然后喜出望外："小妹！你何时来的，快进来坐。"文娟进房内假意生气道："我与萧平前日就到了荥阳城，今日又到府门等候多时，难道大哥有意躲着小妹。"韩信歉意道："哪里，大哥近日十分忙碌，昨日听说小妹已到荥阳，却没空去看望，望小妹多多原谅！大哥在这里给你赔礼了！"文娟"扑哧"一声笑出声来："谁让你赔礼！你为汉室江山日夜操劳，鞍马劳顿。小妹怎么能不知道！"韩信上前一步握住文娟双手："你们将人马粮草送来得太及时了，真不知怎么感谢。小妹，当你回到关中时请代我向丞相及夫人问好！"文娟含情脉脉地望着韩信那饱经风霜的脸颊，不由一阵心酸："小妹真想变成一株小草，随大哥战马驰骋，任大哥双脚踩过，就是碾成灰，也能落到大哥身边。小妹这次早就想好，不回栎阳，永远侍奉大哥。""傻妹子，你说哪去了，想我韩信自幼孤身一人，幸亏遇上小妹一家好人，我才有今日，我何尝不想有个贤妻作伴，呼儿唤女，然国家不宁，心难以平静，兵荒马乱，天下尚未一统，纵有娇妻爱子，也难享天伦之乐。况且丞相与夫人身边需要你去照料，小妹还是回到栎阳去吧，大哥怎么忍心让小妹流血沙场……"文娟被感动，深情地点了点头。此时一名侍卫进来："启禀大将军，大王驾到。""哦！"韩信一怔："大王今日亲自来上门拜访，肯定有大事，传令！府门列队迎驾！"侍卫离去，文娟也起身告辞。韩信急忙整衣出府门迎驾。

此时刘邦在张良、郦食其、周苛等人簇拥下慢步而来。韩信率众武士列队相迎。刘邦在众臣簇拥下来到厅堂上首落座。众臣分别站立两旁，二侍卫急忙上前奉茶。刘邦呷了一口茶水，然后歉意地对韩信说："彭城进兵，孤王没听韩卿良言，至今悔恨莫及。现各地诸侯趁势倒向楚而背叛汉，汉被孤立，现又兵力不足，朕的宏伟大业恐难实现，不知韩卿有何高见？"韩信微笑说道："大王可曾记得昔日在汉中起兵东征之时，你我君臣商议的大策？"刘邦淡淡一笑："这孤王怎能忘记，但是现在形势已发生变化，我汉军已遭挫败，如何能与这强楚争雄？""大王，楚国虽然强盛，但不是不可以击破。争夺天下不能凭一时强弱而定。汉军虽弱，只要兵分两路，采取东拒北征方略一定能够夺取天下!"刘邦一听,顿时兴奋地从座位上站起:"何为东拒北征?"韩信说道:"大王可差遣一部人马,从荥阳起兵,向北挺进,先夺取魏,再入赵夺燕,然后从燕入齐平定北方,扫除楚的两翼。等北方平定,都归属汉之时,然后北、东二路南下会师,合击楚军。"刘邦满意地点点头:"嗯!那东拒……""就是坐镇荥阳牵制楚军西进,防备楚夺我关中,与楚在荥阳周旋,使楚无力顾及到北方。等北方平定,两路夹击,何愁不击破楚军!""嗯,这个策略不错!"刘邦转念一想:"可是北征谈何容易……"郦食其也插话说道:"北征兵马太少,另外路途遥远,山路崎岖不平,给养供应非常困难,任重道远,何人能率军平定北方?"韩信思考了一会儿:"大王!臣愿率一部分人马平定北方!""这……"刘邦有些犹豫不决。张良急忙提醒:"大王!北征非大将军莫属!"刘邦猛然醒悟:"哦,对!对!北征非韩卿莫属,朕封你北征大元帅职位,即日就出征。"韩信急忙躬身施礼:"谢大王!为了汉室一统大业,臣就是赴汤蹈火,也在所不辞!""好!"刘邦高兴地说,"孤王等候韩卿好消息,孤王亲统一部分人马东拒楚军。"此策就这样定下了。刘邦率众臣回到行宫,韩信分了一部人马待命出发。

荥阳城外。校军场上,旌旗飘飘,北征兵马个个精神抖擞,威武雄壮,一面帅字旗在队列前迎风飘扬。将佐曹参、灌婴骑马立于队前,韩信在两名侍卫跟随下身穿金甲玄衣向队列方向走来。曹参急忙下马来到韩信面前施礼:"启禀元帅,北征兵马准备完毕,待命出发。"韩信点点头,然后拔剑向空中一举,号令三军:"北征将士,同盟一心,不负众望,扫平北方!"众将士齐声振臂高呼,呼声震天。刘邦在众臣簇拥下慢步而来,韩信迎上前去。刘邦拉着韩信手来到队前,望了望汉军阵容,满意地笑道:"韩卿不愧具有孙膑、吴起之将才,孤王有韩卿,何愁天下不统一!"韩信向刘邦道:"臣以为,北征虽说不易,东拒更不可小看。荥阳城中三军人马全靠敖山粮仓,千万不能丢失这个粮仓,请大王切记!"刘邦淡然一笑:"韩卿放心,敖仓有周勃将军据守,不会有失。卿即起程,勿负重望。"

于是,韩信率兵马踏上了北征的路程。

鏖战井陉，背水一战

韩信率军北征，大军到了临晋渡口，望见对岸全是魏兵，不敢轻易渡河，只好选择地势安营扎寨，赶办船只。与魏兵隔河相望，暗中却派士卒探察上游形势，不多时探马来报，上游的夏阳地方魏兵把守非常少。韩信听后，便已想出一击破敌人的策略，他令曹参带领人马入山，砍伐木料，不论大小运到军中。曹参领令走后，韩信又令灌婴带领将士分别前往市中购买瓦罂，并且每瓦罂须容纳二石，购买千数，灌婴领令去办。几日之后，曹参、灌婴统统回来缴令，分别将木料瓦罂一律办齐。二将心中纳闷，便直言问韩信："元帅，用木料及瓦罂做什么呢？"韩信微微一笑从怀中取出两条信绢："你们二人分别取一条信绢，看后自然明白！"二将接信绢在手，出了大帐，展开一看，原来元帅是让他二人制造木罂。这木罂造法，都画在信绢上，原来是用木料夹住罂底，四周缚成方格，把千罂分作数十排。韩信让二将制好以后再行请令。灌婴对曹参道："元帅葫芦里卖的什么药，渡河船只已经备齐，造这木罂有何用？"曹参微微一笑："想元帅定有妙计，我们大家只依法制作罢了！"二将日夜赶造，不到数日，已将木罂制齐，前来缴令，韩信满意地点点头："待至黄昏，灌婴你带领数千名士兵，只准摇旗呐喊擂鼓助威，并守住船只，不得擅自命令渡河，违令者斩！""是！"灌婴领令出帐。韩信又对曹参道："曹参与本帅率军搬运木罂，连夜运到夏阳，就将木罂放入河中，每罂内装载兵卒两三人渡河，不得有误！"曹参领令出帐后，立即行动。曹参率军将木罂运到夏阳，韩信与曹参一同率军乘坐木罂划到对岸。那魏将柏直只是死死把守临晋津不让汉军渡河，哪里能想到韩信用木罂渡军。夏阳平日守军非常少，见河面没有船只，只是放心睡觉。天色刚刚放亮，汉军人马全部渡过。曹参挥刀拍马直杀向魏营，魏兵尚在梦中毫无抵抗，纷纷投降，魏将柏直被杀。汉军直杀到魏都平阳，魏王豹闻听惊慌失措，不得已亲自率军出城迎敌，他既无韬略，又无本领，未战几合，被韩信曹参将帅活擒。魏兵见魏王豹被活擒纷纷弃甲投戈跪降，魏地很快被平定。韩信令人把魏王豹及家眷囚入槛车送往荥阳听候汉王发落。

再说项羽自从在彭城大败汉军之后，心里十分高兴。本可乘胜追击直捣关中，无奈被韩信率军在荥阳拦阻，只好班师回朝。这一日早朝，项庄启奏："启奏陛下，据探马来报，汉大将韩信率军北征，已夺取魏地，活擒魏王豹。"项羽大惊，问众臣道："汉军上次在彭城被我军打败，死伤无数，已经元气大伤，他怎会有兵力北征？这韩信胯夫真不简单，当初悔不该没有采纳丞相良言，使胯夫小儿弃楚投汉。"丞相范增急忙出班启奏："陛下不必忧虑，汉军此次能北征说明兵员已补上，但汉军不会有多少兵力，韩信北征，荥阳城内肯定兵力不足，何不将计就计来个马踏荥阳城，乘势活擒刘邦，灭了汉军，看他韩信又能如何？"项羽点头称赞："丞相所言正合我的心意。"项羽立即下令，发倾国之兵马踏荥阳。

再说汉王刘邦闻知韩信取胜，魏地已平，又见魏王豹及眷属押到，心里十分高兴。他见豹妾薄姬颇有几分姿色，想纳她为妃，又恐怕大臣们有异议，他只好把近臣郦食其召入后宫商议，郦食其已摸透刘邦心意，便说道："大王既然看中还怕他人闲言碎语，纳入后宫便是，至于魏王豹等人愿意投降的就让他们在营中作为奴仆，不愿降者杀掉就是。"汉王刘邦满意地点点头。郦食其手捋胡须进谗言道："常言道：害人之心不可有，防人之心不可无，韩信北征率精兵远去，难道大王就没忧虑将在外，君命有所不受哟！"刘邦微微一笑："本王赐两名心腹侍女，卿不懂本王的用心。""臣虽猜出一二，可是大王据守荥阳，万一项羽发大军围困荥阳……"刘邦淡淡一笑："本王已考虑过，兵来将挡，水来土掩，本王坚守荥阳，项羽奈何不了！""如果项羽先夺取敖仓，断我军粮草岂不……"郦食其又说道，"周勃几万人马能否抵挡楚军大兵压境。""这个……"刘邦有些张口结舌，"依卿之见如何？""速调曹参、灌婴二将精兵协同周勃据守敖仓，如果不这样的话荥阳将会……"郦食其不再向下说。刘邦心里明白，立即传旨。速调曹参、灌婴两支精兵回军据守敖仓。

且说韩信以平阳为根据地，正筹备讨伐赵国，此时汉王使命到，韩信立即接旨，原来是调曹参、灌婴两支精兵回师荥阳，据守敖仓。韩信遵旨，只好让曹参、灌婴率军离去。曹参、灌婴二将本是韩信左右臂，这一离去兵力减去大半，使韩信显得沉闷压抑和无奈。他独自一人在书房内来回踱步，此时来到窗前推开窗户，眼望那乌云翻滚的天空，不由长叹一声，陷入沉思。从他那布满血丝的双眼中，可以看

汉中拜将坛

出他那难以言状的痛苦和焦灼。此时两名偏将靳歙、陈豨走进轻声道："元帅！"韩信慢慢转过身来："二将请坐。"靳歙眼含泪水："元帅，大王对咱们也太……""别说了！"韩信苦笑道，"大王定有他的难处，虽然调走曹参、灌婴两支精兵，但也是为了荥阳安危，万一敖仓失守，后果将不堪设想，这关系到大王及众臣的安危！""那我们北征继续进军吗？"陈豨不满地说道。

"才刚刚夺取魏地，就将人马抽走一半，这伐赵还伐不伐！""要伐！不但要伐，还要取胜！"韩信坚定地说道。"这人马粮草从何而来，如今咱们北征军只剩下1万多人，这……"陈豨又忿忿不平地说道。"本帅不是让你们抓紧四处募兵吗？""刚招募的新兵，又如何能征战！"韩信坚定地微微一笑："只要我等抓紧操练，指挥有方，新募兵丁仍可以驰骋疆场，奋勇杀敌，最后取得胜利。"韩信接着又说，"此时此刻

要以大局为重，咱们将帅要团结一心，努力北征胜利，走，咱们到募兵处看看！"陈豨与靳歙点点头跟随韩信来到募兵处。远远就见募兵处三五成群的青壮汉子踊跃报名参加汉军，一个个穿戴汉军服装笑逐颜开。又走到另一处，见四方百姓肩担、背扛着粮草纷纷交售给汉军，将士一一付清银两。韩信望着这一切与靳歙、陈豨互相对视一会儿笑了，靳歙高兴地问道："元帅，何时起兵伐赵？"韩信果断地答道："再过几天，粮草筹齐，新兵操练精熟，择日起兵直驱赵都。"

且说赵王歇闻知韩信伐赵，慌忙令赵相陈余率军在险要处固守，阻截汉军。赵有一谋士广武人李左车，向陈余建议道："韩信乘胜远来，锋不可当，我听说他新近招募兵士，粮草又匮乏，他敢远道至此，一定想速战速决。好在赵国门户，有井陉口为险阻，车不能通行，马不成列队，他若从此处进兵，势难兼运粮草，所有辎重定在后面，请丞相给微臣 3 万人马，悄悄埋伏在中途，突然袭击他，截取汉粮，丞相深沟高垒，不要与他交战，韩信前不得战，后退不得还，荒野中得不到粮草，汉军不出十日，必然自乱，那时微臣便将韩信首级献于麾下！否则，虽有险阻，不足长久对峙，恐反被韩信所擒。"陈余本是书生出身，没有什么好的见识，又不崇尚计谋，他怎能采纳李左车之计，立即呵退李左车，使之离去。

再说韩信率领大军行至井陉口，天色微明。他吩咐靳歙、陈豨如此这般授以密计，令他们分头去办，二将领令而去。韩信令裨将分发干粮，叫全军暂时果腹，传谕将士道："今日便好破赵，待成功后，再吃饭也不迟。"将士都很惊疑，但又不敢细问，只好按令行事。韩信又挑选精兵万人。令其渡河，背着河岸，列阵等待。赵军望见汉军背水列阵，禁不住偷偷地取笑，就是汉军将佐也惊讶疑惑。但都知元帅平日善于兵谋，往往令人不测，所以依令照行，不敢违抗。韩信率军渡河到了对岸，见赵兵据险立营不肯出战，便令将士扬旗示众，击鼓助威，并大模大样率军闯入井陉口。

此时早有赵军士卒禀报陈余，陈余大开营门，麾兵出战。赵兵仗着人多势众，蜂拥而来要包围韩信，韩信传令撤兵，并令将士抛下帅旗，扔下战鼓，一齐返身回奔驰还河边营寨。陈余部众一时得胜，更加不顾一切奋力追击，还有留守营内的赵兵，也想乘机邀功，赵王歇也拥了出来，掠取汉军旗鼓。韩信率军撤退到河边，陈余率赵兵追了上来。河岸边本有汉军列阵等待。见韩元帅回寨，立即出兵拒陈余兵马，韩信立即下令全军将士与赵军决一死战，退却者斩。元帅令下，个个奋勇，人人争先。一场激战就此展开，赵兵死伤无数。陈余见时已中午，将士人人都已饥肠辘辘，不能再战，便令撤兵。不料撤退途中，望见赵营寨中旗帜已变颜色，仔细辨认，才看清是汉军旗帜，不由得魂不附体，闻风丧胆，心惊肉跳。正在慌张之时，突然斜刺里杀出一军，乃是汉左骑将靳歙、傅宽引兵杀来，陈余急忙率部对阵。突然又有一路汉军人马杀来。当头拦住，为首者陈豨、张苍。吓得陈余不知所措。三路人马合击，赵军大败，陈余被杀，赵军将士纷纷跪地投降，汉军大获全胜。韩信升坐大帐，靳歙押一个俘虏入帐中禀报："启禀元帅，汉军大获全胜，末将已活擒赵王歇，前来交令。"韩信大喜，令人推出帐外斩首示众。赵王歇被斩，赵地扫平。汉军进入代郡城歇息休整。

战后，众将领纷纷向韩信祝贺。他们有人问韩信："兵书上明明写着'左倍（背）山陵，前左水泽'。行军列阵时，左后方应靠近山陵，左前方应临近水泽，按着'背山临水'的原则部署兵力。但大将军不照兵法行事，却让我们背水列阵，并蛮有把握地说'破赵会食'。结果真就获胜了，道理何在？请将军明示。"韩信笑道："这就是《孙子兵法》上说的'陷之死地而后生，置之亡地而后存'。此战敌众我寡，若将军队部署于平地，众人岂不都想夺路逃生？因而必须把军队置于无路可退之地，逼迫士兵人人奋勉，死力拼杀。士兵们自知没有了退路，自然会勇气百倍，无人敢挡。"诸将听了，无不钦佩。

其实，韩信上面谈到的还只是背水列阵作战效果的一个方面。另一方面，背水列阵还麻痹了对方，助长了赵军的轻敌思想，诱使赵军脱离有利地形和阵地，倾巢出击，使汉军迂回部队得以顺利地偷袭赵军大营。韩信的背水列阵，实在是因地制宜、出奇制胜的妙棋，是知己知彼、灵活运用兵法原则的典范。

虚心求教，不战降燕

还在战斗激烈进行时，韩信就传令不准伤害李左车，能活捉他的给予重赏。果然，战斗刚一结束，李左车就被绑到了韩信帐下。韩信见了，连忙迎上前去，亲手为李左车解缚，并把他让到上座，恭敬地说："假使成安君（陈余）听从足下的意见，我早已被擒了。因为他没有采纳足下的意见，韩信才得以取胜。"接着，韩信恳切地说，"我计划北攻燕，东伐齐，先生看怎样才能成功呢？""败军之将，不可以言勇；亡国之大夫，不可以图存。我如今已成将军的俘虏，怎敢与将军议论大事呢？"李左车答道。"先生不知百里奚曾经住在虞国，但是虞国却被晋国灭掉了；后来他又到了秦国，却帮助秦国称霸诸侯。同是一个百里奚，并非在虞国时他就愚笨，在秦国时就聪明。其间只有用不用他的策略、听不听他的主张的区别。当初，如果不是陈余不肯重用先生，我今天怎么会有机会向您请教呢？我是真心诚意地听取先生的意见，望先生切莫推辞。"

李左车见韩信诚心求教，便说道："我本亡国大夫，不敢参议。既然将军诚心垂问，不妨略述己见。古人曰：'善用兵者不以短击长，而以长击短。'将军平魏灭赵，名闻海内，威震天下，这是将军的长处。但是，汉军连战疲敝，如果继续用武力攻伐，敌人据险固守，则很难攻克，这是将军的短处。"李左车见韩信频频点头，继续说道："依我看来，将军现在最好是按兵休整，镇抚赵地，鼓励军心，引而不发。然后暗中先遣一能言善辩之士致书燕王，宣扬汉军声威，向燕王详陈利害，燕王必然畏服。燕国臣服以后，再遣使入齐，齐已孤立，归降更好，如欲抵抗，不亡待何？这就是兵法上说的先声

后实，请将军详察。"

韩信听罢，深以为然，连声称好，当下厚待李左车，留他在营中参谋军事，并遵从李左车建议，立即遣使入燕，燕国果然降服。接着，韩信又派人报告汉王刘邦，并请求立张耳为赵王，以便镇抚赵国，秣马厉兵，再图东进。

断水塞流，大破联军

公元前 204 年（汉三年）九月，项羽亲率大军东征彭越，刘邦趁机派郦食其前往齐国劝降。与此同时，韩信也按照刘邦之命率兵东进，准备攻打齐国。

当韩信到达平原（今山东平原南）时，齐王田广听从郦食其的劝说，背楚降汉，于是韩信就想停止前进，时值齐国说客蒯通来投，对韩信说："将军奉汉王之命去攻齐，今汉王又暗中派人去劝降，既无汉王命令，将军怎能按兵不动呢？再说郦食其仅凭三寸不烂之舌就说降了齐国 70 多座城池，而将军数万人马征战一年，才攻下赵国 50 多座城池。你一个堂堂大将军，尚不及一白面书生吗？"一席话终于使韩信下了最后的决心，于是下令大军渡河，继续向齐地进发。

齐王田广听从郦食其劝降之后，对韩信的行动毫无戒备，天天同郦食其饮酒作乐。汉四年十月，韩信率大军突袭齐国在历下（今山东济南西）的守军，直逼齐国都城临淄（今山东淄博）。齐王以为受了骗，一怒之下将郦食其烹死在油锅里。之后，便匆忙领兵逃到高密（今山东高密西南），同时派人向项羽求援。项羽立即派大将龙且率军 20 万，与齐王会合，齐、楚联军准备迎战韩信。

龙且手下谋士献计说："汉军长途奔袭，远斗穷战，锐不可当；齐军在本土作战，牵挂家室，容易溃散。因此，最好的办法是令军士挖沟筑垒，让那些已丢失了城邑的人知道齐王还在，楚王发了救兵，这样他们就会纷纷起兵反攻韩信。汉军处处受敌，断绝给养，定会不战自退。"龙且不以为然，他有自己的算盘。此番率军前来，名为救齐，实则是想趁机夺占齐地。他对其心腹说："我军此番前来是为了救齐，如汉军不战而降，我还有什么功劳呢？现在我战而胜之，齐国大半疆土岂不垂手可得？"但是，龙且做梦也没有想到，韩信正连夜为这位骄傲的将军准备墓地。几天以后，两军在潍河两岸摆开阵势，龙且在河东，韩信在河西，准备交战。

韩信仔细观察战场地形，决定再用水战破敌。他连夜秘密派人装满1万多个沙袋，将潍水上游堵起来，这样下游河水变浅了。次日上午，韩信率军过河进攻龙且。龙且见状，毫不示弱，亲率大军迎敌。双方未战几合，韩信佯败退兵。龙且不知是计，以为汉军怯战，得意地说："我早知道韩信胆小。"于是，传令全军渡河追赶，想一举消灭韩信。当齐、楚联军刚刚冲到河心，韩信暗令埋伏在上游的汉军扒开沙袋，飞泻而下的大水将正在渡河的齐、楚联军截为两段，被大水卷走的士兵不计其数。韩信回兵掩杀过去，一举全歼了已过河的齐、楚联军。齐王逃跑，龙且战死。留在东岸尚未渡河的齐、楚联军见主帅已死，纷纷弃甲曳兵，落荒而逃。就这样，汉军一举占领了齐国全境。

韩信平定齐国，楚汉之间已势均力敌，谁胜谁负，韩信起着举足轻重的作用。刘邦为争取韩信，采纳张良、陈平的建议，封韩信为齐王。项羽也派说客武涉往见韩信，劝韩信绝汉，与楚三分天下，为一方之主。韩信义正辞严地说："臣侍项王，官不过郎中，位不过执戟（执戟侍卫），言不听，谋不用，故背楚而归汉。汉王授我上将军印，予我数万众，解衣衣我，推食食我，言听计用，故我得以至于此。夫人深亲信我，我背之不祥，虽死不易。"使者回禀项羽，项羽叹口气道："想不到韩信这个胯下小儿，居然如此忠信，悔当初未能重用他！"

韩信连克魏、代、赵、燕、齐五国，占领了长城以南、黄河以北和山东的大部分地区，取得了北面战场的全部胜利，完成了对成皋楚军的战略包围，有力地支持了刘邦在正面战场上的作战，为刘汉政权

的最后胜利奠定了坚实的基础。在对魏、赵、齐的作战中，韩信因宜用兵，根据不同的情况，分别采取了声东击西、背水列阵和断水塞流的战法，显示了这位历史名将善于先计后战和出奇制胜的作战特点。

十面埋伏，垓下亡楚

汉四年（公元前 204 年）九月，项羽拔营东归，向彭城而去。这年十月，刘邦见围歼项羽的时机已经成熟，便采纳张良、陈平的建议，率兵出阳夏（今河南太康县），同时传令各路诸侯率军西向，在固陵（今河南淮阳西北）会师。不久，韩信、彭越、英布等诸路兵马先后到达，从成皋到荥阳一路相连数百里，人马跃动，震天动地。刘邦见诸路兵马如期而至，心中大喜，当下命韩信为总统帅，指挥各路大军；又命萧何、夏侯婴运输粮草，供应前方。

由于韩信占领了黄河中、下游的广大地区，彭越又在梁地不断骚扰，使楚军供应困难，形势对项羽越来越不利。而汉军方面，萧何不断从关中运送兵员和粮草，支援前线，刘邦兵足粮足，在荥阳以西稳住了阵脚。

汉五年十一月，刘邦率兵进入楚地，围攻寿春（今安徽寿县）。又派人诱使驻舒县（今安徽庐江县西）的楚国大司马周殷叛楚降汉，以舒县兵屠戮六县。到了十二月，终于将项羽围困于回奔彭城的路上——垓下（今安徽灵璧东南，沱河北岸的濠城）。

再说项羽兵至垓下时，登高西望，只见汹涌扑来的汉兵像蚂蚁一样多，不禁仰天长叹道："我悔不该当初不杀刘邦，竟受他欺骗，与他议和。如今他背约发兵，太无信义了！"项羽怒不可遏，命 10 万将士就地扎营，布兵列阵，准备与汉军决战。

韩信受命汉军总统帅之后，将30万人马分成10队，布置了十面埋伏阵，四环接应。请刘邦守住大营，他亲率3万人马上前挑战。士兵按韩信命令，冲着楚营高喊："人心皆背楚，天下已归刘。韩信屯垓下，要斩霸王头！"项羽一听，气得七窍生烟，率众冲杀出去。两军相接，交战几个回合，韩信且战且走，把项羽引进了包围圈。楚将虞子期怕中埋伏，打马追上项羽。劝道："韩信多谋，汉军势众，主公不必急于追杀，待我江东援兵赶到，汉兵粮草空虚，再杀他也不迟。"此时项羽已怒不可遏，如何能听进这些话，他狠狠瞪了虞子期一眼，全不把汉军放在眼里，一直杀奔过去。

忽然杀声四起，汉军伏兵两路杀出。两军鏖战一阵，项羽冲开汉军，直追韩信。没追出多远，又有两路伏兵杀出，截住项羽，再度厮杀，不多时，又被项羽冲破。项羽气得血往上涌，一心要抓住韩信，径直追去。接连汉兵伏兵四起，十面埋伏，一起杀出，将楚军团团围住。项羽方知中计，余气未消，身心俱惫，只得奋力杀开一条血路，带领残部退回垓下大营。

十万楚军经过几番厮杀，剩下的已不足两万人，垓下被围，岂能动弹！一晃几日过去，粮草断绝，外无援兵，不禁陷人一筹莫展的苦境。时值隆冬，寒风刺骨，雪飞冰凝，楚军将士忍饥受冻，多有怨声。这天夜里，寒风凄凄，忽高忽低，像是怒号，又像是哭泣。随着凄切的风声，四面隐约地传来楚歌，低沉凄怆，如泣如诉："寒月深冬兮，四野飞霜，天高水涸兮，寒雁悲怆。最苦戍边兮，日夜彷徨，披坚执锐兮，孤立山岗。虽有田园兮，谁与之守？邻家酒热兮，谁与之尝？白发倚门兮，望穿秋水，稚子忆念兮，泪断肝肠。终生在外兮，何时反省？妻子何堪兮，独宿空房。一旦交兵兮，蹈刃而死，骨肉为泥兮，衰草沓茫。魂魄幽幽兮，不知所往，壮士寥寥兮，付之荒唐……"项羽听了，暗暗吃惊，对身边的爱妃虞姬说："莫非汉军已把楚地全占了吗？为什么汉军里有那么多楚人呢？"楚军将士也被这歌声引动了思乡之情，无心再战，纷纷逃散，连跟随项羽多年征战的将军们，也暗地里不辞而别，就连项羽的叔父项伯也偷偷离去了。军心大乱，一夜之间，项羽身边只剩下了千余人。项羽愁眉不展，坐卧不安，连声叹息。次日凌晨，项羽别姬突围，几经转战，只身来到乌江（今安徽和县东北 40 里江岸的乌江浦）边，见前有滔滔江水，后有汉将灌婴率兵紧追不舍，心灰意冷，无颜再见江东父老，便拔剑自刎了。一代悲剧英雄，就这样血洒乌江之滨，时年 31 岁。自此，历时四年的楚汉战争终于以刘邦的胜利而告终。

韩信先以歌谣激怒项羽，使其误入十面埋伏之阵，后用"四面楚歌"之法，致使项羽的八千子弟兵离肠寸断，战斗力荡然无存。可以说，这是韩信采用心理战略的成功战例，充分显示了韩信卓越的军事指挥才能。

衣锦还乡，功高盖主

公元前 202 年初，长达 5 年的楚汉相争，终于以楚亡汉兴而告终。同年二月刘邦登基，尊为高皇帝，史称汉高祖，暂时定都洛阳，国号汉，华夏九州再次统一。

洛阳南宫大殿，刘邦黄袍玉冠，气势威严地在四名宫女、四名内侍簇拥下，步履迟缓地进殿上首高坐。群臣一齐叩拜："吾皇万岁，万岁万万岁！""众卿平身！"刘邦扫视群臣微微一笑。群臣起身分立两旁。刘邦开始大封群臣："韩信听封！"韩信急忙出班跪下："微臣在！"刘邦扫视韩信一眼微笑道："韩卿为汉室立下十大功劳，劳苦而功高，朕赐你有特赦大权，见天、见地、见兵器三不死。"韩信感激得热泪盈眶："谢陛下隆恩！"群臣望着韩信羡慕和敬佩不已。刘邦又说道："如今天下已经平定，四方太平，不再兴师四处征战，应该休养生息，故请韩卿交还军符、帅印。""这……"韩信心中不快，但只好勉强应声道："微臣遵旨!""韩卿出生、成长于楚地,熟悉楚地风土民情,因此改封为楚王,镇守淮北,荣归故里,衣锦还乡。定都下邳,择日起程上任。""臣遵旨!"韩信起身回班。刘邦又一一加封了彭越、英布、张良、萧何、曹参等文臣武将,并尊太公为太上皇,封吕雉为皇后,刘盈为太子,大赦天下罪臣,颁旨以告示天下。

第二天黄昏,韩信闷闷不乐来到洛阳城外小河旁散步,此时张良散步迎面走来拱手施礼道:"恭贺贤弟封为楚王,不日就要启程还乡,光耀祖宗。""子房兄,真会取笑人。"韩信苦笑一声,"帅印、军符都已经交还上去,你说我这做大将的心里……唉!子房兄,你为何只肯请封个留侯?"张良眼望夕阳余辉:"金钱、功名地位,乃是身外虚有之物也,不可以贪恋这些也!辅汉成功,吾愿已经实现了,有块留邑之地,足以颐养天年了。"韩信心中一惊,若有所悟:"子房兄视功名如粪土,我惭愧不如你呀!"张良一阵大笑:"知足者常乐也!"韩信也开怀大笑。二人择一草坪席地而坐,韩信说道:"记得当年我在楚国时,苦苦劝谏楚王项羽,让他定都关中,项羽不采纳良言,结果事败垂成。关中依山傍水,土地肥沃,左有崤函、右有陇蜀,三面据险,一面临河,河能运漕,真乃帝王之都。洛阳虽然居险而立,但中区狭窄不广阔,不过百里平原,楚汉相争数年,满目疮痍,土地荒芜,田地瘠薄。吾不日就要离京,请子房兄转告陛下请他迁都关中。""贤弟真是栋梁之才也!"张良敬慕地说道,"前日也有一位西戎卒名叫娄敬,千里赶来求见陛下,也是劝说陛下迁都关中。""那陛下的意愿呢?""还没决定,并且朝臣们都不乐意西移!""那子房兄之意……""你我所见略同,不过常言道水到渠成,凡事不可强求,若陛下问起移都之事,我会直言上谏的,你就放心吧!"韩信信任地点了点头。

几个月之后韩信回到了楚地王都下邳,他将楚地治理得井然有序,百姓安居乐业、丰衣足食。一日他心里怀念故乡,便带领属下李左车、田瑞娘一班侍卫前往淮阴,旧地重游。街上百姓听说楚王韩信要回故里,都争先恐后观看,人人赞叹不已。韩信等人来到早年他胯下受辱的小桥街头。韩信触景生情,便对李左车、瑞娘讲述了当年他为给漂母抓药卖剑，胯下受辱的经过。李左车抬头碰巧瞧见小桥桥头柱上刻着"胯下桥"三字，大怒道："来人，将那小桥柱上三字给我铲掉，改为将军桥。"韩信阻止道："左车，没有必要，让那'胯下桥'留着警醒后人吧！"一侍卫来到李左车面前低语几句，李左车厉声喝道："将那恶少带上来！"四名武士押着昔日县衙恶少来到韩信面前，恶少早就吓得瑟瑟发抖，跪地叩头连连求饶："楚王爷饶命！小人有眼无珠，以前冒犯楚王，求楚王爷饶命！""你这昔日县衙恶棍，不知欺压过多少黎民百姓，今日我为百姓除害！"田瑞娘说完拔剑就要刺杀过去。韩信急忙阻拦："瑞娘且慢！"瑞娘一怔收剑："楚王你……"韩信环顾四周，见围观的百姓像潮水一样涌来，思虑片刻："得饶人处且饶人，他昔日虽仗势欺人，羞辱过我，但如今只要他能悔过自新，知错必改也就算了！""楚王你这是何意？"瑞娘生气地说道，"昔日胯下之耻，你蒙受多年，如今正是报仇之时，你却变得心慈手软。"韩信微笑着对众人说："他虽然有许多过失错误，但是没有犯过死罪的错误，将他放了！"两名武士给恶少松绑，恶少感激涕零，伏地连连磕头，声泪俱下："小人该死，你杀了我吧……"韩信转身背对恶少："汝辈起来，今饶你不死，回去好好悔过自新，争取重新做人。""谢楚王！"恶少谢恩起身。韩信对属下一挥手："咱们回府邸歇息吧！"众人随韩信离开了淮阴街。

不久，韩信与瑞娘便喜结良缘。

这日，楚王府门前张灯结彩，洋溢着一片喜气，四名家丁守卫两旁，一位布衣素士，头戴斗笠腰佩宝剑，短衣破衫来到门前施礼："请问这是楚王韩信府上吗？"家丁不屑一顾道："是啊，你这要饭的，楚王新婚三日，已赏出不少银两，现还剩几两，赏赐给你，拿去快走吧！"说着就将碎银抛地。布衣素士并未拾银，说道："承蒙仁兄向楚王通报一声，就说同乡好友求见！"家丁上下打量了他一番，见他虽衣衫破旧却气度不凡，便应声道："好吧！"转身走进府内。

新婚燕尔才三天的韩信夫妇身着新装，正在厅堂饮茶，叙家常，家丁走进禀报："启禀楚王、夫人，在府门外有一布衣素士，自称是楚王旧友、同乡求见！"瑞娘温柔贤淑、深明大义、知书达理轻声细语道："楚王多次告诫你们，凡是楚王同乡、旧友求见，不必通禀，直接请他们进来就是。""是。"家丁转身离开厅堂，不大一会儿领着那位布衣素士进来，瑞娘起身走入里屋。布衣素士进厅堂施礼道："楚王一向可好，仁兄有礼了！"韩信听这声音耳熟，凝视片刻疑惑地问："你是……"布衣素士回顾左右，韩信明白其中必有隐情，急忙呵退左右："你等都先下去吧！"众人退下。布衣素士摘下头上斗笠："钟离昧叩见楚王！"韩信急忙起身搀扶着钟离昧："真是钟离兄。"他又惊又喜。将钟离昧拉到案前落座。但又皱起了双眉："你……如何流落到此地？如今万岁传下谕旨，四处张贴你的画像缉拿于你，你来府中万一让陛下知道，我可吃罪不起！""看把贤弟吓成这样。"钟离昧冷冷一笑，"堂堂一个楚王，竟然如此胆小如鼠！""唉！你哪知我的苦衷。"韩信苦笑道，"陛下耳目很多，你还是投案自首或躲到别的地方去吧！"钟离昧哈哈一笑："楚王，算我钟离昧有眼无珠，错看你了，我不需要去投案自首，只要你一声令下将我推出府门砍了就是，我何须死在他人之手！""这……"韩信有些为难。他沉思片刻苦笑道："好吧！知恩不报非君子，昔日受人滴水之恩，今日应当涌泉相报，你就留在府中住下吧，千万别四处乱跑，免得惹出祸端。"钟离昧深施一礼："谢楚王！"

阳春三月，风和日丽，杨花絮柳，百花盛开。高祖刘邦在张良、萧何劝说下已经把都城迁到关中，萧何奉刘邦旨令，在秦的兴乐宫基础上重新筑建起规模宏大的汉都长安城。一日刘邦在吕后、审食其、曹妃陪同下来到后宫御花园散步赏花。几只小鸟在一树枝上叽叽喳喳叫个不停，吕后听着鸟叫声有些心烦，于是皱起了眉头。审食其立刻心领神会，在地上拾起小石子向小鸟投去，顿时群鸟四散飞窜。乐得高祖刘邦哈哈大笑，吕后也淡然一笑道："这群小鸟，好似楚兵，垓下一战便四处溃散。"刘邦一怔，猛然想起往事说："项羽手下均已分别擒获或投案自首，唯独朕最憎恨的钟离昧，为什么到现在还没有捉拿住他呢？"吕后也气愤地说道："这个十恶不赦的钟离昧，他率军掳掠我与太上皇去楚营，使我们受尽凌辱，吾终身不忘此辱，即使将他碎尸万段也难解我心头之恨！"吕后望着身边的审食其："辟阳侯，让你查访钟离眛下落查得怎么样了？"这审食其是吕后家中的奴仆，只因吕后被楚掳入楚营，他也一同掳去。他对吕后殷勤照顾；吕后念其功劳，便劝说高祖封他为辟阳侯，他为人奸诈毒辣，平素又与吕后私通，只可惜高祖不知内情。他见吕后问他，急忙奴颜婢膝地回答道："回禀娘娘，臣已查到一二，不过……微臣不敢讲。"刘邦一怔："有何不敢讲，有朕做主。但讲无妨！"审食其诡秘一笑，奴颜媚骨地上前一步："陛下忘记赐给韩信的两名侍女吗？""怎么，此事与她二人有关？"审食其淡淡地一笑："据翠花差人密报，钟离眛正躲藏在韩信的府邸中！"刘邦大吃一惊："真有此事？""臣绝无半点谎言。"刘邦疑惑道："他难道真敢违抗朕令，私藏朝廷通缉要犯，而不顾虑王法！"审食其一翻老鼠眼夸大其词道："陛下，据密探禀报，楚王威仪冠绝天下，下邳城下、淮阴街头，百姓纷纷蜂拥观望，众将鹄立两旁，军乐鼓吹旌旗翻飞；楚王身着黄金甲，肩披黑斗篷，跨着大白马顾盼风生，'踏踏'而行，身后紧随楚府将佐谋臣，铁骑千匹，'嘀，啊呀呀。'众人纷纷赞叹，比当年秦始皇在南方巡游时的气势还要大……""住嘴！"刘邦气得咬牙切齿大声吼道："来人！宣张良、陈平来后殿见朕。"然后拂袖回到后殿。内侍进殿禀报："启禀陛下，张良说身体患疾不能前来侍驾，陈平立即就到。"刘邦生气地猛拍几案："自朕登基称帝以来，张良屡屡推疾不来上朝议事，与朕不再同心同德，他不来算了，宣陈平！"陈平进殿后，刘邦说道，"韩信身为楚王，竟敢违抗圣旨不遵法度，私藏朝廷重犯钟离眛在府中，蓄谋反叛，朕想立即举兵讨伐，以解吾心头之恨！"陈平心中明白，韩信绝不会谋反，定是奸人在陛下面前进谗言，他急忙阻止："陛下万万不可举兵讨伐，此事只能慢慢计议，不可操之过急。""此事岂能从缓！"刘邦动怒道，"韩信与钟离眛若率先起兵反叛，那后果不堪设想，钟离眛一天不捉拿到，朕一天心里得不到安宁。"陈平思虑片刻："若韩信未反，陛下举兵讨伐，岂不是逼迫韩信举兵谋反，况且朝中上下何将能敌韩信？所

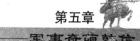

以臣以为此举不可!"刘邦听罢紧皱眉头气恼道:"这……难道就没有别的好计策了吗?你平日里能说会道,朕总认为你足智多谋,可用你之时却想不出半个良策,朕要你何用?"陈平十分尴尬,脸色通红,犹豫良久道:"古时天子巡狩,必大会诸侯,臣闻南方有一云梦泽,陛下何不出游云梦,遍召诸王,云梦与楚相连,韩信闻知陛下出游云梦,定然前来谒拜,陛下趁韩信前来参拜之时,只需一声令下便可将韩信擒拿。"刘邦大喜,立即传令去南方巡游。

再说韩信听说高祖率领群臣云游梦泽,心中忐忑不安,宣来谋士李左车在书房商议,李左车叹气道:"唉!楚王你不该收留钟离昧这个祸根,陛下本来对你就有猜忌,钟离昧是朝廷重犯,你私藏府中,哪有不透风的墙。陛下名义上是来游云梦,实际上是冲楚王而来。"韩信听罢更是惶惶不安:"那怎么办呢?"李左车沉思片刻想出一策,让韩信立斩钟离昧去云梦泽献昧首级谢罪,陛下念你斩昧有功,肯定不会怪罪于你,这样方保平安。韩信感念钟离昧对他有恩,不肯如此行事,李左车无奈只好自己将钟离昧带到厅堂晓明利害,言道:"因你而牵连了楚王。"钟离昧知事已败露,汉高祖云游梦泽肯定是因他而来,便蛊惑韩信与他联手谋反,并说道:"高祖所以不发兵攻楚,还恐昧与楚王联手同心抗拒,若斩昧献首级,今昧死,楚王明日也必定死。"韩信只摇头不肯反汉,并说;"韩信决不做那不忠不孝,不仁不义之事。"钟离昧见事情已到这一地步,怕再连累韩信,便拔出利剑自刎,韩信大叫一声:"昧兄,信对不起你呀!"扑倒在钟离昧尸体上失声痛哭。李左车割下钟离昧首级,与韩信驱车前往云梦向汉王谢罪。

刘邦在云梦泽行宫歇息许多天,诸王都已前来谒拜过,只有韩信还没有前来谒拜他。正在思量,突闻韩信与谋士李左车捧钟离昧首级前来谢罪。刘邦令韩信一人进后宫参拜,韩信捧着首级刚入宫门,刘邦一声令下,韩信束手被擒。韩信长叹一声:"果如人言,狡兔死,走狗烹,离鸟尽,良弓藏,敌国破,谋臣亡,天下已定,我固当烹。"宫门外樊哙带领众武士将李左车一班人等全部缉拿处死。刘邦看见诱捕韩信成功,非常高兴,立即命将韩信打入囚车押回京都。

惨遭陷害，血溅钟室

　　京城牢狱中，一盏油灯在风中闪烁不定，昏暗的灯光下，韩信衣衫单薄，发髻凌乱，披枷戴铐，背对狱门，凝视窗外。就在这时，牢门"哐当"一声被打开，一位老狱吏领着一位姑娘提着食盒走进。"楚王，有人看你来了！"老狱吏喊道。韩信慢慢转过身来，姑娘扑了上去："大哥！"刚喊完泪水便夺眶而出。韩信睁大双眸激动地说："文娟小妹！"一股热泪像断了线的珍珠滚落下来。文娟把韩信搀扶着在床榻上坐下："大哥究竟犯了什么罪，他们把你……""唉！"韩信叹气道，"我自弃楚投汉以来，六年戎马倥偬，随陛下征战南北，而今天下已定，我已是个多余的人了。他们要杀我，竟然诬蔑我们反叛朝廷。"文娟惊诧地说："反叛朝廷？天塌地陷、江河倒流，小妹我都能相信，可我绝不相信大哥会反叛朝廷，大哥肯定是被奸人诡言所陷害，明日我定找丞相，为大哥辩诬，洗刷罪名。"韩信摇摇头："大哥不愿连累丞相，小妹，大哥这一去，希望你经常去家里看看你瑞娘嫂，让她别悲伤……"文娟点点头。韩信又说道："小妹，你能原谅大哥吗？"文娟抱住韩信失声大哭："韩信哥你就别说了。"韩信抚摩着文娟秀发："大哥是为你好，所以才与你嫂子完婚，小妹，你看萧平如何？"文娟羞涩地脸一红低头轻声道："大哥用意小妹了解，请大哥放心。"韩信满意地一笑："只可惜大哥喝不上你们的喜酒了。""不会的，小妹明日再去求留侯张良，让他设法搭救大哥。"韩信微微点了点头。

　　韩信被擒入狱后，朝中上下议论纷纷，评议不断。早朝高祖刘邦环顾群臣："有本启奏，无本散朝。"陈平赶忙出班启奏："启奏陛下，北疆匈奴国现已崛起，他们十分凶悍，气焰嚣张，屡屡侵扰我边关。"高祖惊诧地问："哦！匈奴紧连代地，代相陈豨在边关据守，为什么没有看见奏表告急。周勃速抓紧操练兵马，增援北疆边关。"周勃出班："臣遵旨！"刘邦扫视众臣问道："众卿还有何本奏？"张良出班："陛下，臣承蒙皇恩，封为留侯，微臣请陛下恩准辞去朝臣，前往封地留邑居住。"高祖脸色阴沉显得非常不高兴的样子："自朕称帝以来，你屡次推辞身体欠佳，不来早朝议事，今日上朝，却要告辞，朕也不强迫你，随你自便！""谢主隆恩！"张良跪拜谢恩，然后起身又启奏道："陛下，恕臣直言，韩信念及旧情，虽收留钟离昧有错，但能知错必改，杀死钟离昧并割下人头向陛下谢罪，如果韩信有谋反的意思，一定会违法放走钟离昧的，让他逃之夭夭，只恐昧至今不能被擒获，韩信虽有招摇过市之错，但毕竟没有显露出反状，韩信为汉室立下十大功劳，臣恳请陛下饶恕他这次过失！"萧何、夏侯婴、周勃等一班忠臣也一起跪下为韩信求情，高祖沉思片刻，起了怜悯之心："好吧！既然众卿均已讲情，朕就赦免他这次，不过要革去他楚王的爵位，降封淮阴侯，留在京城随朕伴驾。"众臣谢恩起身。

韩信出狱被降封淮阴侯后，家眷均已接到京城，他很少出府门，心情显得比过去更加压抑沉闷。一日早朝完毕，忽然匈奴使臣上殿奏表，要求高祖将长女鲁元公主下嫁给匈奴王，匈汉和亲永结世好。高祖勃然大怒，将匈奴使臣轰出殿外。朝臣们对此事争论不休，有的主张派兵攻打匈奴，有的赞成通婚和亲。韩信出班直言不讳说道："陛下，天下刚刚平定，将士兵卒劳累太久了，若两国兵戎相见，汉必兴师远征，这不是一件轻易的事，这匈奴国以游牧为生，习性刁野，非一时半载武力所能征服，不如和亲，使他子孙臣服。若公主嫁给匈奴王，将来生子，必立太子，匈奴王就是陛下女婿，死后子为王，是陛下外孙，天下岂有做了外孙，敢与外爷抗礼，这样就使他子子孙孙畏服，不来侵犯我大汉边关，这岂不更好吗？"高祖听后顿时怒气暂消，点头同意和亲之策。各大臣也都赞同。没想到早朝散后，高祖回到后宫，吕后娘娘知道这件事之后，大骂韩信出的坏主意，哭闹几日执意不肯把自己长女远远嫁给匈奴人，她立即做主让长女鲁元公主与张敖完婚。因答应了匈奴使臣和亲，这下使高祖很为难，在万般无奈下，只好在后宫找了一位嫔妃所生女子，假称她为长女鲁元公主而下嫁匈奴王。并传旨让代相陈豨速来京城护送长女鲁元公主。陈豨此人远在边关早就有野心，因而他到京城后主要想趁机探个虚实，以便日后谋反起事。陈豨原是韩信属下，对韩信非常佩服，他想拉韩信入伙，与他一起谋反，便约韩信到渭水河边一叙。韩信不知陈豨险恶用心，便按时赴约，二人相见寒暄几句后，韩信生气地说道："陈豨将军，这就见外了，既然专程为护送鲁元公主远嫁匈奴，到京城已经有半个多月了，为何不到我府中一叙，却约我来这河边！"陈豨奸诈地一笑："元帅请别生气，一是因为我公务繁忙；二是因为见陛下喜猜忌下臣，

追韩信

又见吕娘娘结党营私，擅权行事，万一我这边关守将去你府上拜见，让陛下知道了会猜忌于你，岂不连累元帅吗？元帅为汉室立下汗马功劳，却屡屡遭贬，还被

囚禁，甚至还差一点儿丧失性命，日后我陈豨下场还不知怎样。"韩信一怔，惊诧地说："将军为何如此悲观失望？"陈豨诡秘一笑："我不是悲观失望，我实为元帅抱不平。""你这话是什么意思呢？"韩信疑惑不解道。"凭着元帅文武全才，因何要寄人篱下，为何不独树一帜，称雄天下呢？我陈豨甘愿鞍前马后为元帅效劳。""陈豨将军不可胡言乱语。"韩信很不高兴道。"我陈豨并非胡言乱语，只要你我联手，我在边关起事，你在京城振臂一呼，咱们里应外合，一定会夺得天下！"韩信摇头道："我韩信若有异心，早在楚汉相争之时就独树一帜了。""元帅因何如此死心塌地，甘愿受他人摆布，天下又不是一个人的天下，谁都可以据之！""陛下对我有恩，我岂能干这反叛朝廷之事，就是日后我遭小人诬陷，陛下治罪，丞相等众臣也会替我韩信辩白，评个是非曲直！"陈豨仰天大笑："元帅如此愚昧，据我多年观察，萧何

这个人办事奸诈圆滑，日后元帅若真遇不测，他会考虑自身利益，未必肯挺身站出替你辩白说情……" "陈豨！"韩信大怒，"不许你胡言乱语诬蔑丞相，今日我看在你跟随我征战多年的分上，要不早就拿你上朝问罪，治你蓄谋反叛。" "元帅恕我直言。"陈豨轻蔑一笑，"你如今不是当年的三军主帅，不能随便拿人治罪的，而今我陈豨已是守边大将，护送公主远嫁重臣，你以为陛下能听信你吗？"韩信顿时感到天旋地转，差点跌倒，他用颤抖的手指着陈豨忿然而说："你……你我从此情义两断，告辞！"言罢韩信愤然离去。陈豨尴尬地望着韩信背影冷笑一声："真是个愚昧地效忠他人之辈，死到临头不知悔悟！我陈豨不做个轰轰烈烈的英雄豪杰，便当个朝廷的叛臣，决不做个碌碌无为之辈。"韩信走上河岸，突然抬头见岸边树林中有个人影一晃，转眼不见了，韩信一怔，心中暗想："好像府中家丁栾说，他来这个地方干什么？难道监视我吗？"又否定地摇头，"不！定是我眼睛看花了。"韩信来到林中解开马缰，牵马出林，无精打采回到府中。

再说高祖刘邦，因在宫中闲得无事，便想到四处巡游，以炫耀汉朝宏伟大业，大显国威。他带上最美貌、年轻、温柔的爱妃戚姬，在夏侯婴、周勃等武将护卫下来到赵地。驸马赵王张敖与王后鲁元公主出城迎接父皇，并备好丰盛酒宴为高祖接风洗尘，驸马张敖又特意招来赵地有名歌伎为高祖助兴。高祖在女婿赵王张敖陪同下在大殿饮酒赏舞，高祖因为高兴多贪了几杯酒，不一会儿便酩酊大醉，被内侍宫女搀扶着入寝室安歇。赵相贯高对高祖一直心怀不满，今日见高祖到赵地，当夜又饮得大醉，便有心要刺杀高祖，三更时分贯高入高祖寝室行刺没有成功，被夏侯婴、周勃等众武士擒拿。高祖刘邦被惊醒后大怒，立即传旨将赵王张敖、女儿鲁元公主一起缉拿带回京城，严加审讯。高祖回到京都长安十分气恼，没想到连自己女儿、女婿也想谋害自己，日后这朝中还有什么人可以信赖，他传旨让廷尉史严加拷问刺客是受到什么人的指使。廷尉大小酷刑都用遍了，打得贯高体无完肤，却一口咬定与赵王张敖、公主无关，实属他一人所为。这个案子在吕后干预下，高祖无奈只好传旨处死贯高，驸马与公主无罪释放，降封驸马张敖为宣平侯，封戚姬所生如意儿为赵王。高祖又下一道谕旨，凡全国各地，只能封刘氏为王，从此高祖更加疑忌下臣。

却说陈豨自从护送公主远嫁匈奴后，仗着自己有功劳，就暗中勾结各爪牙，广养食客，联合韩王信、燕王卢绾准备二年起兵谋反。已夺汉城20余座，高祖闻报，勃然大怒，立即传旨发大兵讨伐。韩信自降封淮阴侯后，心灰意冷，郁郁寡欢，经常称病告假，不来上朝议事。陈豨谋反，高祖本想令韩信前往征讨，见韩信不问朝事，便亲自统领大军前往平叛，将大权交予吕后。临行之时高祖在后宫中对吕后说道："娘娘，朕明日便要率军平叛，这朝中大事，就请娘娘费心，好好辅佐太子掌管好朝政。"吕后妩媚一笑："谢陛下信任，太子虽然生性懦弱无多大主见，不过做母后的怎能不辅佐他管好朝纲。"刘邦沉思片刻捋了捋须髯："娘娘，朕离京后你要多加留心，京城中朝野上下，朕最不放心的只有一人！""你是说淮阴侯韩信？"吕后猜着道。刘邦点点头，"此人文武双全，朝中无人能与之相比，三军上下多系他的属下，他如果有什么动静，这京城恐怕难以保住，因此望娘娘多加提防。万不可掉以轻心。"吕后频频点头，又微微一笑："陛下请放心，妾早已收买了一名他府中舍人栾说，而且还有陛下设的隐线翠莲，他若稍微有点风吹草动，妾即刻就会知道！"刘邦满意地一笑："上次钟离昧之事还多亏翠花姑娘秘密上奏，只可惜翠花姑娘却死于暴病，不能为朕效力。"刘邦显得有几分惋惜。吕后愤然道："翠花死丫头是她不听我的旨令而导致这样的下场。"刘邦听罢沉默不语。吕后望望刘邦安慰道："陛下只管放心征讨，谁若存有异心，妾只要抓到一点蛛丝马迹，定会严惩不贷！"刘邦心里一颤："没想到娘娘城府如此之深，朕自愧不如呵！"吕后嫣然一笑："谢陛下夸奖！"

自高祖率军平叛离京多月，朝中平安无事，淮阴侯府中却发生一事。这一日黄昏时分淮阴侯府内后花园，假山石背角处，家丁栾说与侍女翠莲坐在条石之上亲亲搂搂调情骂俏。

瑞娘因近日心情不痛快，独自一人在园中散步，当她走到假山处听到假山后有窸窣的声音，不禁暗暗吃了一惊。瑞娘顿时警觉起来立即拔出佩剑。厉声喝道："什么人在那里，快些出来！"二人听见瑞娘声音，吓得哆哆嗦嗦衣裤不整地爬出。"啊！"瑞娘一见大吃一惊。"原来是你这两个狗男女，在此做那苟且之事，辱我侯府门风。"二人哆哆嗦嗦地站起，来到瑞娘跟前"扑通"一声跪下连连讨饶："夫人饶命！"然后二人又抬手打自己脸颊："我们不是人。"忽然珍珠与翡翠从翠莲怀中掉出。瑞娘一见顿时大怒："好你这两个不知羞耻的狗男女，不仅在此做那辱没门风的苟且之事，竟然还偷了我的两件珍物，我怎么能饶你，来人！"几名侍卫、家丁闻声跑来，二人吓得伏地不断地磕头求饶，瑞娘怒声喝道："将这对狗男女推到后院乱刀砍了！"几名侍卫应声上前将栾说、翠莲捆绑起来朝后院推去，两人浑身颤抖高喊求饶："夫人饶命！夫人饶命！""夫人这里出了什么事？"此时韩信也闻声赶了过来。二人见着韩信"扑通"跪在韩信面前磕头高呼："侯爷救命！侯爷救命！"韩信摆摆手，侍卫松手，韩信望了望瑞娘："夫人这是怎么回事？"瑞娘生气地说明其中的因由。韩信望着这对狗男女气愤地说："栾说、翠莲你二人在我府中多年，竟然干出这等肮脏之事，按理应当问斩！""侯爷饶命，小人再也不敢，请侯爷饶恕我们，我俩世世不忘侯爷大恩大德。"二人像鸡捣米似的不断地磕头求饶。韩信见二人泪流满面，心中起了悲悯之心，说道："念你二人年轻无知，就宽恕你二人这次，不过死罪饶恕，活罪不能免除，重责20轰出府门，永不留用。""侯爷！这不是太便宜这对狗男女，按汉朝王法这二人犯的是死罪呀！"一侍卫忿忿不平道。"唉！"韩信长叹一声，"夫人你看……"家丁拾起珍珠项链和翡翠交与瑞娘。瑞娘沉思片刻："既然侯爷不忍心处死他二人，那又何必要责打他们。算了！让他们滚吧，永远不许再踏进府门半步。"侍卫上前解开二人绳索，栾说、翠莲急忙伏地连连叩头："谢侯爷！谢夫人不杀之恩！"然后从地上爬起，一溜烟狼狈不堪地跑出府门。

吕后那数月心里总有些忐忑不安，自高祖率军平叛走后，一直没有胜负消息。一日早晨栾说、翠莲慌慌张张地跑进宫密报，说韩信与叛贼陈豨曾在渭水河边密谋过，还说日后陈豨起兵，韩信在京城做内应，吕后听完栾说编造的谎言后，便信以为真。恐京城有变，立即传旨，召来亲信审食其、妹夫樊哙、兄长吕泽、妹妹吕媭在后宫秘密商议。吕后阴沉着脸，不无忧虑紧张地说："陛下率军胜负尚无一点消息，京城又很空虚，有人告发韩信与陈豨原本是一党，想里应外合夺取汉室基业。现趁韩信还没有动手之前，请各卿速想良策除掉韩信。"吕媭微微一笑满不在乎地说道："姐姐，除掉韩信这个背叛逆贼有什么难的？只要姐姐降道谕旨，令宫中御林军重重包围淮阴府，杀掉淮阴侯明日再布告天下。"吕泽摇摇头："不可！韩信不是一般人物，且在朝中威望甚高，他原是军中大帅，三军将士均是他的属下。他要闻讯，振臂一呼，宫中御林军还没有到他府中，你我就先做了他刀下之鬼。"樊哙不高兴道："我就不信他韩信有那么大的威望，我愿带御林军围剿淮阴府。"吕后摇摇头："妹夫不可鲁莽行事，兄长说的很有道理，淮阴府侍卫家丁非常多，这宫中御林军哪是他们的对手，这岂不是以卵击石嘛。还是想个万全之策才是。"吕泽在宫内踱步沉思片刻："有了，要想除掉韩信不难，只能用巧计擒拿，不可死力硬拼，臣倒想好一策。""兄长快讲!"吕后急不可待地说。吕泽慢条斯理说道："娘娘只要派遣十几名心腹侍卫，假扮陛下平叛告捷，晚上趁天黑悄悄出城去北方绕上一圈，再风尘仆仆大张声势地复入长安，只说由陛下遣来传递好消息，陛下已将陈豨叛贼诛灭，朝臣不知有诈，便会来宫中祝贺，宫廷中埋下刀斧手，只要韩信来宫中祝贺，踏进宫门一步，娘娘一声令下便立即将他拿下，推到宫外立即斩首。""嗯！还是兄长足智多谋，不过万一韩信他不来朝贺，岂不功亏一篑吗？"吕后又无不担心地说道。吕泽微微一笑："请问！韩信在朝中最信赖何人？""当然是丞相萧何。"审食其抢先答道。"这就对了！萧何曾对韩信有知遇之恩，若让萧何登府去请，并一同入宫祝贺，岂不……"吕泽狡猾地一笑。"如若萧何不肯请韩信前来那怎么办呢？"吕后疑虑地说。"那就看娘娘您了！"吕泽望着吕后狡黠地一笑。吕后沉思片刻："嗯！有了，我亲登丞相府门，诱使萧何去请韩信。"审食其拍手称赞："嗯！娘娘不愧为当今女中英杰，这样韩信一生，成也萧何，败也萧何。"

顿时从后宫内传出一阵阵奸笑声。

萧何年届六旬有余，年迈体弱，陛下平叛离京，萧何日夜操劳地忙于处理政务，并且已经积劳成疾。今日刚有好转在府上闻听陛下平叛告捷，心中十分高兴，忽又闻吕娘娘亲至府门前来拜望。萧何受宠若惊，慌忙更衣领夫人等家丁前往府门迎驾。吕后在十几名内侍宫女簇拥下乘坐龙凤辇缓缓而来。到了相府门前见萧何及夫人一班人相迎，吕后下了龙凤辇在宫女搀扶下来到相府厅堂落座。厅内早已备好水果茶点，君臣互相问候以后萧何在下首落座。吕后假意关心地说道："丞相年事已高身体要多多保重，不可过多操劳，陛下平叛告捷，明日宫中恭贺庆典，丞相如有不便可准予你不必前往了吧。""这哪成！"萧何感动地说，"平叛告捷乃是朝中庆典大事，我这一朝之相，岂能不去庆贺。"吕后微笑着点点头："嗯！难得丞相一片忠心！明日庆贺这满朝大臣都去，这淮阴侯怕有好几个月没来上朝吧！我还真有些惦念他。""淮阴侯是多月没去上朝，不过他有病告假可是陛下恩准的。"萧何解释道。"是吗？不过病虽有点，但主要怕是心情不畅吧！我看他对陛下误解太深，这样下去怕不太好吧？"吕后端起茶呷了一口，望望萧何。萧何也叹了口气："唉！都是钟离眛一案，把他牵连进去，不过他对汉室还是忠心耿耿的。"吕后心里很不痛快，心中暗骂萧何老糊涂虫，但表面仍装出微笑："明日宫中庆贺平叛告捷，他若能来那该有多好，就是陛下回朝，闻知此事定能与韩信解除些隔阂。"萧何心里明白，这是娘娘让他邀韩信明日一同前往，萧何立即表态："请娘娘放心，明日庆贺大典，臣邀韩信随我一同前往就是！""那真是太好了！"吕后高兴地说，"你们将相同乐，我做娘娘的也感到高兴，待陛下回京，我一定让他们君臣消除隔阂，团结一心，共创太平盛世。"萧何高兴地也频频点头。吕后见事已至此，又闲谈一会儿便起身告辞回宫。

萧何送走娘娘，回到厅堂，夫人望着萧何说道："相爷，你不觉得吕娘娘今日前来有些异样？"萧何不以为然地说："这……这有何奇怪，她亲踏府门探望为臣，这是娘娘对微臣的关心。""我看不是这样。"夫人淡淡一笑，"娘娘一贯心胸狭窄，心黑手辣，做事专横，她让相爷请韩信入宫一同参加庆贺，这有没有别的意思？"萧何激动得热泪盈眶，深情地说："夫人大有长进啊！我何尝不知娘娘此人，可是这圣命难违呀！陛下已将大权交予她在掌管，我怎敢不从命。""依我看明日你就不要去请淮阳侯。"夫人担心地说道，"妾以为娘娘想借相爷之手，实现这些奸佞之徒的阴谋。""唉！"萧何长叹一声，"夫人，娘娘专权你又不是不知，我若抗命不遵，萧府将有灭门之灾，做臣的只能宁可君负臣，不能臣负君。""那明日你一定要邀韩信一同前往，去宫中庆贺不可了？"夫人担心地问道。萧何点点头："如果娘娘并没有恶意，的确是为陛下平叛告捷，宴请群臣进宫庆贺，而韩信没去庆贺，一来老夫违抗了圣命，二来使娘娘与韩信之间又加深一层怨恨和猜忌，日后陛下回京知道此事，势必对韩信不利，我作为一国丞相，怎能不为君臣和睦着想。"夫人忧虑地说："嗯！去请不好！不请也不好，还真让人为难！"萧何倒背双手，在厅内踱步沉思片刻："依老夫之见，臣不能背负君，明日还得相邀韩信一同进宫，即便娘娘是真的出计谋加害韩信，可韩信为汉室立下十大功劳，而且自从钟离昧之事以后，韩信深居简出，并没有犯什么错误。当年陛下曾亲口赐赏他三不死，有陛下金口玉言许诺，娘娘她也不能把韩信怎么样！况且满朝文武大臣在场，她敢违抗陛下诺言行事？"夫人听罢放心地点点头。

第二天清晨萧何穿着一新，亲去韩信府邸邀请。再说韩信很长时间没去上朝，也没多问朝中大事，昨日突收宫中一份请束，说陛下平叛告捷，明日在宫中大殿宴请群臣，共庆大捷，请大将韩信前来恭贺，韩信内心十分高兴，庆幸陛下终于平了叛贼，从此天下太平，他本想今日前往，可转念一想自己多月不去上朝，陛下和娘娘与他都有隔阂，万一娘娘设下圈套，自己不慎再顶撞娘娘，岂不冒犯娘娘而犯下大罪。因此他又不想前往，正在踌躇之时，恰巧萧何满面春风地前来邀请，他碍于情面，不好推辞，便与妻子瑞娘告别前往宫中。瑞娘见韩信多年都闷闷不乐，今日高兴要随丞相去宫中，她也没好阻拦。另外加上有恩相陪伴，韩信决不会再闯祸端。因此，她放心地给丈夫换了新衣，夫妇二人微笑告别，不想这却是他们最后的诀别。

未央宫前，张灯结彩，锣鼓喧天，一班内侍伫立两旁，一班宫女在乐声中载歌载舞，朝臣们都陆续进入未央宫大殿。一派喜庆气氛。

在宫门前大道上，萧何与韩信并肩而行，两人谈笑风生。韩信手里拿着贺表，萧何满面春风地说道："贤弟可曾记得当年登坛拜将时的情景？"韩信感慨道："何止记得，历历在目，恍若昨日之事。想起往事就感到时光如梭，眨眼汉已立国10年有余，你我都显老了。""贤弟正年富力强，怎么说老了，这汉室繁荣昌盛今后还靠你们，我已年迈体衰该退居林下了。"萧何若有所思道。"这汉室江山，少我韩信可以，但没有丞相是万万不行！"萧何被说得乐呵呵地："贤弟一席勉励之言，好似我萧何年轻许多。"二人都乐得哈哈大笑，谈笑风生携手走入大殿。

大殿内，刚满15岁的少年太子刘盈与母后吕雉高坐在龙椅上，朝臣陆续进殿伫立两旁。萧何、韩信兴高采烈地跨入大殿。就在这时两扇宫门突然关闭，群臣一片哗然。吕后一拍龙书案厉声喝道："来人！将叛贼韩信拿下！"埋伏在两旁的刀斧手蜂拥而上，韩信猝不及防，被这班人擒住并捆绑起来，此时韩信才如梦方醒，怒声问道："娘娘，臣身犯何罪？"吕后冷笑一声："狂徒淮阴侯，自称天下枭雄，竟敢与陈豨合谋反叛，今被人告，汝有何话可说？带证人！"栾说、翠莲这对狗男女猥猥琐琐从后殿走出。萧何还在那疑惑不解地问："娘娘，不是让韩将军与本相奉旨前来贺喜大捷的吗？怎么……""萧丞相你先站一旁。"吕后严肃地说道，萧何只好畏惧地退在一旁。栾说、翠莲跪下施礼："叩见娘娘和太子殿下。"吕后严厉说道："你们俩当着众臣之面，讲清楚韩信如何勾结陈豨密谋反叛朝廷的。""是！"栾说翻着老鼠眼望了望韩信，又扫视了众臣一眼，昧着良心说道："回禀娘娘，陈豨来京城时与韩信在渭水河边密谋了许久，这是我亲眼看见的，他们曾有密约，陈豨从边疆起兵反汉，韩信在京城做内应。当时我就想禀报娘娘，可又一想并没抓到他们真凭实据，因此没有前来禀报，这次陈豨果真起兵谋反，我这才想起那日之事，我若不禀报娘娘，只怕韩信在京城起兵，那咱们汉室江山岂不完了吗！因此才来禀报娘娘。"

吕后大喝一声："韩信你还有什么话可说？""无耻！"韩信冷冷一笑，"这分明是栽赃陷害！"翠莲一旁假惺惺劝慰道："侯爷你就承认了吧，娘娘已经全知道了！""呸！"韩信愤怒地说道，"你这两个狗男女，前几天做的好事被捉住，我怎么就不宰了你们！"吕后一拍龙案："大胆！你这个反贼，陛下已将陈豨捉拿，陈豨已经供认不讳，汝还想抵赖？"吕后将假书信举起晃了晃："陛下书信在此，汝还有何说。"韩信仰天哈哈大笑，这笑声在大殿中久久回荡，大殿中显得阴森恐怖。韩信收住苦笑怒吼道："我这才明白，什么平叛告捷，全是阴谋、阴谋！"吕后在恐慌中清醒："来人！快，快给我把反贼韩信推出宫门外砍了。"

4名武士来推韩信，韩信愤怒地说："慢着！我韩信为汉室立下十大功劳，陛下赐我三不死，见天不死，见地不死，见兵器不死，你有什么权力来杀我？""好！"吕后冷笑一声，"今日就不违背圣上许诺。来人！将韩信推入殿旁钟室，门窗遮掩，不让他见到天日，地上辅上地毯，不让他踏着地，不要拿兵器，用菜刀将他斩首。"萧何大吃一惊，上前扑倒在地，泪如雨下，乞求道："娘娘……"栾说从怀中取出一把早已准备好的锋利菜刀，4名武士来推韩信，韩信长叹一声："唉！我昔日不听人言，今果遭人暗算，中刁妇奸计。"韩信昂然地被推进钟室。刚被推进钟室，栾说趁其不备举起菜刀猛力向韩信脖颈砍去，顿时韩信血溅钟室，倒地身亡。栾说、翠莲割下韩信人头用盘托出，走出钟室来到大殿："回禀娘娘，韩信已被斩首。"太子瞧见顿时被吓得用袍袖掩面。萧何大叫一声，昏倒在地。众臣一见也是潸然泪下。吕后得意地一笑："审食其、樊哙！""微臣在！"二人出班。吕后严厉地说："令你们率宫中御林军前往淮阴府。灭韩信三族，不要留下一个活口！""臣遵旨！"二人神气十足地接旨走出大殿。

审食其、樊哙率领御林军包围了淮阴府，并杀气腾腾破府门而入。此时瑞娘正在书房看书，听到院内杂乱脚步声，她起身跨出书房同时深感不安，但还是猝不及防被御林军包围捆绑。审食其提剑在手冷笑一声："韩夫人，久违了。"说着一剑将瑞娘刺死。府内顿时大乱，哭声一片，审食其、樊哙率御林军在府内任意砍杀，尸体成堆，血流成河，淮阴府内100多口无一人生还。府门被查封。一代名将，就这样屈死在吕后等奸诈小人的阴谋之下。历史又重演了一幕悲剧。

在辅佐刘邦战胜项羽、建立西汉王朝的历史过程中，韩信表现出了卓越的军事指挥才能，有着不可磨灭的历史功绩。对韩信"连百万之军，战必胜，攻必取"的军事天才，刘邦也心悦诚服，自叹不如，并把他列为"开国三杰"（张良、萧何、韩信）之一。宋代史学家司马光评论道："汉之所以得天下，大抵皆韩信之功也。"这话却也不假。

第 六 章

千古一人
——匡济名帅郭子仪

　　郭子仪，中唐名将，华州郑县（今陕西谓南华州区）人，祖籍山西汾阳。以武举高第入仕从军，累迁至九原太守、朔方节度右兵马使。天宝十四载，安史之乱爆发后，任朔方节度使，率军收复洛阳、长安两京，功居平乱之首，晋为中书令，封汾阳郡王。代宗时，又平定仆固怀恩叛乱，并说服回纥酋长，共破吐蕃，朝廷赖以为安。郭子仪戎马一生，屡建奇功，大唐因有他而获得安宁达 20 多年，史称"权倾天下而朝不忌，功盖一代而主不疑"，享有崇高的威望和声誉。

身系国运，初战大捷

郭子仪的父亲郭敬之，历任绥州、渭州、桂州、寿州、泗州五州刺史。

在父亲的教育和影响下，郭子仪从小就喜欢读兵书、练武功，并严格要求自己在读书或习武时，全神贯注，常常废寝忘食，练得一丝不苟。他非常欣赏孟子的一句话："天将降大任于斯人也，必先苦其心志，劳其筋骨……"

郭子仪的青年时代是生活在国富民殷、繁荣昌盛的唐代中前期里，即所谓"开元之治"。这时期，以唐玄宗李隆基为首的唐朝政府，励精图治，扫除积弊，任人唯贤，政治清明，使得社会经济稳步发展，国力强盛。伟大的爱国诗人杜甫在他的《忆昔》一诗中写道：

忆昔开元全盛日，小邑犹藏万家室。

稻米流脂粟米白，公私仓廪俱丰实。

意思是：回想当年开元盛世的日子里，就连一个小县城也有万户人家。大米喷香、洁白，公私仓库里的粮食物资都装得满满的。

郭子仪的成长背景就是这样，他年轻时就立志要做一个保家卫国、统兵作战的将帅。

据说郭子仪20岁时，在河东（今山西太原）当兵，曾触犯刑法，按军律应该斩首。当他被捆着双手押赴刑场时，竟然昂首阔步，大步向前，毫不慌乱。正巧，在途中遇上当时著名的诗人李白。李白本来和他并不相识，见他年轻英俊，相貌非凡，临刑不惧，又听说他颇有才能，意志坚强，便赞叹地说："这样的人，将来一定能为国家做出一番大事业，杀了多可惜啊！"李白为郭子仪感到惋惜，便立即到当地官员那里说情，最后以自己的官职做担保，把郭子仪救了出来。这样，李白和郭子仪成了莫逆之交。后来，李白参加永王李璘幕府，因受牵连下狱，郭子仪曾经请求替他赎罪，报答他当年的救命之恩。

郭子仪最初做左卫长史（皇帝禁军幕府中的幕僚长）。因屡立战功，平步青云。749年（天宝八年）做到天德军使（驻地在今内蒙古乌拉特前旗西），兼九原（今内蒙古乌拉特前旗北）太守。这时，唐朝廷对外还没有大的战事，几十年间相对太平。在这样的环境里，由于外部环境轻松，没有危机，天长日久，人们开始安于逸乐，贪图物质享受，整日只知吃喝玩乐，朝廷中更是有过之而无不及。唐玄宗李隆基整日花天酒地，把大权交与奸臣李林甫、杨国忠之手，自己则与宠妃杨玉环夜夜笙歌，不理朝政，全不见了昔日励精图治、重整山河的雄心。只有郭子仪等少数人尚能居安思危，经常为战事做准备。他一面操练兵马，一面守卫祖国的疆土。

当时边疆各地居住着我国各族人民。他们勤劳勇敢，为祖国的统一和发展作出了巨大的贡献。

在我国北部色楞河一带，生活着维吾尔族的祖先回纥人。744年，回纥首领骨力裴罗统一了回纥各部，就派使臣来唐朝，请求唐朝在回纥人的势力范围内设置都督府。唐朝廷答应了，便把回纥分为六府七州，并封骨力裴罗为怀仁可汗。从此，唐朝同回纥在经济和文化上的交往更加频繁。唐朝以金银器皿、锦绸布匹交换回纥的马匹、白毡等物。后来肃宗还把自己的女儿嫁给回纥可汗，表示唐朝对回纥的友好。

在青藏高原一带，生活着藏族的祖先吐蕃人。他们有的过着游牧生活，饲养牦牛、马、猪等；有的过着定居的农耕生活，种植青稞、小麦、荞麦等。公元641年，唐太宗派人护送文成公主入吐蕃，同吐蕃的赞普（王的称呼）松赞干布成亲。文成公主入藏时，把蔬菜的种子、手工业品、医药、书籍等带到吐蕃。汉、藏两族的关系，因此更加密切了。

唐朝同边疆各族虽然也发生过战争，但友好相处和经济文化交流却是主流。

自高宗以来，唐朝在边疆上一直有重兵驻守。玄宗时，为了加强防御，在重要地区设立了 10 个军镇，每个军镇都设置一个节度使。节度使起初只负责几个州或一个道的军事，后来兼管行政和财政，权力日益增大，成了独占一方的土皇帝。当时唐朝的禁军不过 12 万人，而边疆的 10 个节度使共拥兵 49 万，形成外重内轻的局面。这时唐玄宗专宠杨贵妃，不理朝政，政治十分腐败。终于导致了安史之乱。

安史之乱，是安禄山和史思明发动的叛乱战争。

安禄山，本姓康，是营州柳城（今辽宁朝阳南）混血胡人。母亲是巫婆。他年少丧父，随母改嫁到虏族将领安延偃家，因而改姓为安，字禄山。开元初年，安延偃携带他投归了唐朝，在幽州节度使张守珪的部队里做事。

张守珪见他作战勇敢又有智谋，就把他收为养子，并推荐给朝廷。742 年（天宝元年），御史中丞张利贞到河北巡访，安禄山对他百般谄媚，拿出很多金钱结好张利贞的左右人员作为私恩。张利贞入朝，极称安禄山有才干，玄宗便任用他为平卢节度使兼任柳城太守。于是有了入朝奏事的机会。第二年入朝，他的奏对很符合旨意，玄宗很欣赏安禄山办事干净利落，于是迁升为骠骑大将军。第三年，又兼任了范阳节度使、河北节度使。

这时朝廷由宰相李林甫专权，安禄山便大肆贿赂他。李林甫嫉恨儒臣因战功提升，对自己不利，便劝玄宗大批启用蕃将，因此皇帝对安禄山的宠爱更加牢固。

安禄山大行韬晦之计，他表面上装作愚蒙不敏以掩盖其奸诈。天子让他去见皇太子，他故意不叩拜，左右官员指责他，安禄山说："臣不识朝廷礼仪，皇太子是何官？"皇帝说："我百年后将皇位传给他。"安禄山谢罪说："臣愚蠢，只知天下有陛下，而不知有太子，罪该万死。"于是再叩拜。当时杨贵妃得到皇帝的宠幸，安禄山即请求做贵妃的养子，皇帝同意了。他叩拜时，必先叩拜贵妃后叩拜皇帝，皇帝对此感到奇怪，他回答说："蕃人是先母后父。"皇帝非常高兴。从此以后安禄山存有朝廷不难对付的心理，令麾下刘骆谷居住在京师，为他窥伺朝廷的动静。安禄山晚年更加肥胖，腹部松弛到膝盖，两只臂膊用力拉牵着腹部才能行走，可在皇帝面前跳起"胡旋舞"，仍然迅疾如风。皇帝看着他的腹部说："胡儿腹中有何物而这样大？"安禄山说："唯有一片赤心！"玄宗于是被他的赤诚所感动。天宝六年又晋升他为御史大夫，封他的妻子段氏为国夫人。皇帝给安禄山在京师建立府第，让宦官监督工程，告诫他们说："要好好部署，安禄山的眼孔大，不要令他笑话我。"为他雕窗镂户，台观池沼的华丽都超过了他的身份。皇帝登临勤政殿，御座的东间特设金鸡幛，中置一榻，诏令安禄山坐，来表示对他的恩宠。太子进谏说："自古以来幄座不是人臣应当享有的，陛下宠爱安禄山过分，必然要骄慢。"玄宗置若罔闻。

当时社会由于长期太平，人民已忘记战争，皇帝春秋已高，被受宠的美人牵制封固，让李林甫、杨国忠更替把持朝政，纲纪大乱。安禄山估计天下可取，造反的阴谋日益炽盛，每当他经过朝堂龙尾道时，就要向南北侧目窥察，好久才离去。

安禄山回到范阳后筑雄武城，扩充兵士，积聚粮食，暗中派遣胡商到各地经商，每年坐收百万之利，同时为他采购了大量军备物资。为了迷惑皇帝，他骗诱契丹各酋长，大排酒宴，酒中放麻药，待他们喝得酩醉，将其全部斩首，先后杀戮数千人，将被他们的耳朵献到阙下。皇帝不知真情，赏赐给他铁券（免死牌），晋为东平郡王。安禄山还不满足，又求兼领河东，玄宗遂拜他为云中太守，河东节度使。他遂兼制3个道，兵力称雄天下。

安禄山造反的苗头皇太子和宰相都有察觉。杨国忠屡次上奏说明安禄山的野心，唐玄宗也有些不放心了，杨国忠出主意说："现在把安禄山召进京来，他若有意造反，怕我们扣留他，肯定不敢来；若无意造反，他就敢来，这叫'做贼心虚'。"唐玄宗觉得是个办法，就下旨召安禄山进京，不几日，安禄山真的来了，唐玄宗悬着的心也就放下了，他庆幸自己没有错怪安禄山，并在华清宫摆宴招待。酒酣之际，安禄山在唐玄宗面前放声大哭，边哭边诉怨道："臣是番人，受人歧视，又没有一点学问，可是圣明的皇上并不嫌弃，不断地提拔，我真是感激不尽啊！臣不知什么地方得罪了杨国忠，他一直想要杀掉我，请皇上为我做主啊！"唐玄宗听了这一番哭诉，更加同情和信任安禄山了，还授给他左仆射的官职。

安禄山从京城出来，唯恐杨国忠有埋伏，疾行出关，以日行300里的速度返回了自己的范阳老窝。从此，再有人报告说安禄山要造反，唐玄宗就怒气冲冲地斥责报告人诬陷，还将他绑缚送给安禄山处置。但报告人还是很多，有人拿出了确凿的证据，唐玄宗才明白了问题的严重性。他还是采用杨国忠的计策，降旨召安禄山进京。可是，这次安禄山称病推辞了。唐玄宗又施一计，为安禄山的儿子赐婚，要安禄山前来认亲，安禄山还是推辞不往。唐玄宗一切都想明白了，可是为时已晚。755年（天宝十四年）十一月初九，安禄山以"奉密旨讨杨国忠"为名，召集了诸蕃兵马15万人，号称20万，日夜兼程，以每天60里的行军速度长驱南下杀入中原。

安史之乱爆发后，玄宗提拔郭子仪为卫尉卿，兼灵武郡太守，充朔方节度使。命令他带领本军讨逆，唐朝的国运几乎系于郭子仪一身之上了。自"贞观之治"以来，唐朝各地多年未发生战争。在和平环境里，刀枪入库，马放南山。军队战斗力锐减，军备空虚。因此，当叛军打来的时候，黄河以北24郡的文官武将，有的开城迎敌，有的弃城逃跑，有的被叛军擒杀。安史叛军长驱南下，势如破竹，一路上几乎没有遇到什么抵抗，很快就席卷了一大片地区。在安禄山的放纵下，叛军每到一个地方，就烧杀掳掠，奸淫妇女，强抽壮丁，残害百姓，无恶不作，使得沦陷区百姓家破人亡，流离失所。

长期沉溺于游乐宴饮的唐玄宗由于对这场叛乱毫无应变的准备，事到临头，仓促应战。他急派封常清、高仙芝去东京洛阳募兵抵抗。但乌合之众难敌虎狼之师，洛阳很快陷落。玄宗在盛怒之下，处斩了封、高二将。当时的形势十分严重。在这紧急关头，朔方（唐方镇名，镇治在今宁夏灵武西南）节度右兵马使郭子仪被升任为朔方节度使，奉命率兵东讨叛军。

郭子仪立即亲赴校场，检阅三军，誓师出征。756年四月，朔方军

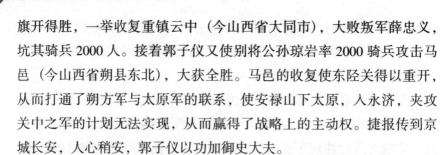

旗开得胜，一举收复重镇云中（今山西省大同市），大败叛军薛忠义，坑其骑兵2000人。接着郭子仪又使别将公孙琼岩率2000骑兵攻击马邑（今山西省朔县东北），大获全胜。马邑的收复使东陉关得以重开，从而打通了朔方军与太原军的联系，使安禄山下太原，入永济，夹攻关中之军的计划无法实现，从而赢得了战略上的主动权。捷报传到京城长安，人心稍安，郭子仪以功加御史大夫。

朝廷命郭子仪回到朔方，补充兵员，从正面战场出击叛军，以图收复洛阳。郭子仪则认为，必须夺取河北各郡，切断洛阳与安禄山老窝范阳之间的联系，绝其后方供给线，才能有效地打击叛军前线的有生力量。这一出击方向的选择无疑是正确的。

郭子仪像

经郭子仪的推荐，朝廷任命李光弼（契丹人）为河东节度使。郭子仪分了1万军队给李光弼，送他出征。李光弼由太原出井陉口，一连收复7座县城，直奔常山（今河北正定）。史思明闻讯，率5万大军从西包围李光弼于常山。双方展开激战持续40多天。李光弼消耗很大，寡不敌众，被迫困守。只得派人向郭子仪求援。郭子仪急率军东进，火速驰至常山，与李光弼会合，以10万官军，与史思明会战于九门城（今河北省藁城西北）南，大获全胜。

史思明新败后，又收整了5万叛军，退守博陵。博陵是河北重镇，西依崇山峻岭，东临百汇群川，易守难攻。郭、李两部久攻不下，郭子仪决定退守常山，采取先疲后打的战略，转战歼敌。史思明求胜心切，采取了追踪跟进的策略，企图重创唐军。"我行亦行，我止亦止"。郭子仪将计就计，亲选 500 精锐骑兵，交相掩护，牵着史思明的叛军疾速北进。史思明不知是计，一连追了 3 天 3 夜，追到唐县时，才发现前面只有 500 骑兵，方知上当，然而已经人困马乏。郭子仪乘其疲惫不堪之机，返军掩杀，大败史思明于沙河，又打了一个大胜仗。

安禄山忽闻败报，心惊胆寒。急忙从洛阳抽调 2 万兵马，派谢希德北上增援。又发范阳老巢的精兵万余人，令牛廷蚧南下助战，会合 5 万叛军准备卷土重来。

郭子仪这时驻扎恒阳（今河北曲阳），他见贼兵兵锋甚锐，兵力大增，欲求决战，仍然实行疲敌战术，加紧修缮防御工事，深沟高垒，严阵以待。"贼来则守，贼去则追，昼扬其兵，夜袭其幕"，使 5 万叛军欲战不能，欲退不可，大大挫伤了敌人的锐气。特别是郭子仪的扰敌战术，使叛军整日提心吊胆，不得安宁，几乎连休息也做不到了。当叛军被拖到相当疲劳的程度时，郭子仪对李光弼说："敌已疲惫，我们即可出战了。"于是两位大将在嘉山（今河北定县）摆开了战场，布好战阵，史思明等叛将也列阵而至，一场大战随即发生。郭子仪指挥得当，唐军奋勇无畏，锐不可当。叛军士气低落，阵势混乱，四处溃逃。史思明见败局已定，吓得慌不择路，坠下战马，丢了头盔，连靴子都跑掉了，光着两脚，拄着一条断枪，逃回了博陵，总算捡了一条命。叛军被斩杀 4 万多人，被生擒 5000 余人，损失战马 5000 余匹。郭子仪指挥官军乘胜前进，进围博陵，声威大振。

嘉山一战，对军心民心产生极大的影响。河北 10 多郡自发集结武装，支援和响应官军，地方军民纷纷诛杀叛兵叛将，归附唐朝。

安禄山丢失河北，则后方交通线被切断，叛军将士家在范阳者，都惶惶不安，忧虑后退无路。安禄山也控制不住自己的恐慌，对他的军师高尚、严庄骂道："你们叫我反唐，说是万无一失。现在起兵已经几个月了，后路被郭子仪切断，只剩下汴、郑几州，进退两难，万无一失在哪里？"他和谋士们不得已才考虑出一个放弃洛阳，撤回范阳的计议。

郭子仪在河北的辉煌战绩，扭转了唐军仓促应战的被动局面，改

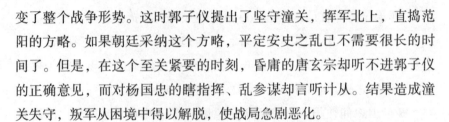

变了整个战争形势。这时郭子仪提出了坚守潼关，挥军北上，直捣范阳的方略。如果朝廷采纳这个方略，平定安史之乱已不需要很长的时间了。但是，在这个至关紧要的时刻，昏庸的唐玄宗却听不进郭子仪的正确意见，而对杨国忠的瞎指挥、乱参谋却言听计从。结果造成潼关失守，叛军从困境中得以解脱，使战局急剧恶化。

当时驻守潼关的哥舒翰是位突厥人，立过许多战功，担任过陇右和河西两镇的节度使。此时由于年老多病，已回长安居家休养。安禄山叛军进逼潼关时，唐玄宗为了借重哥舒翰的威名吓走敌人，就任命他为天下兵马副元帅（元帅由太子李亨挂名），领兵御敌。哥舒翰推辞不准，只得抱病出征，把军队驻扎在潼关一带。他十分清楚，自己带领的十几万唐军，不过是一群乌合之众，并不能打硬仗，守住潼关就不错了。因此采取以守为攻的稳妥之计，潼关守得很好。杨国忠看到哥舒翰兵权在握，怕对自己造成威胁，权势不保，于是插手哥舒翰的作战指挥。杨国忠密奏唐玄宗，派使者催促哥舒翰速出潼关，收复陕郡、洛阳。哥舒翰明知这样蛮干，只能招致失败，可是又不能违抗圣旨，他失声痛哭一场后，怀着视死如归的悲痛心情，领兵出了潼关。在灵宝县西南中了叛军的埋伏。几场苦战下来，葬送了十几万唐军的性命，哥舒翰被杀，潼关失守。京城长安暴露在叛军的面前，已经岌岌可危了。

唐玄宗知长安不保，听信了杨国忠的建议，奔向四川逃跑。第三天，唐玄宗一行走了100多里路，来到马嵬驿，愤怒的士兵杀死了祸国殃民的杨国忠。龙武大将军陈玄礼对唐玄宗说："士兵们已杀了杨国忠，不把贵妃正法，他们就无心保驾了。"众怒难犯，自己的安危就在片刻之间，于是玄宗不得不忍痛割爱，将杨贵妃赐死。马嵬驿哗变平息下来后，唐玄宗继续向西南逃难。百姓上路拦驾，请求玄宗留下来率领人民讨伐叛贼。玄宗无奈，只得分出2000人马留给太子李亨，让他主持军事，留下来平叛。朔方镇的留守官员劝李亨称帝，以便号令全国。天宝十五年（756年）七月，李亨在灵武（今宁夏回族自治区灵武县）即位，是为唐肃宗。

平定叛乱，重整河山

唐朝称长安为西京，洛阳为东京，首都设在西京长安。安史之乱爆发后，叛军很快攻占了东都洛阳。安禄山看到洛阳宫阙雄伟，心中急欲僭号。第二年正月便僭称雄武皇帝，国号燕，建元圣武。封他的儿子安庆绪为晋王，安庆和为郑王。任达奚珣为左相，张通儒为右相，严庄为御史大夫，还设置了百官。潼关失守后，安禄山还没有到长安，士民就逃入山谷，宫嫔哭着散匿逃亡，将相府第之家舍弃的宝货不可计数，不逞之徒成群结队争抢财物，一连几日都抢不完。又剽掠官府盈库，百司帑藏，抢完便放火烧毁其余的财物。安禄山到长安，大怒，便大规模搜索了3天，对民间的财产全部进行抢掠，百姓更加骚动不安。安禄山怨恨他留在长安的儿子安庆宗被杀，便取皇帝的近属霍国长公主、诸王的妃妾、子孙姻婿等100多人的性命，用来祭祀安庆宗。朝中群臣凡随从天子走的，诛灭其宗族。

京城长安是唐朝政治、经济和文化的中心。洛阳是陪都，在政治和军事上也很重要。叛军占领长安、洛阳后，整个局势急转直下，朝廷危在旦夕,收复两京对挽救危局具有重大的政治意义。

肃宗即位后，便图谋收复两京，诏令郭子仪班师。八月，郭子仪与李光弼率领步兵骑兵5万人从河北来到灵武。这时，新的朝廷刚建立，军兵少而且弱，郭子仪、李光弼全军来到皇帝行在，军声遂振，兴复之势才形成，百姓才觉得有所希望。肃宗任命郭子仪为兵部尚书、同中书门下平章事（宰相），依旧兼任灵州大都督府长史、朔方军节度使。肃宗检阅六军，到彭原郡时，宰相房琯请求领兵1万人，自己任统帅去讨伐贼兵收复长安。皇帝平常就很重用房琯，同意了他的请求。

军队开到陈涛时，被贼兵打败，丧师殆尽。刚要进行讨伐，军队就丧失一半，只有依靠郭子仪的朔方军作为国家的根本了。

唐肃宗求胜心切，以"克城之日，土地、士庶归唐，金帛、女子皆归回纥"的无耻条件，向回纥借兵15万。并且任命自己的儿子李俶作为天下兵马大元帅，郭子仪为副元帅。他深知李俶也只配当个挂名元帅。恳切地嘱托郭子仪要全力以赴。郭子仪答道，自己准备破釜沉舟，不消灭叛军，以死谢罪。

郭子仪从房琯的失败中吸取了教训，认为要收复两京，必须先夺潼关，攻入陕州（今河南陕县），击溃潼、陕之间的叛军，截断叛军的后路，然后才能直取长安。唐肃宗同意这个意见，命令唐军按照郭子仪的军事部署去奋勇拼斗。

贼将崔乾祐据守潼关。郭子仪在潼关大破贼兵，崔乾祐退到蒲州据守。这时，永乐尉赵复、河东司户韩曼、司士徐浩、宗子李藏锋等人，被贼兵关押在蒲州，四人密谋等王师来到时为内应。郭子仪进攻蒲州时，赵复等人杀死守城的贼兵，打开城门迎郭子仪进城。崔乾祐逃到安邑，安邑的百姓假装投降，等崔乾祐的军队进城门快一半时，城上的悬门落下，打击贼兵，崔乾祐没有进入城门，才得以脱身东逃。郭子仪遂收复陕郡的永丰仓。从此潼、陕之间不再有贼寇抢掠。

公元757年，安史内讧，安禄山被帐下李猪儿杀死。李猪儿幼年时就开始侍奉安禄山，成为阉人后，对他更加恭敬。安禄山反叛后，由于着急上火眼就瞎了，不久又得了疽疾，更加暴躁，左右侍奉的人，稍不如意，即被鞭挞，李猪儿被侮辱的次数更多。严庄虽然是亲信，也时常遭到鞭挞奚落，所以二人非常怨恨安禄山。安禄山僭号后，宠幸段夫人，爱她的儿子安庆恩，欲立他为太子。安庆绪颇有所闻，很是畏惧。严庄也怕变难对自己不利，便私下对安庆绪说："君听说过大义灭亲吗？自古就有不得已而为者。"安庆绪暗中晓示说："对。"严庄又对李猪儿说："你侍奉君上的罪可数吗？不行大事，离死没有多少日子！"遂与他定谋。至德二年正月初一，安禄山召见群臣，疮痛很重，草草罢朝。这天夜里，严庄、安庆绪手持兵器在门外把守，李

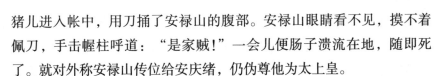
猪儿进入帐中，用刀捅了安禄山的腹部。安禄山眼睛看不见，摸不着佩刀，手击幄柱呼道："是家贼！"一会儿便肠子溃流在地，随即死了。就对外称安禄山传位给安庆绪，仍伪尊他为太上皇。

安禄山死后，朝廷想要大举进攻，诏令郭子仪率军直趋京师。军队在谲水西，与贼将安太清、安守忠战斗，唐军失利，部队溃败。郭子仪退贼无功，来到朝堂请罪。九月，又随从广平王李俶（即李豫）率蕃汉军队15万进攻长安，回纥派遣叶护太子率领1000骑兵帮助唐朝讨贼。郭子仪与叶护太子在宴会上亲近修好，共同发誓要平定国难。郭子仪与贼将安守忠、李归仁在京西香积寺之北战斗，从午时至酉时，斩贼首6万。贼将张通儒放弃长安，逃到陕郡。第二天，广平王李俶进入京师，城中老幼百万人，夹道欢呼，流着泪说："没有想到今天又能见到官军。"肃宗在凤翔听到捷报，群臣称贺。

郭子仪收复了都城长安后，又奉命率军乘胜东进，攻打洛阳。洛阳守将安庆绪听说唐军前来攻城，慌忙派大将庄严、张通儒带领15万大军前去迎战。叛军在新店（河南省郏县西）与唐军相遇，新店地势险要，叛军依山扎营，居高临下，形势对唐军非常不利。

郭子仪趁叛军立足未稳之机，选派2000名英勇善战的骑兵，向敌营冲杀过去，又派了1000名弓箭手埋伏山下，再令协助作战的回纥军从背后登山偷袭，自己则亲率主力与叛军正面交战。战斗打响之后，郭子仪佯装败退。叛军倾巢出动，从山上追赶下来。这时，突然杀声如雷，唐军埋伏的弓箭手像神兵一般从天而降，万箭齐发，无数的箭簇像雨点一样射向敌群，郭子仪又杀了个回马枪。这时，叛军的背后又传来高呼声："回纥兵来了，快投降吧！"叛军前后被围，左右遭打。在唐军和回纥军的夹击之下，被打得一败涂地。庄严逃回洛阳，同安庆绪一起弃城北走，官军一举收复洛阳。

郭子仪因功封为代国公。不久，郭子仪入朝，肃宗慰劳他说："虽吾之家国，实由卿再造。"郭子仪顿首拜谢。

两京虽已收复，但李唐王朝的威胁仍没有解除。

公元758年九月，唐肃宗命郭子仪与河东节度使李光弼、关内节度使王思礼、北庭行营节度使李嗣业、襄邓节度使鲁炅、荆南节度使季广琛、河南节度使崔光远、滑濮节度使许叔冀、兴平节度使李奂等九节度使 60 万军队围攻相州，讨伐安庆绪。皇帝因郭子仪、李光弼都是国家的元勋，难以相互统属，所以不设立元帅，只用宦官鱼朝恩为观军容宣慰使。

从洛阳逃到相州的安庆绪，明知已被唐军困于死地，便以让皇帝位为代价，向史思明求救，史思明率 5 万精兵杀来。

以九节度使的兵力本来可以一举灭敌，但群龙无首，诸将各自为战，互不统属。鱼朝恩是监督和操纵九节度使最高官职人员，但他根本不懂兵法，不知用兵。这次联军战斗唐军损失严重，战马万匹，只剩三千，刀枪十万几乎全部丢掉。

宦官鱼朝恩一向忌妒郭子仪，便把相州失利的责任推到郭子仪身上。唐肃宗不明是非，信以为真，便削了郭子仪的兵权，以李光弼代替郭子仪的职务。

糊涂的昏君受骗上当，竟然夺了郭子仪的兵权交给李光弼，让他回长安。

郭子仪接到皇帝的命令，日夜兼程回京，将士们听说郭子仪要离开他们，都来告别。有的哭哭啼啼，依依不舍；有的要跟他一同去长安。郭子仪也不忍和他们分离，但又不敢违抗皇帝命令，他安慰将士们说："我是去送京城派遣来的使臣，哪里是离开你们，你们唯令是从！"说罢，挥泪跃马离去。

平时，郭子仪视兵如子，不打骂、不训斥，如同对待亲人一般，因此受到官兵的拥护与爱戴。

郭子仪走后，李光弼来到朔方军队，他怕朔方的将士反对他，因此待到夜里才进入洛阳城。郭子仪的部将张用济屯兵河阳（今河南孟县），果然不听李光弼的指挥，他希望郭将军再回来。有人对张用济说："你这样做，不是给朝廷提供借口来迫害郭将军吗？"张用济认为很对，只好硬着头皮迎接李光弼。

史思明听说郭子仪被免除官职，夺去兵权，窃喜，认为机会来了。

759 年五月，史思明便带领大军向洛阳进犯。唐朝廷十分恐惧，不知采取怎样的对策才好。有人向朝廷建议："郭子仪为唐朝立下汗马功劳，又善于用兵，为什么放着良将不用，让叛军逞凶呢？"肃宗认为很对，决定起用郭子仪为兵马都管使（警备守卫京城的长官），诏令刚传下，就被鱼朝恩拦住了。鱼朝恩把郭子仪看成眼中钉，常想算计他。一次，郭子仪立功回朝，鱼朝恩邀请他游章敬寺，有人暗地告诉他说："鱼朝恩想加害于你，千万别上他的当。"郭子仪不听，将士们请求随行护卫，他拒绝了，并且说："我是国家的大臣，没有皇帝的命令，鱼朝恩不敢杀我。"说着，只带着家童数人去见鱼朝恩。鱼朝恩一见，大吃一惊。郭子仪把事情的经过告诉他，鱼朝恩听了，羞愧难当。

史思明打到洛阳，驻守洛阳的李光弼，接连吃了败仗，李光弼放弃洛阳，带兵退守河阳。当时，鱼朝恩也带领一支人马，还没看到叛军的影子，就吓得退到了陕州，不敢应战。

史思明占领洛阳不久，就被他的儿子史朝义杀死了。

肃宗虽不信任郭子仪，但为了维护自己的统治地位，又不能不重用他。762 年二月，河东（治所在太原）一带的驻军，听说洛阳失守，都骚动起来了，朝廷怕他们和叛军结成一气，想出兵镇压，但苦于没有合适的统兵将领。想来想去，只得任命德高望重的郭子仪为河北诸州的副元帅，派他出镇绛州（治所在今山西新绛）。郭子仪忠勇爱国，不计较个人得失，他接到出征的诏令，马上就起程了。这时，忽然传来肃宗病危的消息。郭子仪去拜见肃宗。肃宗语重心长地说："我死后，河东一切军政大权，完全由你掌握。"郭子仪出兵不几天，肃宗就咽气了。肃宗死后，由代宗即位做皇帝。

代宗时，国库空虚，民穷财尽，人民难以度日，生活极其困难，可是官府的盐、铁、茶、酒等税，名目竟有 200 多种，这些苛捐杂税，自然都要落到百姓身上。代宗重用宦官程元振，让他参与机密，操纵政权。宦官在肃宗时就开始专权，如宦官李辅国曾对肃宗说："大家（宫中对皇帝的称呼）但居禁中，外事听老奴（指李自己）处分。"专权的宦官根本不把皇帝当回事儿，朝廷的赏罚，宰相的任免，甚至皇帝的废立，都由他们决定。程元振飞扬跋扈，为非作歹，把皇帝束缚得像个木偶。事无大小，只要程元振出口，代宗便百依百顺。程元振痛恨功臣名将，特别憎恨郭子仪。程元振在皇帝面前诬陷诽谤他，总想免除他的副元帅职务，让他做肃宗山陵使（皇陵的督工），但未能得逞。郭子仪明知皇帝受程元振控制，误了国家大事，便向皇帝上书道："我为唐朝的强盛披星戴月，南征北战，请陛下相信我对唐朝的忠心。陛下要亲近贤人，远离奸臣。不然，唐朝危在旦夕！"郭子仪的劝告，并不能打动皇帝的心。朝内宦官专权，朝外藩镇割据，唐朝仍然一片混乱。

这时，安庆绪、史思明虽死，但史朝义还盘踞在洛阳。朝廷任命雍王李适（即后来的德宗）为统兵元帅，郭子仪为副元帅，让他们出兵镇压史朝义。鱼朝恩、程元振坚决反对郭子仪为副元帅，但这一次朝廷坚持自己的意见，雍王和郭子仪认为单靠唐军的力量，无法消灭叛军，便向回纥借来10万大军，唐军和回纥兵一起打进洛阳。史朝义带领败军逃往郑州（今河北任丘北）。763年正月，史朝义的部下田承嗣、李怀仙等，眼看已无回天之力，纷纷向唐朝投降。史朝义看到众叛亲离，走投无路，便自杀了。至此延续了7年零3个月的安史之乱才算完全平定。

安史之乱使唐朝由盛转衰，国力虚弱。由于讨伐北方叛军的需要，西部的军队，大部被撤走调离。吐蕃乘虚深入内地，大举攻唐，占领了陕西凤翔以西、邠州以北的10几个州。763年十月，又占领了奉天（今陕西乾县），很快打到长安城下，吓得代宗逃到陕州避难。于是，吐蕃兵占领了长安，他们把唐宗室广武王李承宏立为皇帝，当自己的统治工具，纵兵焚掠，长安洗劫一空。

朝廷在没有什么别的御敌之计的情况下，急忙下诏拜郭子仪为关内副元帅。郭子仪接到诏书时，只有骑兵20人，他从洛阳到武关，才收拾散兵游勇4000余人。到达陕西蓝田时，各路勤王之师才相继到达。为了共赴国难，共雪国耻，收复京城，各路大军都表示愿意接受郭子仪的统一指挥。

郭子仪分析了敌强我弱，敌众我寡的形势后，采取声东击西、虚张声势之计。他派羽林军大将长孙全绪，带领 200 轻骑，到蓝田城北面，白天擂鼓呐喊，夜晚燃起火把，牵制吐蕃兵力，佯作向蓝田城东进军的姿态。暗中亲率主力杀向蓝田城西。与此同时，他又派遣禁军将领王甫潜入长安，暗中联络京城中的少年豪侠作为内应。郭子仪迅速集中兵力，奋勇攻击，打得吐蕃措手不及。吐蕃兵直向蓝田城东冲杀，扑了空，方知中计，吓得惊惶失措。这时，京城中的内应，此起彼伏高喊："郭令公（指郭子仪）亲率大军来了！"吐蕃兵陷入四面楚歌之中，不战而走，慌忙逃离。长安陷落 15 天，又被郭子仪收复。

自吐蕃入侵后，皇帝的车驾东逃，人们皆归咎于程元振，谏官多次参奏他。程元振心中惧怕，又因郭子仪重立战功，他不想让天子回京，劝皇帝暂且以洛阳为都来避开吐蕃的侵寇，代宗同意了。下诏书多日后，郭子仪听说了，他极为不安，上书代宗，奏疏中说：长安之地，古代称为天府，右面控制陇、蜀，左面扼守崤、函二关，前有终南、太华的险峻，后有清渭、浊河的坚固，是神明的腹地，王者所都的地方，土地方圆数千里，带甲之兵十余万，兵强士勇，雄视八方，有利则可以出击，无利则可以退守。近来，因吐蕃的侵逼，銮驾到东部去巡行，是因为六军之兵，向来就不是精练的部队，全都是些市肆屠沽之民，他们只是挂个虚名，来逃避国家的征赋，等到驱赶他们去打仗时，百人中没有一个能够胜任。也有的人暗中输献财物，以此请求免去军籍。另外宦官掩蔽各地的实情，致使各种政务都荒废了，遂使陛下动荡不安，退居于陕郡。这些都是因为委任的失当，怎么可以说是秦地不好呢！

陛下所忧虑的是京师遭到剽掠，粮食不足，国用缺乏。依臣之见，只要轻征薄敛，抚恤百姓，简选贤才，托付老臣练兵御悔，中兴之功，旬月之间就可有所希望。

代宗看过上表，流着泪对左右侍官说："子仪尽心于国家，真正是社稷之臣，朕要急早回京师。"公元 764 年十一月，皇帝的车驾从陕州回宫，郭子仪伏地请罪，皇帝将车停下来慰劳他说："朕没有及早用卿，所以才到这种地步。"便赐给他铁券（免死牌），在凌烟阁为他画像，以表彰他的兴唐之功。

亲入回纥，大败吐蕃

安史之乱爆发后，唐朝社会内部矛盾重重，真是一波未平，一波又起。763年（广德元年），仆固怀恩叛变，屡引回纥、吐蕃攻唐。

唐朝将领仆固怀恩是铁勒族人。安史之乱时，从郭子仪、李光弼作战，屡立战功。曾与回纥兵击败过史朝义，官至河北副元帅、朔方节度使等职。因没有得到封官加爵，对朝廷不满，妄图反叛。他的母亲得知后，骂他忘恩负义，还举刀要砍杀他，以绝后患。仆固怀恩与朝廷猜疑日深，终于背叛朝廷，屯集军队于汾州，寇掠并州、汾州下属各县作为自己的封邑。

广德二年十月，仆固怀恩招引吐蕃、回纥、党项数十万部众南下，京师惶恐。皇帝召见郭子仪，问抵御戎兵之计。郭子仪说："依臣所见，仆固怀恩不能有所作为。"皇帝问其原因，回答说："仆固怀恩虽然号称骁勇，但他平素不得士心，仆固怀恩本是臣的偏将，其下边的人皆是臣的部曲，臣的恩信曾施及他们，今天臣为大将，他们必然不忍心以锋刃相向，因此知道他不能有所作为。"戎虏侵寇邠州，郭子仪让他的长子朔方兵马使郭曜率军援救邠宁，与邠宁节度使白孝德闭城拒守。仆固怀恩的前锋来到奉天，在城外挑战，诸将请用兵击之，郭子仪制止他们说："客兵深入，其利在于速战，不可与他们争锋。他们原都是我的部曲，缓之必然会叛离；如果逼迫他们，是加速他们战斗，开战则胜负不可料。敢言战的人，斩！"便加固城墙以待之，敌兵果然不战而退。

仆固怀恩第一次入关就这样被粉碎了。

765 年（唐代宗永泰元年）八月，仆固怀恩不甘心失败，又勾引吐蕃、回纥、吐谷浑以及山贼等 30 万军队，先出兵侵掠同州，约期从华阴趋赴蓝田，直取长安。京师震恐，代宗又急召郭子仪从河中回来，屯驻长安北面的泾阳城，抵御贼兵。

郭子仪一军仅 1 万多人，被敌重重包围在泾阳，他命令部将四面坚守，自己亲率骑兵出没于前后左右侦察敌情。这时仆固怀恩在行军途中暴病已死，群凶无首，分营扎寨，各自为战。郭子仪心中暗喜，但敌众我寡，仗还是不好打。尤其是回纥兵，骁勇善战，又多于唐军 5 倍以上。不可一世的回纥王骄吟道："威风凛冽气昂昂，塞外称雄无人言；鼓角声高催战马，诸蕃兵力我为强。"

战则必败，退则被歼，如何是好？足智多谋的郭子仪决定智取，放弃力敌。他派自己的得力部将李光瓒前去回纥大营游说，回纥王听说他是郭子仪派来的，疑惑地说："令公还活着吗？仆固怀恩说天可汗（指唐朝皇帝）已经抛弃四海，郭令公也已谢世，中国无主，我们才随同他来的。如果他老人家健在，我们倒要见一见。"

郭子仪深知只有争取回纥和唐军联合，重点打击吐蕃，才能取得这场反侵略战争的彻底胜利，错过这个机会，战争的胜负、京城的安危不堪设想，他立即决定，亲自到回纥军营走一遭。

郭子仪将要出去会见回纥将领，诸将劝谏说："戎狄之心，不可相信，请不要去。"郭子仪说："虏寇有数万之众，今天依靠实力无法相敌，况且至诚能感动神灵，何况是虏寇之辈！"诸将说："请选铁骑500 卫从。"郭子仪说："那样适足以招致祸害。"说完只带几名亲随准备上马出发。这时他的儿子急忙赶来，拦住马头哭道："回纥像虎狼一样凶狠，您身为国家元帅，怎么能冒这个危险呢？千万不能去送死！"郭子仪说："现在国家更危险，我以至诚相待，亲说回纥退兵，国家转危为安，别的还有什么可顾惜的。"他的儿子还是拦着不放，郭子仪扬起马鞭，照儿子的手上打去，纵马奔驰。

回纥首领药葛罗，怕唐军用计，赶紧叫部下摆开阵势，自己也搭弓上箭，准备射击。郭子仪远远看见这场面，干脆脱下盔甲，把枪也扔了，继续接近回纥。回纥首领看清后，赶忙上前迎接郭子仪。

郭子仪两次从安史叛军手里收复两京时，曾经带领过借来的回纥兵，同他们可以说有过并肩战斗的情谊。他在回纥人中有很高的威信，回纥人一向称他为郭令公，表示对他的尊敬。郭子仪来到回纥营寨，他们一齐向他跪拜。郭子仪将他们扶起，与之痛饮叙谈，又派人送来罗锦，欢言如初。

郭子仪对回纥首领说："吐蕃本是我朝舅甥之国，朝廷没有辜负他们，而他们到这里，是不再为亲了。如果乘其不备倒戈一击，如拾地芥那样容易。他们的羊马遍野，长达数百里，这是天赐财物，不可失此机会。今天能驱逐戎兵战胜敌人，与我朝和好而凯旋，不亦善乎！"他们遂答应下来。

郭子仪派遣朔方兵马使白元光与回纥军会师。吐蕃知道他们的计谋，当天夜里逃跑。回纥军与白元光穷追不舍。郭子仪率大军继其后，在灵武台西原大破吐蕃，斩首5万，生擒上万人，收取他们所掳掠的士女4000多人，缴获的牛羊驼马，300里内接连不断。

高山景行，荣宠一生

郭子仪治军宽厚，深得士兵爱戴，朔方军将士都以父亲视之，愿拼死为之效力。这是郭子仪在历次战争中所以能打赢许多硬仗，屡次转危为安的重要条件。郭子仪功勋盖世，威振四方，敌人都很害怕他，吐蕃、回纥称他为神人，一听说他率领大军出战，皆望风而逃。节度使田承嗣对朝廷图谋不轨，骄纵蛮横，但是见到郭子仪派去的使者，即西向而拜，并指着自己的膝盖说："我这膝盖不向人下跪已经多年了，现在要为郭公下跪。"李灵曜盘踞在汴州（今河南开封），不管公私财物，只要经过汴州，一律扣押。只有郭子仪的粮饷、武器，不但不敢抢掠，还派人护送过境。郭子仪还为朝廷培养了一大批军事、政治人才，随他征战的先后有 60 余名部将，后来都位至将相。

到了晚年，郭子仪被封为汾阳郡王，并进位太尉（全国军事首脑），位极人臣。

郭子仪戎马一生，屡建奇功，但他从不居功自傲，忠勇爱国，宽厚待人，因此在朝中有极高的威望。

李光弼和郭子仪同为唐朝著名将领。他们曾经同在朔方镇当将军。可是两个人的关系并不太好，互不服气。安史之乱爆发后，唐玄宗提升郭子仪任朔方节度使，位居李光弼之上。李光弼怕郭子仪刁难他，曾想调到别的方镇去。这时朝廷要郭子仪推荐一位得力的大将，去平定河北。郭子仪出以公心，

郭子仪说服回纥反戈图

推荐了李光弼。李光弼却以为郭子仪是借刀杀人，让他去送死。可是朝廷诏命又不能不服从。临行前对郭子仪说："我赴死心甘，只求你不要再加害我的妻子儿女好吗？"郭子仪听到他冤枉自己的话后，流着热泪对他说："现在国难当头，我器重将军，才点你的将，愿与你共赴疆场讨伐叛贼，哪里还记着什么私怨呢？"李光弼听了非常感动。于是两人手扶手相对跪拜，前嫌尽释。

767 年（唐代宗大历二年）十二月，有人掘了郭子仪父亲的坟墓，可是盗贼却没有抓到。人们怀疑是朝中宦官鱼朝恩指使人干的，鱼朝恩一向嫉妒郭子仪，并向皇上屡进谗言，一再阻挠皇上任用郭子仪。郭子仪对于祖墓被毁的原因心里也是明白的。他入朝时，皇帝先提起

此事，郭子仪哭奏道："臣长期主持军务，不能禁绝暴贼，军士掘毁别人坟墓的事，也是有的，这是臣的不忠不孝，招致上天的谴责，不是人患所造成的。"满朝的公卿大臣原来都很忧虑，怕郭子仪闹出事端，听了他的回奏后，都对他无限钦佩。郭子仪想到的是国家安危事大，朝廷的安稳远比自己私事重要。

郭子仪处处做士兵的榜样，他领兵打仗从不侵犯百姓的利益。当时，连年战争，农村经济破坏，农民生活困难，负担很重，筹集军粮确实不易。为了减轻人民的负担，他不顾自己年迈力衰，亲自耕种。在他的带动下，官兵在休战时，一边训练，一边参加农业劳动。动乱时期，他的驻地丰收的庄稼到处可见。

郭子仪不仅得军心民心，事奉圣上也很忠心勤谨。无论是手握强兵，还是方临戎敌，诏命他何时入朝，他从未迟延过。在他被幸臣鱼朝恩谗毁，削去兵权后，仆固怀恩率10万大军进逼京师，正当用人破敌之际，朝廷恢复和加封他为太尉，邠宁、泾原、河西及朔方招抚观察使，关内河东副元帅，中书令等一系列虚职和实职。郭子仪从不把打仗破敌当作升官发财的敲门砖，他坚决要求辞去太尉之职，只保留招抚观察使一职即可。他上奏说，自兵乱以来，纲纪破坏，时下与人比高低、争权势已成风尚流行，他希望朝中兴行礼让，就由自己开始实行。他还说，自己早已懂得知止知足的道理，心中惧怕盈满之患。等到秩序安定，仆固怀恩被擒，往昔的官爵决心一无所受。经过他再三恳求，才辞掉了太尉之职。但这位四朝柱石，卫国功臣，理应受到宠遇。他权倾天下而朝不忌，功盖一代而主不疑，德宗尊他为"尚父"。

史称郭子仪"功盖天下而主不疑，位极人臣而众不嫉"，的确堪称是一代军人楷模。

郭子仪作为国家的功臣，有权有势，可是他不徇私情，不讲情面。代宗皇帝死了，将要下葬，按照惯例，严禁杀生。郭子仪的本家依仗郭子仪的权势，偷偷地杀了一只羊。左金吾（唐左右金吾掌管宫中及京城警卫）将军斐谞把这件事报告给德宗皇帝。有人规劝斐谞说：

"郭令公已 70 多岁，他是国家的大功臣，怎么不看他的情面呢?"斐谞说："我这样做，正是维护郭令公的声誉，让人们都知道他可敬而又可畏。"郭子仪知道了，当即大义灭亲，并向斐谞表示感谢。

又一次，郭子仪妻子的奶妈的儿子犯了军法，被郭子仪手下的一个军官按军法杀了。郭子仪的几个儿子都到父亲面前告状，说这个军官连他们母亲的面子都不给，根本不把郭家的人放在眼里。父亲打了一辈子仗，为朝廷屡立战功，应该与众不同。郭子仪听了，把儿子们痛斥一番，教训他们说："你们只知道包庇自己家里的人，却不尊重将士，不维护军队的纪律。如果像你们说的那样，凡有功于国家之人，就可以与众不同，高高在上，凌驾于国法之上，那天下岂不大乱!"儿子们听了，觉得父亲深明大义，都不再吭声了。

郭子仪有八子七婿，他们都在朝内做官，家族兴旺，子孙数十人，有时孙子向他请安，他都无法分辨。郭子仪对家人要求很严格，有一出戏《打金枝》，反映了他家兴旺热闹的场面。戏的故事是，郭子仪 70大寿，全家的人全来拜寿，只有他的六儿媳升平公主没到。儿子郭暧气愤之下打了皇帝的金枝玉叶，还斥责道："你倚仗皇父就不来拜寿，我父还不愿意当皇帝呢!"郭子仪知道儿子打了"金枝"以后，就带着儿子去向代宗皇帝请罪。代宗对郭子仪说："儿女闺房琐事，何必计较，老大人权作耳聋，当没听见这回事算了。"郭子仪谢过皇恩，回家后把儿子痛打一顿，小两口又和好如初了。

781 年（建元二年）六月十日，郭子仪以 85 岁的高龄辞世。德宗沉痛悲悼，废朝 5 日，下诏书高度评价和追念他，死后被追封为太师，陪葬建陵（唐肃宗陵）。按唐代制度，郭子仪坟高当为一丈八尺，葬时破格增加一丈，为二丈八尺，作为朝廷对他的表彰。君臣依次到府第吊唁，皇帝还到安福门临哭送行。生前死后，哀荣始终。

第 七 章

精忠报国
——抗金名将岳飞

　　岳飞，字鹏举，北宋相州汤阴县永和乡孝悌里（今河南汤阴）人。中国历史上著名的战略家、军事家、民族英雄、抗金名将。岳飞因军事方面的才能被誉为宋、辽、金、西夏时期最为杰出的军事统帅，是连接河朔之谋的缔造者，同时又是两宋以来最年轻的建节封侯者。与韩世忠、张浚、刘光世三人并称南宋中兴四将，岳飞居首位。

年幼失怙，不忘故恩

宋徽宗崇宁二年（1103）的某一天，从西边天空飞来一只大鸟，停在河南相州汤阴（今河南汤阴）永和乡岳家庄一富户的屋顶上。它扇动着有力的翅膀，伸着美丽的脖颈，不停地悦耳鸣叫。这叫声引起了该室主人的注意。他已年过不惑，正在庭院中烦躁地搓着双手，踱来踱去。听到鸟的鸣叫，他停住了脚步，抬头看了看，不禁面露惊讶。他还从未见过这种鸟，莫不是传说中的神鸟大鹏？恰在此时，屋里传出一声嘹亮的婴儿啼叫，接着，一位丫环从里面奔出来，笑嘻嘻地叫道："岳员外！岳员外！夫人生了，是男孩！男孩！"这位被称作岳员外的中年人大喜过望，飞快地跨进屋里。屋里几位帮忙接生的妇女仍在忙碌着，见岳员外进来，连道恭喜。夫人姚氏经过生产的痛苦折磨后，已疲惫不堪，见了丈夫，苍白的脸上不禁泛起红光，说："快看看你的宝贝儿子！"岳员外忙捧起儿子，左瞧瞧，右看看，乐得直说："岳家总算后继有人了！"旁边的妇女向岳员外赞不绝口："您看这孩子长得多富贵啊！大眼大耳，宽额方口的，将来一定会有出息的！"姚氏说："你别只是傻乐了，快给儿子想个名字吧！"这时，屋顶上的大鸟又发出一阵鸣叫，岳员外灵机一动，脱口说："名就叫岳飞，字叫鹏举吧，愿他日后能像大鹏一样展翅高飞，建功立业，光宗耀祖！"

岳员外是岳家庄的大户，田产家财颇丰，但他生活俭朴，为人善良，常常节衣缩食，来赈济庄里的贫民。对借钱粮不还的人，他从不逼讨，就是有人公然侵占他的田地，他也不与之计较，因此在乡亲们中间很有威望。对他来说，唯一也是最大的遗憾是年近半百，尚无子嗣。为此，他曾四处访医寻药，甚至烧香拜神。如今，他总算如愿以偿，自然高兴万分，向家堂神庙点烛燃香，忙个不停。他还打算在岳飞满月时大摆筵席，款待全庄乡亲。

但还没等这一天到来，一场天灾就不期而降。一天，一阵怪风骤然刮起，随即从山后升起一团黑云，飞快地翻滚过来，霎时间弥漫整个天空，将炎炎赤日遮了个严严实实。一道道耀眼的闪电过后，便是一声惊天动地的惊雷，紧接着，瓢泼大雨从天而降。岳家庄的人从未见过这么暴烈的雷雨，惴惴不安地呆在屋里。忽然，从远处传来一阵阵恐惧的叫喊："黄河决口了！黄河决口了！"顿时，岳家庄就像炸了锅，人们不顾电闪雷鸣，风雨交加，扶老携幼，哭着叫着跑出屋子，涌向村外，向地势高处奔去。但这怎能跑得过猛若禽兽的洪水呢？

岳员外听到呼喊声，慌忙抱起未满月的岳飞，携着姚氏，跟跄着跑到院子中。这时他已听到洪水的呼啸声和成片房屋倒塌的声音，看来跑是来不及了。情急中，他一眼瞥见了放在墙角的一只大木缸，来不及犹豫，就拉着姚氏跑了过去。他先让姚氏坐了进去，再将岳飞递过，让她抱在怀中，颤抖着说道："夫人，我将儿子托付给你，靠你保全一点岳氏血脉，我就是喂了鱼鳖，也能含笑九泉了！"话音刚落，一股洪流涌来，岳员外手一松，木缸就随水漂走了。

姚氏坐在木缸内，四周是波涛汹涌的黄流浊水，以及漂浮其上的家具物件，死了的猪羊鸡狗，人的尸体也夹杂其间。姚氏看着这一切，想着刚刚还是温暖、富足安乐，如今已荡然无存的家，更想起凶多吉少的丈夫，她肝胆欲裂，痛不欲生。她几次想跃入波涛之中，随丈夫而去，但当看到安安静静躺在怀中的岳飞，想起丈夫的叮嘱，她便犹豫了。她不应该寻死觅活，应尽最大努力把岳飞抚养成人，这样才能无愧于丈夫。想到此，她将岳飞紧紧搂在怀中。

岳飞母子坐在木缸内，随波漂荡，但所幸有惊无险，最后在河北大名府黄县境内，随一股水流漂向岸边，被人救起，得以逃生。在这场大洪水中，岳家庄人九死一生，岳飞母子竟奇迹般地活了下来。或许这种经历太让人不可思议了，人们竟由此附会出了一个离奇的传说，说岳飞并不是肉胎凡躯，而是天神下凡。这显然是人们善意的美好想象，是对民族英雄的美化。

岳飞母子虽然侥幸生还，家道却因此败落，岳飞母子生活日益艰难，再加上北宋末期天灾人祸连绵不断。传说岳飞母子获救后为一姓王的员外所收留，岳母平日靠为人做针线活来维持家计，抚养岳飞。岳飞六七岁时，迫于生计，就开始做一些力所能及的体力劳动，砍柴放猪，打水送饭。年龄稍长时还曾到大户人家做庄客，打短工。在这种情况下，他自然无法专心求学读书。但小岳飞勤奋好学，上进心强，利用一切可能的时间和机会学习。岳母姚氏也生性要强，她不甘心就此一蹶不振，更不甘心岳飞就此成为一个庸夫，她把振兴家业的希望寄托在岳飞身上。她自己出身名门，受过一定教育，于是就做起了岳飞的启蒙老师，教他认字读书。买不起笔砚纸墨，就在木盘中盛满沙子，教岳飞在上面写字，写满，又抚平再写。尽管条件恶劣，岳飞竟识了不少字，并且练就一手龙飞凤舞的好书法。

在宋朝，普通百姓主要是靠科举考试来跻身上层社会，改变自己的社会地位，像汉、唐人那样通过从军远征来建功立业几乎是不可能的。从赵匡胤陈桥兵变以来，朝廷就一直奉行重文轻武的政策，军人不被重视，士卒被称作"赤佬"，为防止他们逃跑，他们的脸上要被刺上字，就像是受了黥刑的囚犯一样。人们都害怕从军，逃之唯恐不及，但岳飞从小时候起就渴望做一名将士来保家卫国，他不是不想金榜题名，而是实在忍受不了异族侵略者的嚣张气焰。那时，北宋武备松弛，委曲求全，辽金屡屡起衅，侵扰中原，饮马黄河，大肆劫掠。官军每每闻风而逃，老百姓备受兵灾之苦。这一切给年少的岳飞震动很大，他认为，在国家民族处于危难的时候，仍去孜孜追求自己的科场功名，是最不光彩的行为，非大丈夫之所为。他果断决定，长大后一定要从军，为看不起"赤佬"的朝廷效命，抵御异族侵扰，保卫自己的家园。

为了能实现自己的愿望，岳飞小时曾四处拜访名师，练习武艺。他先拜汤阴县名手陈广为师学习枪法，由于他生得健壮有力，聪颖好学，所以很快得其真传，并加以发扬光大，创造出一套独具特色、威震敌胆的枪法，在传说中称作"岳家枪"，被认为出神入化。在全县的

比武中，岳飞大显威风，一杆枪使得蛟龙翻海一般，将对手一个个赶下擂台，轻松夺冠。其后，他又向一个叫周侗的人学习骑马射箭，在他精心指导下，成绩突飞猛进，可以拉开三百斤的硬弓，骑着奔驰的骏马在马背上左右开射，百发百中。周侗还教岳飞研读《孙子兵法》以及《左传》等古代历史书籍中所记载的战例。他常常教导岳飞道："用兵打仗不只是靠勇敢，拼死力，那是匹夫之勇，不值得称道，更重要的是要靠智取。如果运用得当，就能以少胜众，以弱胜强！"岳飞连连点头称是，对师父极为佩服。周侗死后，岳飞痛心疾首，每月初一、十五都要到下葬处祭奠，风雨无阻。人们对岳飞不忘故恩旧谊的行为极为赞赏，认为他一旦遇到合适的机会，一定会为国效命的。

屡经刁难，报国路崎

宋徽宗宣和四年（1122），真定（今河北正定）宣抚使刘韐募兵，19岁的岳飞应征，成为一名敢死战士，并任小队长。不久，岳飞就领导了一次剿匪的战斗，他主动向刘韐请战，愿领百余名精骑与这股劫掠乡里、官兵又无可奈何的土匪决一死战。获准后，他让一部分士卒乔装改扮成商人，往土匪的营寨去"经商"。匪徒正四处抓丁，扩充队伍，以应付官军的围剿，见了这帮精壮的"商人"，自然求之不得，一个个抓将起来，强令入伙。

岳飞又命百名官兵事先埋伏在山下险要处，自己则亲领几十名骑兵至土匪营寨前叫战。匪众见岳飞人少，大开寨门，一拥而出，希望一举擒获。岳飞稍稍招架了几个回合，假装寡不敌众，唿哨一声，掉转马头就跑。匪众哪知底细，随后紧追。到了山下伏击圈内，只听得一声号令，伏兵四起，紧紧围上，岳飞也返身杀回，一场恶战，匪众死伤大半，余下的扔掉器械，纷纷投降。潜入匪徒营寨的官兵乘着空虚，四处纵火，捣烂了匪窝。匪首陶俊和贾进和惊慌失措，想骑马逃走，被绊马索绊倒，当场被俘。岳飞大获全胜，押着俘虏，载着战利品，凯旋而归。刘韐大喜，对岳飞的智勇大加赞赏。

不久，岳飞参加了宋金联合攻打辽占燕京（今北京）的战斗。当时，辽国在新兴金国的不断打击下，已奄奄一息，燕京守备空虚。宋军有十几万兵马，加上辽常胜将军郭药师率涿、易二州8000兵马投降，在兵力方面占绝对的优势，攻取燕京本是唾手可得的事。但北宋王朝长期压制军队所造成的弊端在这关键时候马上就暴露了出来。将帅鲜勇寡谋，士卒纪律涣散，了无斗志，与辽军稍一接触，就溃不成军。郭药师向宋大将刘延庆提议，应在辽援军没有赶来前袭取燕京。畏敌如虎的刘延庆左思右想后，同意了这个计划。于是，郭药师率6000精兵乘夜渡过芦沟，突袭燕京。岳飞率领自己的敢死队一马当先。城上守兵拼命往下放箭、掷石块和掀滚木，岳飞英勇杀敌，硬是靠云梯攀上城墙，将守兵杀死，打开城门。宋军遂攻占了燕京外城，但刘延庆却遥相观望，拒不增援，致使辽援军赶到，与城内守军夹击宋军入城部队，使之几乎全军覆没，只有岳飞等少数官兵拼命杀开一条血路，弃城逃回。

金人通过这次战斗，看出了宋军的不堪一击，于是在宣和七年（1125）灭辽之后，乘胜追击，兵分两路，向北宋大举进犯。西路由宗弼率领，自云中（今山西大同）直逼太原。遭到太原军民顽强抵抗，被牵制在那里不能南下与东路军会合。东路军由斡离不率领，在宋降将郭药师的引领下，长驱南下，直扑北宋首都开封。赵宋王朝一片混乱，史称"朝廷震惧，不复议战守，惟日谋避狄之计"，意思是说根本不考虑如何迎敌，一心只想逃跑，以避开金人的猛攻。该年年底，金人逼近汴京，平日只知歌舞声平的宋徽宗竟吓得不醒人事，被大臣们用药灌醒。在性命与皇位不能兼得的情况下，最后狠心舍弃后者，索来笔墨，抖抖索索地写下退位诏书，让太子赵恒继位，即宋钦宗，自己则带着一帮宠臣连夜逃往镇江避难去了。新即位的宋钦宗也几次想临阵退缩，均被坚决主张抗金的大臣李纲及汴京军民所阻拦。

　　此时岳飞在家已居丧四年。靖康元年（1126），康王赵构奉朝廷之命，在相州设大元帅府，并派枢密副史刘浩在民间招募义勇兵，岳飞第二次参军。他以前剿匪及攻打燕京时的勇敢善战使赵构十分重视，遂命他去招抚流寇吉青。吉青对岳飞早有耳闻，哪敢抗拒，遂率部众归降。赵构喜出望外，封岳飞为"武训郎"。

　　汴京告急时，赵构命岳飞随刘浩前往勤王，途中遇到金兵阻击，双方相持于滑台城（今河南滑县东）南。一日，岳飞率百余名骑兵在河上操练，只见前方烟尘起处，突然出现了大队来犯的金军，气势汹汹地直冲过来。敌众我寡，力量悬殊太大，宋兵不免惊慌失措，策马就想逃跑，被处变不乱的岳飞拦住。

岳飞画像

他鼓舞士卒道："金寇虽然人多势众，却不明白我们的虚实，不敢轻易进攻。我们要是一逃跑，必然会被他们瞧出破绽，乘势掩杀，我们很可能全军覆没；不如乘他们立足未稳之际冲杀过去，乱中取胜。"说完，跃马挥枪，大吼一声，率先突入敌群，众士卒紧随其后。有一个凶神恶煞般的金将哇哇叫着直奔岳飞，挥刀便砍，岳飞用枪荡开，顺势向前扎去，正中金将心窝。金兵见状，吓得魂不附体。岳飞指挥宋兵，左冲右突，手中那杆丈八长矛蛟龙般飞舞，蹭着伤，挨着亡，杀得金兵人仰马翻，抱头鼠窜。岳飞也乘胜收兵，禀告刘浩。刘浩大喜，上书康王赵构，为岳飞请功。康王立即传下委任状，升岳飞为"秉义郎"。

　　靖康二年（1127），金兵在占领汴京开封四个月后，俘获了徽、钦二帝后回到北方，北宋正式灭亡。宋朝旧臣拥立徽宗第九子康王赵构为帝，即高宗，南宋建立。岳飞认为新皇即位，应当有所作为，以树立自己的威信，就上了一封千言书，诚心诚意地向高宗献计献策道："陛下您现在做了皇帝，这是国家社稷的大幸，是百姓子民的洪福。您胸有克敌制胜的谋略，又有各地赶来的勤王之师可供调遣，而金军正处在胜利的陶醉之中，骄惰懈怠，疏于防备，这是天赐良机，陛下应当御驾亲征，北渡黄河，收复失地。黄潜善、汪伯彦竭力倡议南逃避敌，终于酿成靖康之祸，是当今的卖国贼，陛下不可不提防!"这原出于一片忧国忧民的衷胆忠心，却不知正触犯了朝廷大忌，立即被斥责为越职言事，夺职遣回。在封建社会，不在其位而言其事，不管其动机如何大公无私，都算是狂妄犯上，不可原谅的。至尊无上的皇帝与一个中下级军官之间是不可能平等通信和对话的。岳飞不是不明白这个道理，只是他太忠诚耿直了，容不得他八面玲珑、安分守己。为此他屡遭打击，甚至最后以生命为代价。

岳飞被遣送回家不久结识了河北招抚使司的干事赵九龄，很得赏识，遂被引荐给河北招抚使张所。张所是北宋抗战派的著名代表，当时受宰相李纲的委派，在河北一带招募民兵，积蓄力量准备抗金。他见岳飞身材魁梧，气宇轩昂，很是喜欢，促膝长谈，非常投机。他问岳飞说："你武艺如何？能搏击多少敌人？"岳飞徐徐答道："我很自信自己的武艺，但并不认为这匹夫之勇有什么了不起。用兵之道贵在运筹帷幄，而不在于逞凶斗狠。栾枝用曳柴诈败之计打败强楚，莫敖靠采樵诱敌之法击溃鲛人之围，这些全靠的是智谋，而不是个人的匹夫之勇。"张所一听肃然起敬，赞叹道："原来你并非一介武夫啊! 不知你对当今形势有何看法，如何才能扼守黄河呢？"岳飞侃侃谈道："汴京的安危全看河北诸郡的巩固与否。我们当在所有险隘处建立要塞，互成倚仗之势，如果任何一城受到威胁，其他城塞就会赶来相助，并且伺机骚扰敌人的后方，这样的话，敌人就不敢窥视黄河，京师也就高枕无忧了。"一席话让张所佩服得五体投地，连连点头称是。岳飞见遇到了知己，不禁慨然请求道："张招抚如果能提兵巡境的话，岳飞愿一马当先，供你调遣!"张所喜出望外，立即授岳飞武经郎职，命他随已归顺的八字军领袖王彦北渡黄河，挺进新乡（今河南新乡）。

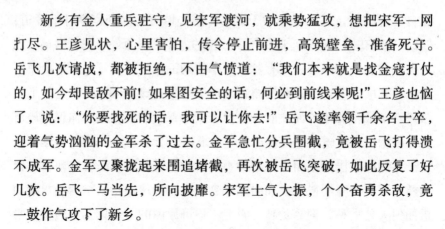

新乡有金人重兵驻守，见宋军渡河，就乘势猛攻，想把宋军一网打尽。王彦见状，心里害怕，传令停止前进，高筑壁垒，准备死守。岳飞几次请战，都被拒绝，不由气愤道："我们本来就是找金寇打仗的，如今却畏敌不前！如果图安全的话，何必到前线来呢！"王彦也恼了，说："你要找死的话，我可以让你去！"岳飞遂率领千余名士卒，迎着气势汹汹的金军杀了过去。金军急忙分兵围截，竟被岳飞打得溃不成军。金军又聚拢起来围追堵截，再次被岳飞突破，如此反复了好几次。岳飞一马当先，所向披靡。宋军士气大振，个个奋勇杀敌，竟一鼓作气攻下了新乡。

宋军攻占新乡，这等于孙猴钻进了牛魔王的肚子，金军自然不会善罢甘休。马上调兵遣将，蜂涌而至，想把立足未稳的岳飞置于死地。两军在侯兆川（今河南辉县西北）相遇，展开激战，岳飞身上十余处受伤，仍坚持战斗，士卒也拼命死战，终于击退数倍于自己的敌人。

当天晚上，宋军官兵整夜都全副武装，并且就这样睡着了。他们实在太累了，自从与王彦分兵以来，他们一直与围追堵截的金军四处周旋，已经好几天没有休息了，所以，侯德战斗一结束，他们没吃饭，甚至连伤口也来不及包扎，就倒头睡着了，他们以为金军刚被打败，不会马上再来。不料，在宋军睡梦正酣时，忽然传来警报，说大批金军来劫营，宋军士卒惊得睡意全消，跃身而起，陷入一片恐慌之中。他们全拥至岳飞帐前，等候岳飞的吩咐。岳飞没有出来，帐篷内传来有节奏的鼾声。宋兵们提着刀，责问帐前军吏："军情如此紧急，你们怎么不通知首领？"军吏放声大笑，道："首领有令，让大家回去安心睡觉，不必害怕，金寇不会来的！"宋兵疑惑地散开了，但都了无睡意，抱着枪，守在备好鞍的战马旁。

其实，岳飞自己并没睡着。接到警报时，岳飞心里也很担心。宋军连续作战，已疲惫不堪，对有备而来的金军，很难取胜。逃跑已经来不及，很快会被追杀。一番权衡后，岳飞决定冒险效法诸葛亮的空城计。金军连日来已被岳飞杀得胆战心惊，见宋营一片寂静，怀疑其中有诈，怕中埋伏，就悄悄撤走了。岳飞长吁了一口气，急忙传令拔营。

连日征战，岳飞粮草很快没有了，就到王彦营中求借。王彦对岳飞的连连取胜不仅不感到高兴，反倒觉得如芒刺在背。当初放岳飞出战，原是让他去送死的，至少让他碰碰壁，受受金人的教训，然后回来服服帖帖地听从自己调遣，不再与他的闭垒自守、畏敌如虎的政策作对，但岳飞却坚持了下来，频频告捷，这岂不等于向世人昭告他王彦的胆怯无能吗？他能不嫉恨吗向？他借粮草，岂有此理。于是，他冷冷地对岳飞说："粮草我倒是有，但自己要用。你有本事独立行动，就没有本事搞到粮草吗！"岳飞强忍不快，说："王将军，我们都是为大宋江山，当互相支持帮助，分什么你我？"王彦冷笑一声，说："这么说，你的功劳可以记在我的名下了。"说完竟拂袖而去。岳飞无奈，只好率领所部到了太行山一带，依靠当地民间抗金组织，与金军展开周旋，又取得了一些胜利。在一次战斗中，岳飞俘虏了勇猛彪悍的金军大将拓跋耶乌，在另一次遭遇战中，又刺杀了敌将黑风大王。但由于孤军作战，粮草不济，没能坚持多久，最后只得杀出重围。岳飞知道王彦必不容己，就投奔抗金名将宗泽而去。

抗金大业，再历坎坷

岳飞与王彦分道扬镳，独立采取军事行动，按宋朝军律，当斩。所以他到宗泽大营不久，就被五花大绑起来。在即将行刑之际，正赶上宗泽视察刑场，岳飞朗声叫道："宗元帅难道不想恢复中原吗？"宗泽将脸一沉，喝道："胡说！本帅与金寇誓不共生，尽人皆知！"岳飞道："宗元帅既要驱逐胡虏，为什么要杀甘愿冲锋陷阵的壮士？"宗泽对岳飞早有耳闻，今见他相貌英伟，出语俊爽，知道不是一般平庸之辈，就令刀下放人，邀岳飞到元帅府叙谈。用兵之道、恢复方略，凡

所问及，岳飞总是侃侃而谈，见解精辟。宗泽非常满意。他认为岳飞算得上栋梁之才，堪当恢复大任。他已垂垂暮年，恢复振兴之事尚茫然无绪，朝廷中主和派大有人在，主战者寥寥无几，昏庸无能者占多数，贤明干练者很少，面对这种状况有时使他陷入绝望。见到岳飞，使他不免对前途又增强了信心，有这样的人在，大宋是不会轻易灭亡的。他拉住岳飞的手，连连赞道："你有勇有谋，在抗金的事业中会大有作为的！"

当时正值金兵来犯，宗泽命岳飞率领 500 名骑兵迎敌，借机试探他的实际作战能力，看他是否属于纸上谈兵的马谡之流。岳飞果然不负所望，先战昨城（今河南汲县东南）再战黑龙潭，先后告捷。随后开赴汜水关（今河南荥阳西北汜水镇）迎敌。该关地形险要，为东西交通咽喉，也是西路金军南侵的必经关口，是兵家必争之地，因此必须牢牢控制！岳飞昼夜兼程，赶到关口，察看各处地形后，立即排兵布阵。宋军兵少，粮草不足，面对数倍于己的金军，显然宜于速战速决，不宜打持久战。于是，岳飞想出一条迷惑敌人、乱中取胜的计策。他选出 300 名精悍的骑兵，命每人捆扎两束柴草，潜伏在前山脚下。他亲自率领其他士卒，开赴关口敌军营寨前。

当天夜里，没有月亮，星星也寥寥无几地眨巴着惊异的目光，期待着由岳飞即兴导演的一幕战斗短剧。金军见宋军人少，毫不在意，醉醺醺地进入梦乡。夜半时，岳飞一声令下，埋伏在山下的军士一起点燃柴两端，每人两束，两手各一，上下左右挥动起来，同时还擂鼓鸣号，吆喝呐喊，立刻，整个天空被火光照得通亮，遍山漫野回荡着喊杀声。金兵从梦中惊醒，以为宋军大部队赶到，一手提着裤子，一手倒拿兵器，四处逃窜。被岳飞迎面拦住，大声令道："放箭！"只听见一阵嗖嗖声，箭矢急风骤雨般倾泻过去，金兵顿时人仰马翻。岳飞翻身上马，平举着丈八长矛，大吼道："杀！"率先踏入金兵中，士卒随之拥上，展开肉搏。金兵不敢恋战，四散纷逃，正撞上举着火把赶来的伏兵，被猛杀一气，倒毙无数。

火光中，见一金将哇哇叫着，左冲右挡，想要稳住金兵，进行反扑，宋兵被他的鬼头大刀砍翻了好多。岳飞看得真切，顿时心头火起，将枪挂在得胜钩上，从背上取下弓来，搭上利箭，舒展猿臂，"嘿"地一声扯个满月，略一瞄准，右手一松，只听"嗖"地一响，正中金将咽喉，金将顿时栽下马来，金兵更惊得魂飞魄散，拼命冲开一个口子，逃向山下。岳飞也得胜回营，向宗泽禀报，宗泽大喜，认为岳飞果真是个帅才，就破格提拔为统领，不久又升迁为统制。岳飞这下算是遇到了伯乐，终于得以全面施展自己的政治抱负和军事才能。在此之前，他虽然屡建战功，因身轻位卑，始终得不到重视。

建炎二年（1128）七月初一，抗金老将宗泽死于开封留守任上。他晚年对抗金复宋的事业全力以赴，却受到朝廷的百般阻挠，心力交瘁，抱恨而亡。临终时，他用微弱但殷切的声音对岳飞等属将说："你们千万不可忘了自己的天职啊！"岳飞等含泪说："宗元帅，你就放心吧！"宗泽吃力地点点头。忽然，宗泽开始呼吸急促，满脸通红，侍从急忙上前抢救。宗泽推开大家，吃力地挺起上身，睁大双眼，放出光来，连呼"过河！过河！"气绝而亡，死不瞑目。岳飞等人见此情景，无不受到震动，激起对投降派的满腔义愤，发誓要继承宗泽的遗志，打过黄河去，恢复北宋河山。

接替宗泽任开封留守的杜充，是一位刚愎任性、嗜杀残忍的无能之辈，难以服众。集结在开封周围、原归宗泽节制的各路勤王之师，以及收编的忠义民兵很快发生内讧，互相攻击。原统制王善、曹成、孔彦周等合兵，攻打南薰门，想赶走杜充，占领开封。开封守城门的仅有 800 名士卒，见叛军来势汹汹，不免心惊肉跳，想弃城逃跑，岳飞挺身拦住，说："叛军是乌合之众，尽管人多势众，也没什么可怕的。不信的话，我杀一阵给你们看看！"随即挺枪挟弓，跃马冲入敌阵，叛军知道岳飞的厉害，哪敢上前阻挡，竟被岳飞冲得四散。守兵见状，大为振奋，一拥而上，叛军不支，慌忙撤退。岳飞乘胜追击，擒获叛将杜叔五、孙海、孙胜等。岳飞因平乱有功，被授为英州刺史。

杜充见部将分崩离析，城中粮食所剩无几，金兀术又虎视眈眈，随时都有可能派兵前来，便决定放弃开封南逃。岳飞听说，急忙劝阻说："开封为中原军事要地，关系重大，必须全力守住。开封若失，中原必然陷于胡虏手中；中原不保，江南可就岌岌可危了。他日若要收复，就远不如放弃容易了！愿杜统帅三思而后行啊！"杜充辩解说："经此叛乱，开封守军元气大伤，兵少将寡，粮草又接济不上。朝廷只顾逃难，根本顾不上开封的守备，这样怎能长期坚持下去呢？提前撤走总比城破时突围要好吧！"岳飞见无法使杜充回心转意，只好请求道："您一定要走，就让我留下来吧！我向您保证，坚决守住城池，否则的话，愿以死谢罪！"杜充哪会答应，脸色一黑，说："我主意已定，你不要多言了！"言罢，拂袖离去，岳飞只好从命。这样，李纲和宗泽流血保卫过的开封城就被杜充轻易放弃了。

杜充丢失开封，朝廷不但没有降罪，反任命他为枢密副使，并兼建康行营留守。建炎三年秋（1129），金军渡过淮河，取道滁州、和州，准备渡江后直趋浙江。杜充畏敌如虎，不敢迎战。岳飞认为应当凭借长江天险，进行坚决阻击，决不能让金兵踏上岸来。金军一旦渡过长江，就很难阻挡其凶猛的进攻了。他几次进见杜充，陈述利害。请求赶快出兵，沿江布防，但杜充却充耳不闻。最后，岳飞竟急得流下泪来，哭谏道："杜留守，赶快发兵吧，再拖延就来不及了！"杜充终不为所动，将岳飞斥退出去。很快传来警报，说金军已在马家渡（今安徽马鞍山市北）轻松渡江，正势如破竹，直指建康。杜充这才慌了，草草派岳飞等人迎敌。这犹如用几筐土石去堵决堤的洪水，如何能起作用？王燮尚未接战即临阵脱逃，都统制陈淬还没摆开阵势，就被势焰正炽的金军冲得溃不成军，混战中，陈淬竟阵亡。只有岳飞挺枪跃马，奋力冲突，杀得金兵不敢上前，只能任他驰骋。无奈岳飞孤军奋战，寡不敌众，只得杀出重围，在险要处安营扎寨。

在岳飞浴血战斗时，胆小如鼠的杜充竟投降了金军，南宋的长江防线彻底崩溃，金军乘胜南下，直趋临安。高宗魂飞魄散，逃到明州附近的海上。面对将帅叛逃，士卒溃散，金军席卷而来，百姓惶惶呼救的局面，岳飞痛心疾首。他将士卒集合起来，歃血盟誓道："朝廷养兵千日，用在一时，我血性男儿在国难当头之际，当以死报效国家，图个名垂青史，流芳百世。如果向胡虏投降，或者结伙为盗，即使苟且偷生，终会遗臭万年，大丈夫能这样行事吗？"将士们听得热血沸腾，表示愿意随岳飞誓死抗战。

儒将风范，初显神威

不久，岳飞奉命驻军广德（今安徽广德），以牵制南下金军。在战斗之余，他利用一切机会进行休整，不断的行军和作战使将士们疲惫不堪，需要恢复体力，受损的建制需要重建，随时入伍、仓促上阵的士卒需要训练，尤其是减员的部队需要补充。岳飞真希望能有一年半载的时间，集中力量整编军队，以便能更好地体现他的军事意图。但这在烽烟四起的南宋时代是根本不可能的，岳飞只能见缝插针地进行他的整训计划。

主要是招募兵丁。岳飞的兵太少了。朝廷出于对武将拥兵专横的忌讳，严格控制岳飞军队的数量，且常常釜底抽薪，借故抽调。就是后来成为南宋独当一面的大将时，岳飞的总兵力也不过几万，这使他难以施展全部的军事才能。他只能在允许的前提下，在力所能及的范围内招募一些兵丁。这是很难的，老百姓讨厌军人如同讨厌土匪，何况在战争四起的年代，丁壮大多已被迫当了兵或土匪，其他的不是东躲便是西藏。岳飞也包括当时大多数将领只能靠收编"误入歧途"的人来补充兵员了，即所谓的招降纳叛。但由此带来的问题也是不容忽视的，军队原有的匪气变本加厉，这会很快腐蚀掉一支军队的战斗力。岳飞明白这个道理，所以，他不只是招募，而且还进行严格的教育和管理。他严禁军纪涣散和侵扰百姓，稍有触犯，严惩不怠。有一句话在他的军队中非常流行："冻死不拆屋，饿死不抢掳！"这不是一句自我标榜、流于形式的口号，而是一条被严格执行着的戒律，岳飞自己也严格遵守。岳飞有个舅舅姚某，平时倚仗岳飞的声望，胡作非为，侵掠百姓。岳飞知道后，不便亲自责罚，就告诉母亲，让她出面说服。姚某恼羞成怒，认为岳飞妄自尊大，冒犯尊亲，就想伺机报复，一次与岳飞同行，至无人处，突然催马向前赶了几步，取下弓来，转身就射岳飞，慌张之下，射在马鞍上。岳飞大怒，飞马上前，将正要放第二箭的舅舅掀下马来，用佩刀一刀砍死。岳飞的这个举动在当时引起巨大反响，很多人认为岳飞罚不避亲，为民除害，从而对岳飞更加敬畏起来。当然也有人认为岳飞过于绝情，就是深明大义，亲手在岳飞背上刺下"精忠报国"四字的岳母也一时不能原谅他，并对他大行家法，让他跪在祖像前，怒声呵斥。但不久，她就慢慢想通了，原谅了儿子。不如此何以服众，众人不服又怎能报国呢！

除有过必罚外，岳飞还有功必赏，善待士卒。一个严冬的日子，岳飞的一个幕僚在军营巡视，发现一个士卒衣着单薄，在寒风中冻得直发抖，便上前问道："你的上司是不是克扣了你的军饷？在这样寒冷的日子，难道没有怨言？"士卒却答道："其他将领经常克扣军饷，自从跟随岳宣抚以来，从来没发生过这种事。他从未克扣过我们一文钱，我之所以穿得单薄，是由于家累太重，所得军饷大半都接济了家人的缘故，我感激都来不及呢，哪能忘恩负义，抱怨岳宣抚呢？"

杨再兴原是一名流寇悍将，一次在两军作战中杀死岳飞堂弟岳翻，后来杨再兴战败，自缚请罪。岳飞不计前嫌，亲自为他松绑，收为部将，任用不疑。杨再兴感激涕零，发誓效忠，后来战死在小商河。岳飞这种不计个人恩怨，待人以诚的作风，吸引了不少文人武士，纷纷慕名而来。其中有一个叫黄纵的，替岳飞掌管机要文件。一次，岳飞分发沉香，待到黄纵时，只剩一小块。岳飞见分得不均，打开一袋再分，到黄纵时又剩下一小块，岳飞一时不知如何是好。黄纵看在眼里，深为感动，表示大小无所谓。

在岳飞的精心治理下，他的军队变得纪律严明起来，并很快赢得了老百姓的衷心拥护。他们亲切地称岳飞的军队为"岳家军"，以示与其他作风恶劣的军队相区别。他们甚至设立祠堂，绘上岳飞画像，经常供奉祭祀，祈祷岳家军尽早赶走金寇，使老百姓恢复正常的生活。从此，他们不再一味地拒绝参军了，送子送夫参军者络绎不绝；也不再坚壁清野了，箪食壶浆者随处可见；更不冷眼观战了，带路送情报者主动踊跃。

在紧张的整军、练兵之余，岳飞不忘挤时间学习。他深知，若没有诸葛孔明之谋略以及淮阴侯韩信之将才，仅凭匹夫之勇是很难扭转当今危局、救民于水火的。这就需要向古代的圣贤学习，汲取他们的经验。他喜欢读的仍然是《孙子兵法》，常把这本书置于身侧，有空即揣摩研习。与少年时的诵读不同的是，他现在有丰富的军事经验，对书中那些精奥的道理有更深的领悟。他经常将这些体会在具体的战斗中加以运用。当然，他并不盲目迷信、机械照搬。宗泽曾对此不以为然，批评他作战不依阵法，岳飞却自有独到的见解，认为古人的阵法并不是医治百病的灵丹妙药，不可固执迷信，应当根据实际情况加以灵活运用。用兵的关键在于出其不意，攻其不备，如果每次都按部就班布好了阵，再与敌人厮杀，非吃败仗不可。用兵之道，全在于灵心一点，随机应变! 宗泽被他说得心服口服，击掌称妙。宋代军队作战，都得按照皇帝事先"御制"的阵图进行。然而战场情况，瞬息万变，这在千里之外的皇帝怎能料事如神呢？所以，宋军几乎是每战必败。岳飞作战，全靠灵活机动，所以节节取胜，攻必克、守必固，一生经历大小 126 次战斗，无一败绩，是历史上寥寥无几的常胜将军。史书称赞他有韩信、彭越、周勃等将之采，并兼有诸葛孔明之风，具有一套独具特色的战略战术思想。后代的小说家竟据此编造一部《武穆遗书》，伪称岳飞的兵法著作，像"岳家枪谱"一样，引得许多武林高手心驰神往，为这个并不存在的、所谓可以称王称霸的法宝拼杀得你死我活。

经过短期的休整后，岳家军的战斗力更上一层楼，于是，他们便四处寻找战机，打击金兵。不久，有消息说，有一大批金军将途经广德南下。岳飞闻讯后，紧急部署，在金军必经之处布下口袋，严阵以待。一段难熬的时间过去后，金军终于毫无防备地走来。他们根本没有意识到前面的危险，因为他们一路就是这么满不在乎地走过来的，很少遇到宋军的全力抵抗，稍一接触，宋军就四散纷逃了。但这次他们却遇到了一个强敌——岳家军！看到他们已进入了伏击圈，岳飞号令旗一挥，只见伏兵骤起，滚木、山石从两侧山坡上冰雹般倾泻而下，金兵顿时倒下一大片。金军被这突然袭击搞得头晕脑胀，尚未定下神来又被一阵箭雨击毙无数。剩下的慌忙后撤，却被一彪人马迎面拦住，骑马持枪冲在最前面的正是岳飞。他大吼一声，率先冲入敌群，挥动丈八长矛，或扫或刺，金兵应声倒下。这时，两侧的伏兵已逼了过来，铁桶一样将金兵围在山谷间，轮番冲突，金兵死伤无数，剩下的大多缴械投降，只有少数拼命杀出重围，落荒而逃。

这次伏击战狠狠打击了金军的嚣张气焰，同时也使岳家军声威大振。只要一提及"岳爷爷"（金兵对岳飞敬畏的称呼）或岳家军，金人马上就心惊肉跳。他们再也不敢轻率行动了，扎下营来，想等后面的大部队上来后一起围剿岳飞。岳飞探得敌将王权的部下多是签军（被金人强行征集的汉兵，军心涣散，战斗力比较弱），就决定先把他们一网打尽。一次，有100名签军出来打劫，遭宋兵追杀，40余名被抓，押赴岳飞营帐。这些俘虏估计死到临头，个个心惊肉跳。岳飞沉着脸道："你们也是汉人，却为虎作伥，帮金虏屠杀同胞，本该斩首。"说到这，岳飞有意停顿了一下。签兵们吓得魂不附体，跪下磕头说："岳爷爷饶命！岳爷爷饶命！"岳飞说："饶命不难，就看你们愿不愿意改邪归正，戴罪立功？"签军们连忙道："愿意为岳爷爷效劳，请岳爷爷吩咐吧！"岳飞说："要你们做的很简单。请你们回去做内应，帮我们攻取王权营寨，怎么样？"签军们连忙答应。岳飞遂与他们计划好具体行动的时间和方式，然后就放他们回去了。当天晚上半夜时，这些签军突然在金军兵营放火，并大声喊："岳爷爷来了！"敌人营寨就像炸了锅一样，一片混乱，一些敌人衣服也没有穿好，就倒拿武器跑出营帐。王权竭力想稳住军心，但无济于事。早已埋伏在外的岳家军一拥而上，冲入营寨，一边乱砍，一边喊降。签军本是被金人胁迫而来，心里对金人早有怨恨，哪肯为他们卖命，所以几乎未加抵抗就放下了武器。王权见状，就想乘乱逃走，被岳飞赶上，一把掀下马来，被拥上的士卒俘虏。

岳飞广德大捷后，本想南下勤王，但粮草接济不上，不便远行，只好把军队驻扎在牛头山，等待金兀术撤退。金兀术因遭南宋军民的英勇抵抗，不得已放弃追袭赵构的计划，声称"搜山检海"已毕，开始率部北撤。途中遭南宋名将韩世忠截击，金山寺一役，几乎被擒，慌张中逃入死港黄天荡。后掘开老鹳河故道，才得以脱险。之后往牛头山急急奔来，他庆幸自己命不该绝，已摆脱死亡的威胁。正当他暗自庆幸时，突然鼓角齐鸣，从树丛中和乱石后跃出大队人马，杀奔过来。冲在最前面的那位大将，挺着一杆丈八金枪，盘旋飞舞，神出鬼没，无人可挡。金兀术已被韩世忠挫了锐气，又遭这当头一棒，立即不知所措，无心恋战，忙策马返奔，一口气跑了二三十里，见并无追兵，这才稍稍松了口气，问部将道："刚才那位大将是谁，如此厉害？"有一随卒脱口答道："是岳爷爷！"金兀术叹道："原来是岳飞，果然名不虚传！"此时已是傍晚，天色渐晚，金兀术便传令扎营。他怕岳飞深夜袭击。就安排一部分士卒留心巡逻防守，自己也不敢安然入寝，至夜深人静时，方睡去。忽然被一阵震耳欲聋的鼓角声惊醒，紧接着一名小校来报："岳家军来了！"金兀术慌忙操剑冲出帐篷外，只见大营中四处起火，杀声不断。兀术声嘶力竭，挥舞着剑喊道："不要乱，不要乱！给我杀退岳飞！"但被岳家军吓坏的金兵怎能镇定下来，有效地组织防卫呢？他们已经被接二连三的灾难搞得神经质了，以为到处都是想置自己于死地的敌人，尤其在难辨你我的夜间，他们向自己认定的"敌人"冲杀着，捍卫着自己的性命；对方同样拼死还击着。天色渐渐亮了，金军渐渐地感到了荒唐：怎么对手和自己一样的打扮，一样的身容，一样的语音，他们突然醒悟了，大水冲了龙王庙，自己人和自己人玩了一晚上的命！岳爷爷确实厉害，我们甘拜下风！

金兵自相残杀累了，已经养足了精神，等得不耐烦了的岳家军又杀了上来。金兀术自知不是岳飞的对手，策马就跑，金兵也跟着奔溃，怎奈岳家军紧追不舍，慢一步的，都做了刀下鬼、马下魂。只有那些腿生得长，跑得快的人侥幸逃生，跟着兀术逃到龙湾（今南京城区西北），准备进驻建康。金军到静安镇（今江苏江宁西北静安附近）时，远远看见旌旗招展，中间大写着"岳"字，兀术大惊，连忙退兵。还没来得及行动，已听见连珠炮响，岳飞领着大队人马杀了过来。岳家军冲进敌群，一阵猛杀。金兵死伤无数，15里长的路上积满了尸体。余下的马不停蹄地逃往淮西，岳飞乘胜收复了建康。消息传到南宋朝廷，刚从海中爬上岸的高宗大喜过望，当即下旨，任岳飞为通泰镇抚使。

声威渐起，恢复故疆

襄阳六郡是指唐州（州治在今河南唐河）、邓州（州治在今河南邓县）、随州（今湖北随县）、郢州（州治在今湖北钟祥）、信阳军（军治在今河南信阳）及襄阳府（今湖北襄樊），均地处长江中游地区，地势险要，历来为兵家必争之地，受到岳飞的高度重视，他多次上书高宗，力陈六郡的重要性。认为"襄阳上流，与吴、蜀襟带相连，如果我们得到了它，进可以紧逼金寇，退可保卫东南。"他强调，"襄阳六郡，地势非常险要。要想恢复中原，必须以此为基地，作为朝廷武臣，岳飞早已整饬军马，准备着有机会挥师北上，报效陛下。恳望陛下圣明早断，下令实施我的计划。这样一来，既可平定长江上游，整个大宋王朝也可望逐步得到振兴，这实在是关乎国家兴衰危亡的大事！"岳飞的这些观点和战略计划，是建立在慎重考虑和精忠报国的基础上的，是完全可行的。襄阳地处长江中游，越过汉水即可深入宛、洛地区袭扰金军后方，如果宋军的守淮部队能从东西加以策应，金军即可陷入顾前不顾后的境地，但岳飞的建议始终未被采纳。

绍兴四年（1134），被金人扶植的伪齐政权遣李成袭取襄阳六郡，长江上游告急，并且将随时祸及两浙地区。岳飞见情势危急，再次上书朝廷，说："襄阳六郡为恢复中原基本，不可放弃；为今之计，应当尽早攻取六郡，以除朝廷心腹之害！"高宗这才心动，与丞相赵鼎商量。赵鼎向高宗建议："岳飞是当今少有的智勇双全的大将，屡建奇功。他对长江中上游的地理形势，以及敌我双方的情况了若指掌，收复襄阳六郡，没有比岳飞更合适的了。"高宗于是命岳飞前往荆南（今湖南长沙）鄂州（今湖北武昌）及岳州（今湖南岳阳）任制置使，率军克复襄阳。

岳飞接到诏命后，立即发兵渡江。只见万帆竞发，浩浩荡荡，气势壮观。岳飞迎风站在船首，心潮澎湃，翻腾激荡，久久不能平定。他终于向收复大业迈出了坚实的一大步，他从军以来念念不忘的就是收复大业，就是在金军步步紧逼，宋军闻风窜逃，朝野上下笼罩在亡国灭家的绝望中时，他也坚守自己的这种信念。他坚信，只要皇帝能卧薪尝胆，文臣武将只要各尽其责，上下一心，坚持抗战，就一定能赶走胡虏，光复大宋河山的！现在，他总算使东躲西藏、将全部希望寄托在向金人求和上的皇帝下定决心，使自己得以兴师出征，夺取襄阳六郡，以营建北伐基地！他也明白，这仅仅是一场短短的开始，全面反攻的大幕能否最后被捉摸不透、疲弱无力的皇帝拉开，现在还是很难说的。但激昂的民族义愤使岳飞是不会悲观懈怠自己的行动，只要自己努力争取，将来肯定有变化的！想到这，岳飞心潮澎湃，猛地拔出剑来，向船舷击去，向身旁的幕僚慨然说道："岳飞此次渡江，如果不擒杀金人刘豫，誓不返渡！"众僚属被岳飞的情绪所激励，纷纷表示：愿随岳飞浴血奋战。

渡过长江，岳飞率军赶到郢州城下。郢州已为刘豫占有，派部将京超守卫，京超作战凶猛，被人称作"万人敌"。他见岳飞兵临城下，并没放在心上，大胆地登上城墙。一位部属提醒他应加紧防备才是，京超哈哈一笑，不以为然地说："人人都说岳飞厉害，今天京超我倒要看看他有什么本事!"说到这,又冲着城下狂喊道:"岳飞小儿,有种的上城来,你京爷爷等着你玩几招!"岳飞勃然大怒,立即命敢死队攻城,说:"谁先登上城墙,有重赏,畏缩退后者定斩不饶!"敢死队的勇士一声呐喊,抬着云梯,挥着大刀,争先恐后地涌上前去。京超指挥兵士拼命抵抗,放箭、扔滚木、掀梯子,击退了宋兵的第一次攻击。岳飞稍事调整,增强了兵力,很快又发起了更为凶猛的第二次进攻。他命令弓箭手用密集的箭压制城墙上的敌军,自己亲自带领敢死战士登城。京超由于轻敌,没有充分的防守准备,箭矢、滚木和石块很快用光,而宋兵的攻势一次比一次更凶猛,渐渐地,京超已无力抵抗,宋兵已由好几处攻上城墙,与伪齐兵展开激烈的肉搏战。不久,城墙即被占领,城门被打开,宋兵蜂涌而进。京超连砍几名逃兵,也没能阻止住溃败的士卒。他觉得已无可挽回,心里不由恐慌起来,也顾及不到刚才说出的大话了,策马狂奔。岳飞派牛皋等将在后面紧追不舍。京超觉得无法逃脱,又不愿投降受辱,便纵马跳下悬崖。郢州遂被收复。

由于长期经受频繁的战祸,郢州人起初对岳飞的到来心有疑惧,以为这不过是一场狼狗之争,老百姓只有受害的分儿,岳飞对这种情况非常忧虑。他认为,要长期据有郢州,将它作为北伐的基地,就非得争取当地人民的支持不可。于是,他严厉地重申军纪,绝不容许有骚扰百姓的行为发生。他还四处张贴安民告示,消除人们的疑惧心理,激发人们的抗金热情,并大开粮仓,赈济饥民。这一切措施很快赢得了百姓的好感。这一切做好之后,岳飞留下一部分士卒镇守郢州,其余的兵分两路,一路由张宪、徐庆带领,直趋随州。另一路由岳飞自己亲自带领,直奔襄阳。襄阳由李成亲自镇守,闻说岳飞到来,早早摆好阵势等候,希望能报前日之辱。自从投靠金人以来,他觉得地位顿长。他现在不再是一个东游西荡的流寇了,而摇身变成准金人了。所以,当他看见岳飞,不禁狂妄地说:"岳飞,你识得我的阵法吗?"岳飞看了一眼,哈哈大笑,说:"李成叛贼,上次败逃后,我以为你能多少长进一点,不料越来越浑!从古至今,你见谁曾将骑兵安排在险峻的地方，相反却将步兵安排在平旷之地。难道你投降金人后，马就能在水中行走？你竟将它们排列在襄江岸边！你的步兵也变得行走如飞，敢在平旷之地和我的战马赛跑！这样最简单的军事常识都不知道，还与我谈什么阵法！"李成被激怒，气急败坏地说："岳飞小儿，休要口出狂言，有能耐就请破我的阵吧！"岳飞道："你这小孩玩的把戏，就是再增加10万人马，也用不着我亲自出马！"说完，他在马上用鞭指着骁将王贵道："你带长枪队去破敌人的骑兵！"又指着另一名猛将牛皋道："你带骑兵去冲击敌人的步兵！"二将接到指令后，马上分头行动，牛皋率先突入李成的步兵队中，马踏刀砍，锐不可当，风卷残云般，霎时伪齐兵倒下一大片，敌阵大乱，互相践踏，又毙伤无数。平旷地上的步兵阵很快就被击溃。王贵同时也向敌骑兵阵发起进攻，他们专用长枪刺敌人的马，马一中枪立即倒地，马背上的骑兵一个个倒下，不是栽得头破血流，便是被杀或被擒。敌骑几次想组织反扑，因岸边不利于行马，草树丛生，马无法奔跑，且经常自己绊倒，将背上的骑兵甩出好远，哭爹喊娘，王贵的长枪队大显神威，跳跃腾挪，一阵猛杀，步步紧逼，敌骑连连败退，慌忙中不少连人带马跌入襄江，被汹涌的水流卷走。李成没有想到自己花费许多心思经营的战阵这么快就被击垮，不由痛心疾首。他彻底服输了，乘着夜色，带着几百名贴身亲随，仓皇逃走了。岳飞追赶不及，就整肃军容，浩浩荡荡地开进了襄阳城。不久，张宪、徐庆也传来消息，报告说随州已被攻占。

新野由刘豫的部将成益驻守，收集各路残兵败将，准备负隅顽抗。岳飞在襄阳稍稍休整后，即派王贵攻打唐州和邓州，张宪攻信阳军，自己率部将王万，分左右两翼，包抄新野。伪齐兵已知道岳家军的威名，远远望见"岳"字旗号，就吓得惊慌失措。稍一接战，即溃不成军，岳飞大获全胜。王贵、张宪等将也传来捷报，说唐州、邓州、信阳等也次第收复。至此，襄阳六郡全部克复。

岳飞按预定计划收复失地，为南宋建立以来第一次，是朝廷君臣所没有想到的。他们一向听惯了败兵失地的消息，因沮丧而麻木的心不免大大振奋了一下。他们称赞岳飞"机权果达，谋成而动则有功；

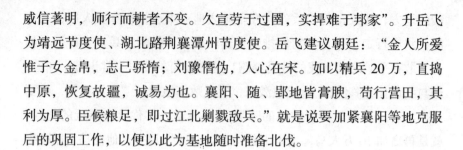

威信著明，师行而耕者不变。久宣劳于过圉，实捍难于邦家"。升岳飞为靖远节度使、湖北路荆襄潭州节度使。岳飞建议朝廷："金人所爱惟子女金帛，志已骄惰；刘豫僭伪，人心在宋。如以精兵 20 万，直捣中原，恢复故疆，诚易为也。襄阳、随、郢地皆膏腴，苟行营田，其利为厚。臣候粮足，即过江北剿戮敌兵。"就是说要加紧襄阳等地克服后的巩固工作，以便以此为基地随时准备北伐。

一代名将，含冤而终

　　岳飞的过分忠诚耿直注定他不能像一名智勇兼全的军事家那样成为一名世故精明的政治家，竟然对高宗忌言收复的行为百思不得其解！高宗怎么会乐意收复失地，甚至捣了黄龙府呢？如果那么做，就得迎回徽宗和钦宗二位先帝，自己将如何处置他们呢？天无二日，何况三个！他只想偏于一隅做平安皇帝，为此他可以不惜一切地与金人议和。反正，整个天下都是他自己的。岳飞却不善揣测并迎合主子幽暗隐晦的心意，只是一味地输忠献诚。绍兴九年，宋金议和，岳飞就慨然上书赵构，坚决反对，道："夷狄不可信，和好不可恃，相臣谋国不臧，恐贻后世讥议。"自然不会被接受，并且因此得罪了相国秦桧。绍兴和议成功后，他又上了一道名为祝贺，实是抗议的《谢讲和赦表》，道"夷虏不情，而犬羊无信，莫守金石之约，难称尊馐之术"，并且他不恰当地请战："臣愿定谋于全胜，期收地于两河。唾手燕云，终欲复仇而报国；誓心天地，当令稽颡以称藩。"这怎能使赵构不恼火！愚忠往往比奸诈更令皇帝厌恶，因为这类人常常固执己见，而不顾及皇帝的隐衷，使其难堪又不敢光明正大地发作，久而久之，终于酿成大祸。
　　赵构对岳飞的忠诚渐渐满怀怨恨，只要稍有时机，就借题发作，摧折一番。在这种情况下，耿直的岳飞又不善于克己顺从，悲愤之下，屡屡提出辞官。而在金兵压境、和议不成的情况下，赵构又离不开岳飞，只好屈皇帝之尊求其还职，苦口婆心，这更加深了他对岳飞的忌恨。他便怂恿秦桧加害岳飞。

秦桧为主和派的首要人物，他领会了赵构的意图，又完全被金人吓晕了头，奴颜媚骨，唯和是求，达到了丧心病狂的程度。而岳飞则是坚决的抗战派，公开反对议和，谴责朝廷的投降政策。岳飞每打一次胜仗，每向北推进一步，他都会心惊肉跳一次，觉得这样离求和就远了一步。他认为，只要岳飞在世一天，他就会庸碌无为一天。金人明白他这种难堪的心情，乘机要挟他除掉岳飞，这是他们梦寐以求的，是在战场上根本做不到的事。他们写信给秦桧，说："你每时每刻都想与我们达成和议，而岳飞却积极地谋取河北之地，并连伤我们大将。这仇必须得报！你必须杀掉岳飞，和议才能达成！"于是秦桧更执意要杀岳飞了。

但岳飞的名声太大了，不是想杀便杀得的，必须设计为之。秦桧决定采取分化瓦解的办法，先将岳飞孤立起来。当时，南宋手握重兵，能独当一面的大将有三位，即岳飞、韩世忠和张浚。张浚害怕公战，勇于私斗，素与岳飞有矛盾，对岳飞屡立显功、少年得志嫉妒在心，常借故中伤岳飞。秦桧便将他收买，让他参与陷害岳飞的阴谋。韩世忠与岳飞一样，是抗战派的骨干。秦桧决定先将他除掉，绍兴十一年（1143），朝廷命岳飞与张浚前往韩世忠军队"视师"，以便寻隙遣散韩家军。在视察时，岳飞见韩家军军纪严整，威武雄壮，心里倍增钦佩之情。当张浚提出与岳飞私下瓜分韩世忠军时，岳飞坚决反对，指出南宋真正能领兵打仗的，仅仅有二三人，如果遣散韩家军，恢复大业如何成就，但最终张浚还是秉承朝廷之意，强行遣散了韩家军。并欲以谋反罪陷韩世忠于死地。岳飞得知消息后，立即向韩世忠报信，使其得以有所防备，免遭迫害。张浚与秦桧大怒，罗织罪名，罢免了岳飞枢密副使的虚衔。岳飞于是脱去战袍，退隐庐山。

庐山为天下名山之一，岳飞在戎马倥偬之余，曾几次休养于此，与东林寺的和尚慧海交往甚密，结下深厚友谊。他曾寄诗与慧海：

> 溢浦庐山几度秋，长江万折向东流。男儿立志扶汉室，圣主专师灭虏首。功业要刊燕石上，归休终伴赤松游。叮咛寄语东林老，莲社从今着力修。

表明自己功成名就后即激流勇退，退隐山林的心迹。如今，酋虏未灭，中原未复，壮志未酬，却上庐山，抚今感昔，感慨万千。一个秋风萧瑟的晚上，岳飞辗转难眠，揽衣彷徨，顾影形单，信笔填成《小重山》一阕：

> 昨夜寒蛩不住鸣，惊回千里梦，已三更。起来独自绕阶行，人悄悄，帘外月胧明。

> 白首为功名，旧山松竹老，阻归程。欲将心事付瑶琴，知音少，弦断有谁听？

岳飞虽已被削夺兵权，罢归庐山，秦桧仍不善罢甘休，非欲置岳飞于死地而后快。于是威逼利诱岳飞旧时部下，让他们揭发岳飞。一部将王俊，绰号叫雕儿，品性奸诈贪婪，常受到张宪的压制，因而心怀不满。受到张浚的唆使后，便将张浚自己拟好的状词投诉给枢密院，诬告："副都制张宪，谋据襄阳，还飞兵柄。"张浚又不顾枢密院无审讯权的规定，传讯张宪，妄图屈打成招，张宪连呼冤枉，宁死不肯虚招。张浚狗急跳墙，又自己虚拟了一份"张宪口供"，递呈秦桧。秦桧遂派人将正竭力做"赤松游"的岳飞逮捕，送入大理寺讯问。岳飞想不到秦桧这样心狠手辣，激愤之下，祖露脊背给中丞何铸、大理卿周三畏看："皇天后土，可表我心！"二人望去，只见"精忠报国"四个大字，切入肌肤。周三畏不觉肃然起敬，就连秦桧的同党何铸，也良心发现，命将岳飞送回狱中，自己去向秦桧为岳飞申辩。周三畏干脆挂冠而去。

听说岳飞以谋反罪入狱，已经辞官在家、明哲保身的韩世忠再也无法坐视不理，他当面责问秦桧，岳飞谋反的证据究竟何在，秦桧答道："其事体莫须有。"意思是这件事情大概有吧。韩世忠气愤地说："'莫须有'三字，何以服天下！"

秦桧于是改派一直对岳飞怀恨在心的万俟卨接办此案，岳飞任凭酷刑加身，始终不肯承认。万俟卨便效法张浚，自拟岳飞供词。诬陷岳飞曾令于鹏、孙革致书张宪、王贵，让他们向朝廷虚报军情；还曾致书张宪，让他设法使岳飞再掌军权等。"供词"送赵构审批。高宗和秦桧杀害岳飞的心意已决。在高宗看来，除去岳飞，既可以使和谈顺利进行，又能震慑其他武将，收到杀一儆百的效果，真是一举两得。因此，他不惜违背"不杀大臣"的祖宗家法，于绍兴十一年（1141）十二月二十九日，亲自批道："岳飞特赐死。张宪、岳云并依军法处置，令杨沂中监斩!"于是，岳飞便被赵构御赐毒酒鸩杀在临安大理寺的风波亭。终年 39 岁。临刑时，满腔怒火的岳少保提笔在"供状"上写下"天日昭昭! 天日昭昭!"八个大字，写毕，掷笔于地，仰天长啸，端起酒杯一饮而尽。霎时，玉山摇摇，轰然倒塌，一代军事英才就这样含冤而亡!

　　岳飞自 20 岁从军，到 39 岁被害，一生戎马倥偬，战斗在抗金的最前线，时时不忘以恢复中原为己任。他领导的岳家军纪律严明，骁勇善战，沉重打击了南侵的金兵。有人曾问岳飞，天下何时才能太平，他答道："文臣不爱钱，武臣不惜死，天下太平矣。"的确，像岳飞这样既不蓄姬妾又不营私财的正派官员，在中国古代社会里是非常罕见的。但是，在当时的情势下，岳飞越是廉洁正直，高宗和秦桧对他就越是忌恨，必欲除之而后快。一代抗金名将最终不是牺牲在战场上，而是死于自己所保卫的朝廷之手，不禁令后世之人对他更生无尽的痛惜和由衷的崇敬之情。

第 八 章

万里长城
——开国元勋徐达

　　徐达，明朝开国第一武将，字天德，元末濠州（今安徽凤阳）人，出身于农家。徐达谋略过人，治军严明，智勇兼备，战功卓著，在帮助朱元璋攻灭张士诚、陈友谅等割据势力，北伐元军，灭亡元朝等重大战争中都立下赫赫战功，名列功臣第一。明朝建立后，因功被任命为中书右丞相，且先后被封为信国公、魏国公。徐达一生刚毅武勇，持重有谋，纪律严明，屡统大军，转战南北，功高不矜。朱元璋誉其为"万里长城"，并称赞其"出将入相，才兼文武世无双"。

寒门将种，胸怀大志

1353 年（元朝顺帝至正十三年）五月的一天，淮河流域的濠州（今安徽凤阳）钟离县太平乡，一群年轻的庄稼汉子，正围着几个头裹红巾的士兵有说有笑，亲热异常。

为首的士兵头儿，身材魁梧，脸部黝黑，高额头长下巴，模样古怪中带着威严。他一边热情地跟大家打招呼，一边眉飞色舞地讲道："乡亲们，我这次回来，是奉郭元帅的命令来招兵买马，扩充队伍的。如今兵荒马乱，大伙在这里也没什么活头，既要忍饥挨饿，还得担惊受怕，不如干干脆脆出去闯荡一场，兴许日后还能闯出个天地来。蒙古人的气数已经快到尽头了。大家都知道濠州城被围困了 7 个月，5 万多官兵硬是打不下来。最后，连他们的主将贾鲁也不知什么原因竟然得病死了。贾鲁这一死，官军便成了一盘散沙，只好退兵回徐州去了。"

"嘿！重八大哥，我们心里就是那样想的。"大个子徐达一拍大腿喊道，"大家早就有心想投奔红巾军，杀几个蒙古官军出出多年的怨气。只是没人牵线。现在你回来了，这下好了，我们都听你的。你还记得咱们小时候放牛肚子饿得难受，杀了田主家的小牛烤肉吃的事吗？只要将来能过上好日子，弟兄们愿意跟着你打到天边去。"

听徐达这么一说，周德兴、郭兴、郭英、费聚、邵荣等人也都异口同声地表示同意。

这位名叫"重八"的黑脸大汉，就是后来的明朝开国皇帝朱元璋。不过这时，他还没多大本事。一年前，他是个四处云游的和尚，出家所居的皇觉寺被元兵一把火烧得精光，只好走"逼上梁山"的造反之路。

朱元璋这次带着几个士兵回到家乡，是来招募士兵的。虽说身份只是个小头目，但毕竟不同于以前的放牛娃了。左邻右舍的乡里乡亲，儿童时代一块长大的伙伴朋友，闻讯后都聚拢来了。其中徐达小时候和朱元璋一块放过牛，两人从小就要好。这次见面后，又谈得非常投机。

在朱元璋和徐达等人的奔走联络、游说鼓动下，不到 10 天工夫，便招募到 700 多人。这些人大部分都是亲朋故里，远近多少都有些宗族关系，沾点婚姻亲戚，一旦有人出头号召，自然就会群起响应。他们后来便成为朱元璋军中的骨干将领。史书上称为"淮西老将"。

当朱元璋带着新招募的队伍回到濠州城里，元帅郭子兴欣喜异常。不久，他便任命朱元璋担任镇抚职务。从此，朱元璋便一跃而成为带兵官员了。

朱元璋从招募的这 700 人中，挑选出 24 名淮西老乡，担任军中的大小头目。其中首选人物就是徐达。

徐达应募投军的这一年 23 岁，正值青壮年。他比朱元璋小 3 岁，人长得身材魁梧，强壮有力，高高的颧骨，性情刚毅，作战勇敢。他的家庭是世世代代务农为生的庄稼户，在徐达从小到大的这 20 多年间，淮河流域的老百姓，备受天灾人祸的煎熬，处于水深火热之中。

先说蒙元统治者的残暴压迫。在蒙古人统治中国的 70 多年里，民族压迫尤其野蛮苛刻。蒙古人征服中国后，将天下人口划分为四等：第一等是蒙古人，地位最高贵；第二等是色目人（西北地区各族人和来到中国的中亚、东欧人），被蒙古人利用来压迫较后被征服的汉族人，地位仅次于蒙古人；第三等是汉人（原金朝的汉、女真、契丹、渤海、高丽人，以及四川地区的汉人）；第四等是南人（原南宋地区的汉族和其他各族人），地位最低贱。蒙古统治者贱称汉人为"汉子"、南人为"蛮子"，存在着严重的民族歧视。并且规定蒙古人殴打汉人时，汉人不得还手，即使蒙古人打死汉人，只不过判处当兵出征和罚交烧埋银。但是，如果汉人打了或打死蒙古人，罪责就大了。

南宋灭亡后，蒙古统治者将南人20户编为一甲，作为行政管理的最基层组织，甲主由蒙古人担任。甲主对甲内的居民有绝对的权威：衣服饮食任其调发享用，童男少女唯其所命。甲主糟蹋霸占平民的妻子女儿，人们眼巴巴地毫无办法。甚至夜间禁止平民出行，违反者要答打27下。这些虽然是南宋灭亡后初期的情形，但它留给南人的残酷印象和屈辱心理，却是世代难忘的。

天灾人祸并行。在徐达十二三岁时，淮河一带旱灾、蝗虫、瘟疫相继而来。天气异常干旱，田地干裂开一条条龟缝，禾苗稀稀疏疏，没有几根。蝗灾又如同雪上加霜，把那稀毛般的庄稼吃了个精光。旱蝗之灾过后，又流行起了疫病。吃野菜树皮草根的穷苦百姓，肚子都填不饱，哪里有钱买药治病，眼睁睁看着亲人浑身发热，上吐下泻咽了气。大家才明白这是闹上了瘟疫，于是慌不择路地拖儿带女逃命他乡。徐达和家人也曾离乡背井，逃避瘟疫，过后才又返回老家。就是这个时候，朱元璋三个亲人相继死去，在走投无路的情形下，他只好出家当了和尚。

在蒙元王朝统治的末期，不只是淮河一带灾祸频繁，民生凋敝，中原地区同样是苦难深重。由于官府不修水利，黄河连年决口，百姓流离失所，田地荒芜，到处是人烟稀少、凄凉黯淡的景象。

1351年（元顺帝至正十一年）五月，反抗蒙元残暴统治的红巾军农民大起义，趁着官府督修河道的机会爆发了。成千上万的贫苦农民，短衣草鞋，头裹红巾，手持竹竿锄头，长矛大刀，杀尽贪官污吏，攻占县城州府，开仓散粮，破牢放囚，起义军传唱着"杀尽不平方太平"的歌谣，蒙元王朝已是大厦将倾。

红巾军大起义如同燎原烈火，迅速燃遍了中原地区和江淮流域。首举义旗的是颍州（今安徽阜阳）刘福通，紧接着徐州芝麻李、赵均用，蕲水（今湖北浠水）徐寿辉，湖北襄县孟海马，濠州郭子兴等人相继起义。此外，还有非红巾军的浙江台州方国珍、江苏泰州张士诚等起义军，皆各据一方，自立名号，创建政权，把个蒙元王朝搅得一塌糊涂。

话说在濠州举事起义的郭子兴，祖籍山东曹县，从他父亲这代起来到安徽定远县居住谋生。郭子兴兄弟三人善于经营盘算，慢慢地成为当地有名的大家富户。红巾军大起义爆发后，定远、钟离一带的农民揭竿而起，群起响应迅速达到数千人马。常言道"乱世英雄起四方，有兵有粮草头王"。1352年二月间，早已加入民间秘密宗教组织——弥勒教的郭子兴，招集了几千人，连夜偷袭濠州，冲入州府官衙，杀了元朝州官。然后，郭子兴和起事的头目孙德崖等五人都号称"濠州节制元帅"。

濠州城头红旗一举，远近的穷苦农民纷纷前来投奔，义军的势力大增。朱元璋是在濠州起事后两月投军的。他先当兵卒，不久，就因机敏能干受到郭子兴赏识，被调到帅府担任亲兵九夫长。又过了几个月，朱元璋因作战勇敢、有勇有谋，重义气、得人缘而名声四传。郭子兴便把他当作心腹体己看待，还将干女儿马姑娘许配给他为妻。并给他取名"元璋"。

前面说到濠州被元兵围困，那是1352年冬天到次年春天的事情。元兵因主将病死退走后，城里的红巾义军得以休息片刻。由于围城期间折损了不少兵马，朱元璋征得郭子兴同意后，回到家乡招募队伍补充兵员。

再说濠州城里的五个义军元帅，并不是心有宏图远志的人物，互相之间常为了一些小事斗来斗去，消耗实力。就连带头起事的郭子兴，也是心胸狭窄，贪图财货，遇事缺乏决断。而朱元璋却是个胸有大志、深谋远虑的英雄豪杰。他看出总待在濠州城里，只是坐以待毙。所以，他便想打破僵局，开拓新地盘，发展势力。

朱元璋向岳父郭子兴说明自己的想法后，便带着徐达、费聚等24人，南下定远县，准备掠地招兵。定远是郭子兴的家乡，他的旗号在这里很有影响。朱元璋利用这个地利人和之便，连续收编了几支地主武装，再加上陆续前来投奔的人，几个月的工夫达到两万人。对这支生力军，朱元璋重新编制，加强训练。他特别重视军纪，严禁骚扰百姓。

军势壮大之后，朱元璋在谋士冯国用、李善长的参谋下，决定南下攻打滁州（今安徽滁县）。滁州的元军防守较弱，朱元璋军队没费多大力气便攻占了。不久，郭子兴也从濠州来到滁州驻扎。

1355 年正月，由于滁州缺粮，郭子兴派朱元璋去进占和州（今安徽和县）。攻取和州后，朱元璋被任命为总兵官，负责镇守。

从南下定远到攻取和州，徐达一直是朱元璋的左膀右臂。他不仅作战勇敢，而且善于出谋划策，逐渐显示出统兵作战的军事才能。朱元璋看到徐达的才干谋略非常出众，便在郭子兴面前为他请功，并建议提拔重用。郭子兴采纳了朱元璋的建议，任徐达为镇抚。

三月间，和州城里的红巾军内部又出现了斗争。因濠州缺粮而来到和州就食的孙德崖与郭子兴积怨很深，决定率领自己的队伍离去。朱元璋为了缓和一下矛盾，亲自送孙德崖的队伍出城。谁知没走多远，后面传来消息，说是郭子兴将殿后的孙德崖抓了起来。孙德崖的将士不分青红皂白，也将朱元璋扣押不放。然后，派人通报郭子兴换人。但是两边相持不下，都怕对方不守信用。

徐达像

双方就这样僵持了两天，朱元璋在孙军中差点没命。在这个关键时刻，新任镇抚官徐达挺身而出，向郭子兴请求：他愿先到孙军中做人质，换回朱元璋，与孙德崖交换。

郭子兴正在一筹莫展之际，见徐达这样挺身赴险，连忙同意。最后，当孙德崖被放出城回到军中后，徐达才得以释放，平安无事。这件事使徐达的形象更高大起来。

四处征战，建功立业

捉放孙德崖这件事，使郭子兴一肚子火无处发泄，气恼之下一病不起，不久就死去了。郭子兴一死，他的次子郭天叙继任了元帅职位，郭子兴的妻弟张天佑为右副元帅，朱元璋为左副元帅。朱元璋的地位虽不及前二位，但因他身边有徐达、汤和、冯国用、李善长等勇将谋士，再加上他招募收编组织起来的军队占多数。所以，实际上朱元璋大权在握。

1355年六月一日，朱元璋与徐达、汤和、李善长、冯国用等人率领3万大军，乘船渡江，杀向南岸。与和州隔江相望的太平城（今安徽当涂），是富庶的产粮区。朱元璋决定先占领太平城，而后再寻找机会进取集庆（今南京）。

长江南岸的要塞采石矶，是太平城的咽喉之地。元将蛮子海牙早已率弓箭手和长矛手严加防范，朱元璋的红巾军两次冲击都被元军打退，初战不利。勇将常遇春和胡大海身先士卒，经过三次猛冲，终于杀散元军，登上南岸。朱元璋和徐达等人指挥大军乘胜进攻，一鼓作气攻占太平城。

元军并不死心，弃城而走的蛮子海牙从水路以战船封锁采石；陆路由陈野先率地主武装"义军"数万人直扑太平城。

朱元璋早有防范。他派徐达、邓愈两人各率一支精锐骑兵埋伏于城南山中。陈野先仗着人马众多，亲自督促"义军"拼命攻城。就在城上城下攻守双方打得不可开交的时候，南山中的两支伏兵奔袭而来，徐达、邓愈二马当先，从背后杀入"义军"阵中。陈野先腹背受敌，惊惧失措，慌忙领军夺路而逃，结果被邓愈活捉。水路元军得知陆路

"义军"失利，只好溯江而下直奔集庆。

太平城转危为安。接着，徐达又带领数千人马。出太平向东攻占了溧阳、溧水，从南面对集庆形成包抄之势。1536 年（元至正十六年）三月，朱元璋会合水陆诸军，攻取了集庆城。元朝守将福寿战败身死，军民共计 50 余万人投降了朱元璋。

朱元璋取得集庆后，改名为应天府。这时，朱元璋刚刚有了稍许活动的基地，周围是元军或其他起义军，处于四面邻敌的状况。于是，他从长远考虑，决定以应天为中心，先给自己营建一块根据地，而后再作远图。

应天东面的镇江，由元将定定在那里坐镇。如果镇江落到割据东吴的张士诚手中，就会对应天构成威胁。因此，朱元璋在应天停留了没几天，即命徐达统兵进攻镇江。在出兵时，为了严明军纪，朱元璋与徐达商量演了一场"苦肉计"：他故意找徐达的过错，然后装作很生气要从重处治。经李善长等人再三求情，才准予戴罪出征，立功免罪。

徐达被任命为大将军。大军出发时，朱元璋再三告诫道："我自起兵以来，从不妄杀无辜。你要体谅我的心意，严格约束部下，攻取镇江后，不许烧杀掳掠。若有违犯者，定依军法处置。"

徐达顿首领命，率军浮江东下，先占领了镇江。军中号令严明，百姓称道。然后又分兵攻取金坛、丹阳等县。朱元璋任命他为统军元帅，驻守镇江。

此时，张士诚已占据常州，派水军来攻镇江。徐达在龙潭大败元军，急派信使请求朱元璋派兵进围常州，用来牵制敌军，朱元璋派 3 万大军增援徐达。张士诚也派遣兵将驰援常州。

徐达考虑到敌方援军来势凶猛，不宜强取，便在常州城外 18 里设下两支伏兵，又派大将王均用为奇兵，然后亲自督军迎敌。张士诚的援军首遭徐达重创，又受王均用侧翼横冲，这时，两支伏兵齐发，敌军四散逃去。徐达擒获敌方两员大将，乘胜挥兵包围常州。

常州被围既久，城内粮草缺乏，人心涣散。徐达与汤和督军猛攻，终于在次年三月攻克了常州。朱元璋将常州改路为府，设立长春枢密院，任命徐达金枢密院事，汤和为枢密院同金，共同领兵镇守。

四月，徐达又与常遇春等将在朱元璋亲自指挥下，进占了宁国。七月，徐达派前锋将赵德胜攻常熟，活捉张士诚的弟弟张士德。张士德有勇有谋，为张士诚攻取了浙西大片地盘，他被俘后绝食而死，使张士诚非常痛心。

1358 年十月，徐达与邵荣等人联兵夺取了宜兴。这样一来，朱元璋相继攻占了应天周围的许多城池，在东面挡住了张士诚西犯的门路；在西面对徐寿辉采取以守为攻的战略。

1360 年五月，徐寿辉被部下陈友谅杀害。陈友谅自称皇帝，国号汉。他占有江西、湖广大片地盘，是起义军各部中力量最强、最有雄心的人。他派使者与张士诚相约，东西夹攻朱元璋，然后统率大军沿江东下，进逼应天。

朱元璋命诸将分头埋伏于应天城内外各险要地点，而后派陈友谅的熟人康茂才假装投降，诱使陈友谅进入埋伏圈中。伏兵四起之后，陈友谅情知中计，但已来不及后退了。此时，徐达伏兵于南门外，看见朱元璋黄旗挥动，随即带兵杀出。这一战击溃陈友谅的主力，生俘7000 余人，缴获几百艘战船。

陈友谅乘船逃脱，奔还江州（今江西九江）。

徐达乘胜率兵收复太平，几路兵马会合，攻克安庆。

正当朱、陈两军在江南交战的同时，江北的红巾军受到重创，情况紧急。1363 年，投降元朝的张士诚围攻安丰（今安徽寿县），刘福通派人向朱元璋求援。如果安丰失陷，应天就显得很孤立了。于是，朱元璋带领徐达等将渡江北上救援刘福通。

就在这时，陈友谅乘机发兵 60 万，大举进攻，首先包围洪都（今江西南昌）。朱元璋的侄儿朱文正率军拼死抵抗，等待援兵。

七月，朱元璋亲率大军至鄱阳湖，与陈友谅决战。开战第一天，徐达冲锋在前，率部下打散敌军前锋部队，杀敌 1500 余人，缴获一艘大船。俞通海等将发起火攻，烧掉敌船 20 余艘。不料徐达战船着火，敌军乘势反攻。徐达一马当先，带头扑灭大火，奋勇杀敌，与朱元璋派来的援兵一起杀退敌军。

两军于湖上不分上下。朱元璋担心张士诚乘虚进犯，便命徐达连夜回应天负责守备。徐达在应天修城备粮，整顿士卒，警戒防守，使朱元璋得以一心对敌。

鄱阳湖一战相持一月有余，朱元璋依靠火攻终于大胜敌军。陈友谅在激战之中被飞箭射死，主帅一失，全军溃退回武昌。

1364 年（元至正二十四年）正月，朱元璋在应天自立为吴王，设置百官，建中书省，以李善长为右相国，徐达为左相国，常遇春、俞通海为平章政事。

朱元璋从起兵以来，部下将帅中有三个得力助手，第一位就是徐达，另两人是常遇春、邵荣。

奉命北伐，势如破竹

攻灭张士诚后，朱元璋派朱亮祖、汤和等人率军前去讨伐浙东的方国珍，短短的 3 个月，便削平了这个称雄浙东 20 年的割据者。与此同时，朱元璋决定了北伐灭元大计。

这时朱元璋的势力范围，大体包括今湖北、湖南、江西、安徽、浙江、河南东南部，包括汉水下游和长江上游，在全国是土地肥沃、物产丰富、人口众多、最为繁荣富庶的地区。

朱元璋召集文武大臣商议北伐方略，他对徐达等人说："中原战乱不休，人民饱受离散之苦，蒙元气数已尽，现在出师北伐，可令其迅速灭亡，拯救百姓于水火。北伐事关重大，大家看，我们怎样才能消灭蒙元？"

常遇春回答道："现在南方已经平定，气势正盛，以我百战精锐之师直捣元都城，必胜无疑。一旦都城攻克，分兵扫荡各地，其势如同利刃破竹，可一举而下。"

朱元璋道："元朝建都百年，城防守备必然很严。如果我们孤军深入，不能立即取胜，相持于坚城之下，且粮草不继，而元朝的兵马又四面赶到，则我军进退两难，我们如何应付得了！我想还是先取山东，摧毁大都的屏障；再挥师下河南，剪断其羽翼；然后进入潼关，占领其门户，将天下形势的主动权握于我们手中。这时再进围大都，已经是一座孤城了，自然不战可取了。大都攻克后，我们乘胜向西，云中、九原、关陇地区，皆可席卷而得。"

朱元璋制定了稳扎稳打、逐步推进的北伐战略之后，便考虑统领大军的人选。朝中名将以徐达、常遇春两人最为朱元璋赏识。常遇春剽悍勇猛，敢于深入敌境，但有时难免滥加杀戮。徐达用兵持重，长于谋略而且处事谨慎，每每攻克城邑，军纪严明，禁绝兵士扰民，俘获敌方壮士，能以恩义相结，收为己用。

1367年十月，朱元璋任命徐达为征虏大将军，常遇春为副将军，率25万大军，向北进攻中原。行前，朱元璋又当面告谕众将："大军出征是奉上天之命，讨平祸乱，因而命将出征，重在选人得当。治军严明，战胜强敌而攻取城池，具有统帅才能的，莫如大将军徐达。勇猛无比，敢当百万之众，冲锋陷阵所向披靡的，莫如副将军常遇春。我不担心常遇春打不了硬仗，只担心他会轻敌。身为大将而好与小将争胜，这是我最担心的。这次出师北伐，如遇大敌，以遇春为先锋，与冯胜分为左右两翼，各率精锐冲击向前。薛显、傅友德都是勇冠三军，可各领一支人马，独当一面。大将军徐达专门主持中军，责任是运筹决胜，策励诸将，切不可经举妄动。"

徐达统率北伐大军浩浩荡荡从淮安出发，先进入山东，配合北伐主力的偏师，由征戎将军邓愈统率，从襄阳北略南阳，以分散元朝兵力。北伐军所过之处，便张布"驱逐胡虏，恢复中华"的讨元檄文，告谕官吏和民众。讨元檄文起了很好的组织、调动作用，许多州县纷纷投降，北伐军进展顺利。

十一月，徐达指挥大军攻克沂州（今山东临沂），然后按照朱元璋的指示，命部将韩政扼守黄河天险，张兴祖攻东平、济宁，自己亲率大军攻克益都。十二月，大军抵达济南，元将达多尔济（朵儿只）开城投降。徐达命陈胜镇守济南，自己复还益都，进攻登州（今山东蓬莱）、莱州（今山东莱州）。北伐军从誓师出征起，历经三个月，山东基本被平定。徐达将山东诸州县的土地甲兵账册图籍等一并上奏朱元璋。

在北伐军连连攻取山东州县的胜利声中，1368年正月初四，朱元璋在应天登基称帝，改国号为明，年号洪武。新朝建立，自然要封赏功臣，设置百官。朱元璋任命的左、右丞相，一个是李善长，一个是徐达。朱元璋立长子朱标为皇太子，李善长兼任太子少师，徐达兼任太子少傅。

二月，明北伐军沿黄河西进直入河南境内，接连攻克了永城、归德、许州（今许昌），直逼陈桥，元汴梁（今开封）守将左君弼出城投降。徐达留都督金事陈德守汴梁，统率大军奔向河南（今洛阳）。

四月，明北伐大军自虎牢关抵达塔儿湾（今河南偃师境内），元将脱音特木尔统5万大军列阵于洛水北岸。副将军常遇春单骑先闯敌阵，射杀敌前锋一人，纵马大呼杀向敌阵，徐达指挥大军继后，以迅猛之势全线冲击，元军大溃。脱音特木尔逃往陕州，明军乘胜追击50余里，外围之战大获全胜。明大军扎营于洛阳北门外，元守将李克彝弃城而逃，梁王阿抢万般无奈之下出城投降。

明军继续西进，攻克陕州（今河南陕县），直逼天险潼关。元守将李思齐、张思道闻明大军将至，惊慌失措地丢甲弃兵奔向凤翔。明军先锋都督同知冯宗异引兵进入潼关，向西直至华州（今陕西华州）。

至此，明北伐大军已先后占领了山东、河南的大部分地区，又据潼关堵住关中元军东下出路，对元大都形成了月牙形的包围态势。五月，朱元璋驾幸汴梁，召集众将领，厚加慰劳，同时商讨下一步的进军方案。

朱元璋询问新的战略部署，徐达道："自我大军平定山东、河南以来，元军统帅扩廓帖木儿在太原观望不进，如今潼关已在我军掌握之中，张思道、李思齐失势向西逃窜，元大都的声势已绝，若我军乘胜直捣其城，可不战而得之。"

朱元璋看看地图道："这个建议很好。不过，北方土地平旷，利于骑兵作战。你应当挑选部将领兵作为先锋，然后督水陆大军继其后，用山东粮食为军饷。大都失去外援，城内人心自然大乱，必定会被我大军攻克。"

徐达又向朱元璋请示道："如果大都攻克，而元朝君主必逃出关，我军是否穷追不舍？"朱元璋回答："元朝气数已尽，定会自行灭亡，不必烦劳我军穷追。一旦元朝君主逃出塞外，我军只要固守边关疆土，防备他们夺取就可以了。"

七月，朱元璋返回应天，他临行前一再告谕徐达等人："中原人民，苦于战争已经很久了，朕命你们北伐，就是为了解救人民。诸位将军攻克城镇，切勿抢掠，切勿焚烧，一定要公买公卖，让百姓各安其生。"

徐达、常遇春率诸将会于河阴（今河南荥阳），然后分兵进入河北。闰七月，徐达于临清召集诸将，部署具体进军方略，命傅友德开辟陆路以通步、骑兵，都督副使顾时负责疏通河道以通水军。

明北伐军沿运河推进，常遇春首先攻陷德州，接连又攻占了长芦（今河北沧州）、直沽（今天津）。镇守天津的元丞相也速从海口望风而逃，大都震动，人心大乱。

明军进至河西务（今河北武清东北），大败元军，生俘300余人，乘胜推进到通州（今北京通州），又趁着大雾天气，伏击元守军，守将布颜特穆力战身死。

通州失守的消息传到大都皇宫之中后，元顺帝惊慌失措，集合后妃、太子说道："今日岂能重蹈北宋徽宗和钦宗亡国被俘的覆辙！"他不顾臣下的劝谏，只顾保住身家性命，于闰七月二十七日深夜，带着后妃、太子从建德门狼狈出逃，经居庸关北走至上都开平（今内蒙古多伦西北）。

八月二日，徐达率军进至大都齐化门，士兵填平城下的壕沟，攻进城中。徐达登上齐化门城楼，兵士将元顺帝留下守城的淮王、左右丞相等人押到。这些人宁死不降，被徐达下令处死。其余的元朝大臣将士都以性命为重，愿意归顺明朝，大都得到宽待，无一人被滥杀。徐达下令查封城中的府库图籍宝物，派指挥张胜带 1000 兵士守卫皇宫。同时严令所有将士，禁止扰民。由于朱元璋早有告诫，以及徐达严厉约束，北伐军纪律严明。大都城中官吏人民生活安定，一如平时，街市上的店铺买卖营业也照常进行。

攻取大都，蒙元王朝至此结束。徐达即刻遣使向应天献捷，又命傅友德、华云龙负责整修城垣。朱元璋接到胜利的消息后，宣布大赦天下；下令改大都为北平府，由孙兴祖、华云龙驻守；诏命徐达、常遇春、汤和、冯宗异等人率大军攻取山西、陕西等地，清扫元朝的残余势力。

镇边守疆，打击边患

大都攻克，元朝灭亡。但元顺帝逃至上都，仍然保持着自己的一股残余势力，元军的力量仍然不能掉以轻心，西北地区尚在元残余势力的控制之下。

1368 年（明朝洪武元年）九月，徐达指挥的西征大军，以常遇春为先锋，从河北翻越太行山进入山西南部，占领泽州（今山西晋城），元守将贺宗哲闻风而逃，明军又进克潞州（今山西长治）。

据守太原的扩廓帖木儿（原名王保保）派兵南下来争夺泽州。明将杨璟奉命援救，与元兵中途遭遇，大败而归。扩廓帖木儿又企图乘北平空虚，兵出雁门关去偷袭。徐达闻此情报后，对诸将道："王保保主力远离，则太原守备必定空虚。北平我军有六卫3万兵马，有孙兴祖将军统率，足以抗击来犯之敌。现在我军乘其不备，直捣太原，使其进退两难。这在兵法上称为'批亢捣虚'之策。如果王保保回军来救太原，必定为我擒获。"

徐达挥兵直奔太原而来，扩廓帖木儿在进军北平的途中闻报后，急速回军来救。十二月，元军前锋骑兵突然出现于太原城外。傅友德、薛显率领数十名精锐骑兵，打散来敌。常遇春向徐达建议道："我军骑兵虽已集结，但步兵未至，骤然与敌交战，必定会多有损失。如果夜晚偷袭敌营，肯定成功。"徐达听后非常赞同。

恰逢扩廓帖木儿的部将豁鼻马暗中派人前来请降，并愿为内应。徐达便挑选了数十名精骑乘夜埋伏于城外，约定举火为号，里外呼应。半夜时分，明军举火鸣炮，内外兵马一齐冲入敌营。还在酣睡的元军被鼓噪呐喊之声惊醒，不知真相，大吃一惊，乱作一团，不战而溃。扩廓帖木儿正在营帐中读兵书，仓皇之间也不知出了什么事，一只鞋还没穿好，就骑了一匹抓到手的瘦马，带着18名骑兵逃向大同。元军4万余人马在豁鼻马带领下向徐达投降。

常遇春率轻骑兵将扩廓帖木儿追到忻州，扩廓不敢在山西停留，又逃奔甘肃。明军乘胜北进，又收取大同，攻占了其余州县，山西全境已成为明军的势力范围。

1369年（洪武二年）三月，常遇春、冯胜领军先行渡过黄河，进攻陕西，徐达殿后。元将李思齐据守凤翔，遣将分守关中要地。明大军入关中，先锋将郭兴领轻骑直冲奉元（今西安）而去，元守将弃城不战而逃。泾渭父老千余人于道旁迎候徐达，徐达先派部将入城安抚百姓，然后整军入城。明军占领奉元后，改名为西安府。

当时关中正闹饥荒，徐达上奏灾情，朱元璋下令开仓赈济。守将耿炳文负责整修水渠，以利百姓农耕。

徐达统兵攻取凤翔后，召集诸将，商讨下一步的方略。此时李思齐已逃往临洮，张思道逃往庆阳。众将认为张思道兵弱易攻，可经由郴州先取庆阳，然后越过陇州取临洮。徐达却说："庆阳城坚兵精，不易攻取。而临洮北界黄河与湟水，西通羌戎之地，先攻取临洮，有助于增加兵力，有物产以供军用。我军大兵压境，李思齐如果不再向西逃跑，就会束手被擒。一旦临洮攻下，其他州县也就唾手可得。"

明军移师西向，连克陇州（今陕西陇县）、秦州（今甘肃天水）、巩昌（今甘肃陇西），副将军冯胜率军进攻临洮，李思齐走投无路，举城投降。

另一路由顾时所率明军攻克兰州。五月，徐达攻取平凉。张思道闻听明军已克临洮，吓得直奔宁夏，结果被扩廓帖木儿扣押。张思道之弟张良臣听说其兄被执，心中畏惧，遂向徐达乞降。但不久，张良臣又复叛变，偷袭明军营寨，明将张焕被俘，薛显受伤后逃走。

得知张良臣复叛，冯胜、傅友德、汤和等人急忙率军赴援。徐达分遣诸将截断张良臣与其外围党羽的联系，自己率军将庆阳四面包围起来。张良臣恃勇出城挑战，都被徐达挥军击败。围困3个月后，庆阳城内粮草缺乏，人心涣散。张良臣的部将开门出降，徐达领兵自北门入城。张良臣父子投井欲自杀，被明军捞起处死。这样，庆阳总算被围攻下来，明军得以进一步控制陕甘地区。

明军平定陕西，朱元璋诏命徐达班师，赏赐给他大量的白银和绢帛。正当朱元璋要对北伐将领论功行赏时，西北地区战事急报频传。扩廓帖木儿闻知明军班师，便率兵围攻兰州，情况危急。

1370年（洪武三年）正月，为了清除元兵残余力量，安定西北，徐达再次受命为征北大将军，李文忠代替已经病故的常遇春为副将军。出征前朱元璋召集各位将领会商大计：扩廓帖木儿之所以屡屡侵犯边疆，是因为其君主还在。如果派兵直取元君主，扩廓帖木儿失势，可不战自溃。但眼前扩廓帖木儿正在围攻兰州，舍其而远征大漠，是舍近趋远，不辨缓急。于是，朱元璋派定兵分两路，徐达出潼关直捣定西，打击扩廓帖木儿。李文忠出居庸关，深入塞北打击元顺帝。这样，可使他们彼此为战，无暇相互救援。元顺帝远在塞外，不会想到我军来袭击，可以乘他不备一举攻破。如此部署，可一举两得。

四月，徐达西路军经潼关直指定西。扩廓帖木儿自兰州撤围，两军在沈儿峪扎营对垒，一天接战数次。扩廓帖木儿派出千余名骑兵，抄小路袭击明军的东南营寨。明将胡德济没有防备，士卒溃散。徐达急忙率军援救，击退元军，才得以安定下来。徐达下令处斩了几名严重失职的将校，并将胡德济押往京城，交由朱元璋处置。

第二天，两军会合决战。明军一鼓作气杀入敌营，大破元军，俘获了元朝的宗室亲王、国公、平章等官员1800余人，士卒8万人，战马1.5万匹。这一场数十万兵马的空前大战，扩廓帖木儿的主力军大伤元气，他带着妻子等几个人狼狈逃命，抓着水上的漂浮木渡过黄河，逃向和林（今蒙古国哈尔和林）。明将郭英一直将扩廓帖木儿追到宁夏。徐达取得定西大胜后，凯旋而归西安。

东路大军由李文忠指挥，进至应昌（今内蒙古达里诺尔西南），这个时候元顺帝已死，继位的皇太子爱猷识里达腊听闻逃往和林，明军一路追赶，俘获了元顺帝的孙子、后妃、诸王将相等数百余人，经明军东、西两路打击，元朝残余的力量，已是残兵败将，不足为患了。

十一月，徐达、李文忠凯旋回到京城，朱元璋亲自到龙江迎接。大行封赏，徐达改封为魏国公。朱元璋体恤徐达等功臣连年征战，冲锋陷阵，风餐露宿，功不可没，特下诏优待可以三日或五日上朝一次。

1371年（洪武四年）春天，朱元璋派徐达镇守北平。徐达到任后训练士卒，修缮城池，迁移军民以备边虞，并督促垦田生产。

1372（洪武五年），朱元璋想彻底清除北方边患，又发大军出征。徐达仍为征虏大将军，出雁门关攻击和林为中路；李文忠为左副将军出应昌为东路；冯胜为征西将军进兵甘肃为西路。三路各5万大军，分道并进。

徐达率中路军入山西，派都督蓝玉为先锋，出雁门关，先于野马川击败元军前哨骑兵，随后又于土剌河打败扩廓贴木儿。五月，徐达率领明军抵达岭北。这时，从土剌河败逃的扩廓帖木儿，与贺宗哲合兵一起，拼死抵抗。结果，明军大败，损失惨重。徐达收拢将士扎营固守，才得以摆脱困境。朱元璋以徐达功勋卓著，对这次兵败并没有惩责。其余东、西两路明军，只有冯胜进兵至西凉，一路告捷。

朱元璋的重要谋臣刘基曾提醒说："扩廓帖木儿，这个人是真正的将才，不可掉以轻心。"早在大都被攻破之前，朱元璋曾多次写信派人劝扩廓帖木儿投降。元顺帝逃往塞外后，朱元璋又派人劝扩廓帖木儿投降，甚至册封扩廓帖木儿的妹妹为第二子秦王的妃子。最后派降将李思齐前去劝说，见面时扩廓帖木儿以礼款待，辞回时还派骑兵送到双方交界地。李思齐正想回去，骑士说道："奉总兵之命，请留下一件东西作纪念。"李思齐说："我因公差远道而来，无什么东西回赠。"骑士便明说道："我要你一只手臂。"李思齐心知不可避免，只好砍下一只手臂，回来后不久便死了。由此之后，朱元璋心中敬佩扩廓帖木儿忠于其主。有一次诸将会集，朱元璋问道："天下的奇男子数谁？"诸将都说："常遇春率领万人，就可以杀得敌人丢盔弃甲，是真正的奇男子。"朱元璋笑着说道："常遇春确实是人中豪杰，但他早就是我的臣下了。我不能

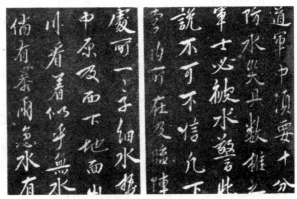

朱元璋手书军令

收伏王保保为臣，是一件大憾事，他才是真正的奇男子呀！"

洪武六年，扩廓帖木儿率兵南下，进攻雁门关。朱元璋命令守边将领严加防御，不可草率出击。这一年，徐达留守北平，尽心整顿边备。十一月，元军进犯大同，被徐达击退。1375 年（洪武八年），扩廓帖木儿死后，元朝残余势力对明边疆的进犯虽有所减弱，但边患问题并没有彻底解除。洪武十四年，徐达率军出塞，一直进至黄河最北端，大破元兵，擒获平章、太史等官员，凯旋而归。

徐达从洪武四年受命镇守北平，此后 10 多年间，数次率兵出塞，使元朝的残余势力不敢轻易南下，将其限制在长城以北。10 多年中，徐达每年春天奉命赴北平，冬暮又奉命回京，不辞辛劳，有效地保卫

了大明的北方边界。朱元璋由衷称誉徐达是"万里长城"。

居功至伟，身死成谜

　　1369年（洪武二年）春正月，朱元璋下诏建立功臣庙，并亲自确定功臣的位次，以徐达为第一，下面依次是常遇春、李文忠、邓愈、汤和、沐英、胡大海、冯国用等人。功臣庙建在应天（今南京）城西七里的鸡鸣山下，将列入名次的功臣，雕成塑像立于庙中。

　　大封功臣是朱元璋巩固朱明王朝的重要措施之一。被封公封侯的功臣，绝大多数都是在战争中屡立大功的将军。这些将军都是出身贫寒，他们都亲身经历了元朝统治者的残暴压迫和剥削，怀着反抗奴役和建立功名的强烈愿望，投奔到红巾起义军队伍中。徐达就是其中的杰出人物。但徐达能够成为朱明王朝的第一开国功臣，并不只是因为他是朱元璋的老乡、少年时代的好伙伴。

　　徐达出身于世代务农的家庭，小时候与朱元璋一起给地主放过牛，自然没有条件和机会进学堂学习。史书上称徐达少年时代便怀有大志。成人后性格刚毅，勇敢无畏。自从跟随朱元璋投军后，徐达很快就显示出杰出的军事才能，并深得朱元璋信任。他在连年征战的环境中，虚心学习，向人求教，逐渐阅读熟悉了兵书，为以后展示他的军事才华奠定了基础。每当临敌作战时，徐达总是与部将一起分析形势，制定作战方案，他的计谋往往高人一筹，令部将信服。当明王朝建立，生活相对安定后，徐达仍然不耻下问，经常请儒士给他讲解古书。虚怀若谷，汇纳百川，徐达以这种谦逊进取的态度，在几十年的戎马征战中，展现了长于谋略、料敌如神、指挥若定、所向必胜的军事才能，从一个普通的农家子弟，成长为能统率百万大军、战功赫赫的杰出将领。他所走过的是一条艰苦卓绝、千锤百炼的战斗历程。

治军严厉，是古今中外所有著名将帅共同特征之一。没有严明纪律的军队，做不到令行禁止，也就不会有坚强的战斗力。军纪松弛的队伍必然会发生骚扰百姓的不良现象，从而会失去民众的支持。元朝末年，官军极端腐败，毫无纪律可言，所到之处，烧杀抢掠无恶不作。当年郭子兴在濠州起义后，元将彻里木花奉命镇压，但他慑于起义军的声势，在离城30里之外扎营，他不敢与起义军交战，便派士兵四出，骚扰乡村，看见成年男子就抓起来，然后给头上包块红布，充作俘获的"红巾军"，用来谎报战功邀赏。

朱元璋为了实现他的雄伟计划，特别注重军纪。发兵攻取镇江时，朱元璋为严明军纪而让徐达当众受辱演出"苦肉计"的事，前面已经谈到。徐达自带兵以来，始终号令明肃，所到之处，百姓无扰。每当攻取一个新的城镇，徐达都要重申军令，严厉禁止烧杀抢掠的行为。凡是违反军令的，立即以军法处治，斩首示众。在消灭陈友谅的一次战役中，徐达与常遇春一同伏击敌军，斩首万人，生俘三千。常遇春要杀掉俘虏，他说："这是我们的死敌，不杀就会留下后患。"徐达一面制止常遇春的蛮横做法，一面急速派人报告朱元璋。但常遇春还是乘夜活埋了一半俘虏。朱元璋知道后非常愤怒，下令将剩余俘虏全部释放。从此之后，大军出征，朱元璋总是任命徐达担任统帅，约束众将。

徐达率北伐大军攻克元大都后，马上派兵守卫皇宫大门，并让宦官负责看护宫女、妃嫔、公主，申明军纪，严禁入宫侵犯骚扰。朱元璋曾对文武大臣说过："治军持重，纪律严明，攻无不克，战无不胜，深得为将之体者，莫如徐达。"

徐达不仅严于治军，而且严于律己。在元朝的官军将领包括一些农民起义军的头目中，很多都是一旦身居高位，就私欲膨胀，为所欲为，打了胜仗就拼命地抢占金银财宝、美女奴仆，隐匿战利品而不上缴。徐达总是始终如一地严格约束自己，不贪不暴。徐达为人处事，言语稳重，深思熟虑。带兵出征时，令出不二，部将皆小心谨慎，不敢违令。徐达善于团结部将，体恤士卒，与他们同甘共苦。将士们对徐达既尊敬又感激，都愿意听从他的指挥，打仗都奋勇杀敌，不畏牺牲，因而所向披靡，一路告捷。徐达驰骋沙场几十年，先后攻克都城两座、省会三座，州县城镇数以百计。一路所经，百姓安然而不受兵害。

战功卓著而谦虚谨慎，是徐达的又一特点。历朝历代，因居功自傲而被贬官流放，甚至杀头灭门的文武大臣，屡见不鲜。在朱明王朝的创建过程中，徐达开辟江汉流域，扫清淮楚之地，攻取浙西，席卷中原，声势威名直达塞外，先后降伏王公俘获将领，不计其数。但他不因功自傲，在皇帝面前尤其恭敬谨慎。朱元璋经常召见徐达，设宴欢饮，每每以"布衣兄弟"相称，而徐达总是谦虚谨慎，小心应对，不越君臣之尊卑秩序。

自从洪武四年徐达奉命镇守北平，常常是春天离京赴任，冬季回朝立即缴还将印。按照朝廷的礼仪制度，徐达封爵国公，官至丞相，外出时备有相当规模的威赫仪卫。但他时常乘着普通的车马出门，回到家中也是过着俭朴的生活，从不奢侈浪费、歌舞宴欢以夸耀自己的显达高贵。朱元璋曾对徐达说："大将军征战几十年，劳苦功高，从未安宁地休息过。我把过去住过的旧宅院赐给你，你可以安享天伦之乐。"朱元璋所说的旧宅院，就是他称吴王时的王府。徐达坚决推辞，不肯接受。有一天，朱元璋带徐达来到旧吴王府，设计将他灌醉，然后把他抬到床上，蒙上被子，想用这种办法强迫他接受赏赐。徐达酒醒之后，惊慌失措，急忙下床伏地向朱元璋连称"死罪，死罪!"朱元璋见徐达如此谦恭，心中非常高兴，也不再硬逼他接受旧王府。随后，朱元璋下令为徐达另建了一座上等宅院，并在门前立碑，刻了"大功坊"三个字。

徐达一生深得朱元璋的信任和重用，除了他谦虚谨慎，战功卓著外，尤为重要的一点是忠诚正直，爱憎分明，不结党营私。封建时代道德的两大基准是忠、孝。而封建君臣之间的关系，对臣下来说，最重要的就是忠诚。朱元璋曾在朝堂上当着群臣的面称赞徐达："受命率军出征，取得胜利凯旋归来，一贯不骄不傲，女色无所爱，财宝无所取，公正无私，像日月行天一样光明磊落，大将军就是这样的人啊!"

徐达在朝中功高位显，深得皇帝信任，自然便有人想攀高枝，希图利用他的声望影响谋取私利。丞相胡惟庸曾想与徐达拉拢关系，结为好友。但徐达看不起胡惟庸的品行作为，没有理会。

胡惟庸是定远人，是朱元璋在和州时的属官。他与丞相李善长是亲戚关系，因而得到李善长在朱元璋面前大力推荐，于 1370 年（洪武三年）升任中书省参知政事，1374 年（洪武六年）再升右丞相。由于得到皇帝信任，胡惟庸的权势随之上升。他仗着自己是皇帝的淮西老乡，又有李善长为首的元老重臣的极力保荐，擅权专断，飞扬跋扈，朝廷上有关人命生死和官员升降等重大事项，经常自行处置，视皇帝命令如儿戏。他还私拆臣民奏章，将对自己不利的扣压不报。他广收贿赂，结纳党羽，门下的故旧僚友结成一个盘根错节的小集团。胡惟庸的权势一手遮天，对于敢触犯他的人，千方百计排挤陷害必置于死地。大臣刘基曾对朱元璋说过胡惟庸不宜担任丞相之职，胡惟庸因此记恨他寻机报复，后来借刘基生病之机，将其毒死。

当胡惟庸希望与徐达结交通好而遭冷落后，他便企图收买徐达的看门人福寿，想让福寿捏造罪名陷害徐达。但福寿忠于其主，不吃那一套，向徐达报告了胡惟庸的丑恶行径。此后，徐达多次向朱元璋进言说胡惟庸为人奸恶，品行不端，不适合再担任丞相。由于胡惟庸贪权骄纵，结党营私，使朱元璋不仅感到皇权旁落，还感到他有谋反的可能。1380 年（洪武十三年），朱元璋以擅权枉法和谋反罪名杀掉了胡惟庸。这时，朱元璋想到了徐达的上谏，对徐达的忠耿之心更加器重。

1385 年（洪武十八年）二月，徐达病逝于南京，享年 54 岁。朱元璋为徐达辍朝以表哀悼，并亲临灵堂祭奠，伤心欲绝。朱元璋下诏追封徐达为中山王，谥号"武宁"，赠其三代皆封王爵，赐葬于钟山之北，徐达墓的碑文也是由朱元璋亲自写的，称赞其为"开国功臣第一"。

关于徐达之死，另一种传说是被朱元璋害死的。朱元璋从起兵到称帝以后，一直是以威猛严厉治军治国的。登上皇帝座位后，朱元璋想的头等大事就是江山永固，他的子孙后代永远做皇帝。所以，他对当年立过汗马功劳、出生入死为他打江山的功臣特别猜忌，担心他们哪一天会谋反夺权。另外，太子朱标性情仁善宽和，朱元璋怕他将来驾驭不了功劳卓著的元老重臣，于是下定狠心，大开杀戒，滥加株连。前面说到杀胡惟庸一案和后来杀大将军蓝玉一案，就牵连而杀掉了几万人。史书上称，朱元璋当皇帝后"无几时不变之法，无一日无过之人"。为了他的独裁统治和江山永固，他杀功臣杀红了眼，因而后人翻阅明初史书，这一段杀戮历历在目。

有关徐达被害身死的经过，史书上记载：徐达在北平身患背疽，这是一种恶疮，很难治好。朱元璋派徐达的长子徐辉祖带着书信前往北平看望，不久又召徐达回南京疗养。有一天，宫中内侍给徐达送来皇帝赏赐的食盒。徐达从病床上挣扎起来磕头谢恩，然后打开食盒，一只蒸鹅呈现在眼前，据说患背疽最忌吃蒸鹅。但君命难违，徐达最后流着泪当着内侍的面吃下了蒸鹅，不几日便死去了。但也有的史书作了考证，认为"赐食蒸鹅"是野史中歪曲事实真相，有意贬斥明太祖的。

徐达有四子三女。长子徐辉祖才华横溢，徐达死后，继承爵位。三个女儿，长女嫁给朱元璋的儿子燕王朱棣为妃，后来燕王夺权称帝，徐妃被册立为皇后。其余两个女儿，也都嫁给了朱元璋的儿子，一个是代王朱桂的妃子，一个是安王朱楹的妃子。

第 九 章

阵演鸳鸯
——抗倭英雄戚继光

　　戚继光，字元敬，号南塘，晚号孟诸，山东登州人。明代抗倭名将，中国历史上杰出的军事家，伟大的民族英雄。戚继光一生供职嘉靖、隆庆、万历三朝，史称"三朝虎臣"。其或在东南沿海扫灭倭寇，廓清海疆；或在北方练兵御边，使蓟门安然。智勇兼备，练兵有方，战功卓著。一生征战四十二年，誉声满华夏，威名震域外，举朝武将无出其右者，被誉为我国"古来少有的一位常胜将军"。

将门世家，心怀伟志

　　明代嘉靖七年（1582）闰十月初一，戚继光诞生于山东省的一个将门之家。其父戚景通精通文武，品学兼优，曾在山东、大宁、京师等地历任军职，官至神机营副将。当时的明朝官场盛行贪污贿赂的不正之风，正直的戚景通不愿同流合污，于嘉靖十七年（1538），以奉养老母作为借口，辞官还乡。虽然如此，戚景通仍关心国事，对当时不断重兵犯境的鞑靼人密切注意，他放弃一切俗务，总结自己的军事经验，潜心研究对付鞑靼入侵的作战方法。

　　戚继光出生之时，其父已经56岁了。戚景通老年得子，自然对戚继光十分喜爱，并对戚继光寄予了殷切的期望。戚继光很小的时候，戚景通就常给他讲，武将必须有舍身报国的气节，打起仗来应当有身先士卒的勇猛精神。戚景通这位爱国老将希望儿子将来能继承和发扬自己的事业，所以对戚继光的要求十分严格。

　　当戚景通告老还乡时，祖居的房屋已经有近200年的历史，很是破旧，戚景通打算将其修缮一下。于是，戚家请来了几个工匠，让他们安装四扇镂花门户。当时，戚继光刚刚12岁，工匠们私下里对戚继光说："公子家是世代将门，应该气派一些，就安装12扇镂花吧！"年幼的戚继光非常高兴地向戚景通转告了工匠们的话语。不料，戚景通听后不仅非常不高兴，而且严肃地训斥了戚继光，教育他做人不能贪图虚荣、图富贵、讲排场。戚继光默默地接受了父亲的批评。

　　戚继光13岁时就订了婚，外祖家为了表示对他的祝贺，送他一双十分华贵漂亮的丝鞋。戚继光穿着外祖家送的礼物，心里自然十分高兴。但当戚继光穿着丝鞋走过庭前时，被戚景通看见了，他十分生气地对戚继光说："小孩子穿这么漂亮的丝履干什么！现在想穿丝履，将来就要着锦衣、吃肉食。你父亲为官清白一世，一定不能满足你的要求。你就势必要侵占士卒的粮饷，贪污国家的财产，以满足自己的欲望。"说到这里，戚景通竟然十分伤心，感慨万千地说："你如果这样下去，就难以继承我的事业了！"戚景通虽然后来知道了丝履是儿子外祖家所送，又是他母亲叫继光穿的，但还是将丝履毁裂，不让戚继光从小养成吃喝玩乐的坏习惯。

戚景通不仅竭力制止儿子沾染坏习气，还十分注意把儿子往正路上引导。一次，父亲问继光："儿呀，你长大了想干什么？"戚继光答道："志在读书。"父亲语重心长地告诫继光："读书的目的在于弄清忠孝廉洁四个字。否则就什么用处也没有。"并命令随从把忠孝廉洁四个大字书写在新刷的墙壁上，让戚继光时时引以为戒。从此，戚继光每天看着墙上刷写的忠孝廉洁四个大字，想着父亲这么大岁数还关心国家大事，苦心研究备边方策，决心不再追求享受，以天下大事为己任。他一面学习武艺，一面立志发愤读书，以继承父亲的事业。三年之后，通过戚继光的刻苦努力，博览群书，学业有了长足的进步。15岁时，戚继光就以深通经术闻名于家乡一带。年事已高的戚景通看着儿子的长进，内心自然高兴万分。戚继光的嫡母张氏，一次与戚景通议论家里之事，担心地说："家里日后缺吃少穿怎么办呢？"戚景通十分骄傲地指着戚继光说："这不就是我们家里最大的财富吗？"

戚景通晚年一意致力于有关边事的论著，无心过问家事，弄得家里一贫如洗。一些浅薄的人在背后议论说："孝廉，只知道孝廉，你拿什么东西留给后人啊！"戚景通闻听此语，把年仅16岁的戚继光叫到面前，指着自己花费大量心思写就的大量备边军事论著说："继光呀，你真的为我什么也没留给你而感到遗憾吗？其实我留给你的这些遗产非常宝贵，其价值是不可估量的。你将来把这些遗产贡献给国家，保存于朝廷吧。"戚继光叩头说："父亲大人留给我的遗产如此丰富，儿将来还怕什么盗寇呢？"

当时，戚景通关于抗击鞑靼的各种方略，已写成数百篇了，都还没有上奏朝廷。他一则是想再待一段时间，以便使自己的作战方策考虑得更加周详些；再则大约也想找个机会由戚继光代为奏上。嘉靖二十三年（1544）夏，已经72岁的戚景通身患重病，自知无法治愈。他想趁自己在世，安排好戚继光的前程，便催促继光赶快到京城袭职，并将自己编写的军事方策也带去上奏朝廷。临别时，戚景通握住继光的手，仔细嘱咐说："我留给你的遗产，你一定要小心，不能轻易使用呀！"戚继光肃然回答说："做儿子的当力求光大您老人家所遗的'财富'，哪里敢轻举妄动。"戚继光拜别双亲，北上而去，谁知，这次竟成永别。

嘉靖二十三年八月，戚景通病逝。十月，17岁的戚继光袭职成功，回到家乡，对着亡父的坟头伤心欲绝。他追忆父亲往昔的教诲，决心按照父亲的生前嘱咐，来报答老人家生前对自己的殷切　期望。

戚继光开始担任登州卫指挥佥事。但他做了官，仍然不忘刻苦学习。戚继光年少时由于家境贫寒，无钱雇请家庭教师，便在梁蚧开设的私塾学习。戚继光为官之后，按当时朝廷的规定，就不能再徒步走到私塾去上学了；要到私塾读书就必须准备车辆侍从，这对于戚继光的家庭来说，并不是一件轻松的事情。梁蚧被戚继光当了官仍不废学习的刻苦精神所感动，自愿到戚继光家中教他读书。梁老先生是一位很有学问、品德高尚的学者，在他的悉心指教下，戚继光的文章武略，更加精熟。历史上英贤人物的光辉业绩，是戚继光学习的榜样，使他产生了强烈的报国之心。于是，戚继光在自家堂前的柱子上刻写了一副对联："功名双鬓黑，书剑一身轻"，诗以言志。这副对联表达了戚继光要以自己的文才武略，报效国家建立功业的爱国之心。后来，戚继光又写了一首题为《韬钤深处》的五言律诗：

小筑惭高枕，忧时旧有盟，

呼樽来揖客，挥麈坐谈兵。

云护牙签满，星含宝剑横。

封侯非我意，但愿海波平。

这一首五言律诗，非常明确地表达了青年戚继光为自己所立定的保卫祖国海疆安全的远大志向。

嘉靖二十五年（1546），19岁的戚继光被任命在登州卫管理屯务。这是一个要同银粮打交道的官职，但戚继光为官极为清廉，没有任何贪污贿赂的恶习。他到任以后，竭力整顿屯政，因此屯务为之一清。明朝官员的俸禄甚低，当时戚继光的生活并不宽裕，他对自己经手的钱粮却丝毫不动心。戚继光一次对自己的同僚说，读书人都希望自己能成为圣贤，但必须经得住处境困难时决不沉沦这一关。假如没有这一关，那就人人都可以成为圣贤了。正因为有这一关，有的人能够控制自己的私欲，就成为了君子；另一些人，则任由私欲膨胀而放纵地追求物欲，就成为小人。戚继光还非常感慨地说，做小人是容易的，所以世界上"乱日常多"。

为了防御鞑靼诸部犯边，明朝政府命令河南、山东等地，每年必须派遣军官率领士兵轮番守边。从嘉靖二十七年（1548）戚继光21岁时开始，连续五年，他都被推为中军指挥官，率山东六郡卫所戍卒远守蓟门。春天去秋天回，年轻的戚继光发挥了自己的军事组织才能，锻炼了自己，将自己所率领的军队训练得井然有序，获得了部众的信服。戚继光在"一年三百六十日，多是横戈马上行"的戎马生涯中，激情满怀，高吟着"每经霜露候，报国眼常明"的爱国诗篇，抒发自己胸中的激荡豪情。一次，戚继光率军抵达永平府，经过一个叫太平寨的地方，登高遥望，北山古刹，一片青翠。面对眼前一派宁静悠远的幽谧景色，有人劝戚继光访求长生之术。

年轻的戚继光断然拒绝说："我身为武将，当战死杀场。舍身殉国，以鼓舞士兵斗志，怎么能跟人学习长生道术呢？倘若能鞠躬尽瘁，捐躯报国，死而无憾！为国家而死的人是永生的，这就是我等将门的长生之术。"

年轻的戚继光不仅一身浩然正气，而且在作战之余注重研究实事。他调查了蓟门一带的防务状况后，心想：保卫疆土，是武臣的天职。蓟门和都城唇齿相依，战略地位重要，但却缺少精兵，一旦有事，无以应对，应趁现在边境暂时安宁，预先做好应敌准备。戚继光考虑成熟以后，决定把自己的看法写出来。他运笔疾书，文才飞扬，下笔千言，很快写就了《备俺答策》。《备俺答策》写成之后，戚继光便立即上奏朝廷，当政大臣虽没有采纳他的献策，但对他在策文中显示出的军事才能十分欣赏。

嘉靖二十八年（1549）十月，戚继光参加山东乡试，得中武举。第二年秋天，戚继光又赴北京参加会试。戚继光进入北京不久，俺答率大军自古北口攻进密云、顺义、通州等地，兵临北京城郊，京师告急。朝廷调集大同、河南、山东等地兵马火速入援，并命令会试武举也参加守城。戚继光被任命为总旗牌，督防九门。他又向朝廷进献御敌方策，所提十几种措施，都是克敌取胜的切实良法，被兵部采纳后，奏请朝廷刊布出来，供将士使用，用以退敌制胜。这位 23 岁的爱国青年，品德出众，才华横溢，当时已被人们誉为"国士"，由朝廷记录为"将才"。许多朝臣上书推荐戚继光，称赞他"才华出众，骑射兼人"，"韬略素明"，"志向坚定"，可当国家"干城之寄"，希望他为国家建功立业。

抗倭伊始，声名大振

倭寇是日本内战中失败的武士和一些失去生计的人。元末明初，他们驾着海盗船只，不时到中国沿海进行抢掠。当时社会安定，海防巩固，倭患尚未酿成大祸。明朝中期以后，尤其是嘉靖年间，随着政治的腐败，海防的松弛，倭寇劫掠范围扩大到山东、江苏、安徽、浙江、福建、广东等六省，以江苏、浙江、福建、广东沿海最为严重。倭寇还与明朝的海盗结合成巨大的武装集团，一次出动可纠集上百艘战船，分几路攻城掠寨，杀人放火，奸淫掳掠，东南沿海一带人民生命财产遭受着巨大损失。

面对倭寇的横行，戚继光愤慨地赋诗言志："封侯非我愿，但愿海波平"，立志扫平倭寇，保卫海疆。他认真训练士兵，整顿军纪，修复卫所，加固工事。山东的海防日渐巩固，成为倭寇难以逞凶的海上屏障，使倭寇不敢再来这一带骚扰，山东人民免受倭寇之扰。

嘉靖三十四年（1555）秋，朝廷见戚继光御倭有方，把他调到倭患最严重的浙江地区，不久升参将，镇守宁波、绍兴、台州三府，担当起浙东地区剿灭倭寇的重任。嘉靖三十五年（1556）九月，倭寇八百余人侵入龙山所，他率军迎击，但因平时缺乏训练、纪律性很差的明军怯战，纷纷溃退。官不习武艺，不懂兵法；水军战船十存一二，年久失修……要想彻底扫清倭寇，必须建立一支高素质的军队。于是，戚继光上书要求准许他组建训练新军。然而当时只重视了建兵营，加强训练，选兵主要还从浙江卫所兵以及义勇军中挑选。后来，胡宗宪将曹天佑部的3000兵拨归戚继光训练。经过一年半的严格训练，这支队伍看起来军容也还整齐。由于戚继光打仗时身先士卒，指挥有方，加上军令严肃，捷报频传。但是，虽然经过戚继光的严格教育，这支军队的军纪仍然令人担心。戚继光率领这支军队在取得乌牛大捷之后，收兵记功时，一个士兵提着一颗血淋淋的人头前来报功。戚继光见被杀者双目圆瞪，心中正在纳闷之时，另一个士兵看见那颗血淋淋的人头，突然放声痛哭道："这是我的弟弟呀！刚才负伤并未死去，为什么要杀他啊！"还有一个士兵，竟然将一个十五六岁的无辜少年杀死，前来报功。戚继光极为愤怒，把两个冒功者统统杀了，但这类事件屡禁不止。至于因强奸妇女、抢劫百姓而受处罚的士兵，那就更多了。

戚继光为了训练一支纪律严明、作战勇敢的军队，决定从兵员开始进行整顿。这时，戚继光想起了处州义兵，更加想起了愤怒杀倭的浙江义士百姓，他决定从与倭寇有深仇大恨的老百姓中去募兵。嘉靖三十八年（1559）八月，戚继光又一次上书建议募新兵训练，提出自己到浙江义乌募兵。恰好义乌县令赵大河也上书胡宗宪，请招募当地矿徒入伍，胡宗宪便同意戚继光前往义乌募兵，并命令赵大河协助办理这件事。同年九月，戚继光来到义乌招募新兵。开始之时，人们不清楚募兵的意图，不愿前往。戚继光对民众晓以杀倭保国的道理，募兵局面才得以逐渐打开，当地农民才积极参军。戚继光对应募者精心挑选，终于组成了一支由农民、矿工为主的军队，共计3000多人。这3000多人奠定了历史上驰名的戚家军的基础。

到了十一月，戚继光率领队伍回到台州，一边御倭，同时加强训练。首先，戚继光把新挑选的士兵，立即编成队伍，加以统束。以12人为一队，设队长一人。4队为一哨，设哨长一人。4哨为一官，置哨官统领，每官配备鸟铳手一哨。4官为一总，以把总统领。戚继光自将中军，统率全营。戚家军的编制，以队为基本单位。在训练或实战时，每队则按鸳鸯阵的形式排列。鸳鸯阵是戚继光研究了倭寇的进击特点，发挥了他的严格节制和齐力胜敌的军事思想而编练出的一种独特的战斗组合。每队12人，队长居前。次二人执盾牌，一人执长牌，一人执藤牌，前者选年少便捷、手足灵活之人担任，后者选年壮力大且胆量过人者承当。盾牌手另携标枪二支，腰刀一把。再次二人是狼筅手，选年力健大雄伟老成者担当，持狼筅抵御敌人刀枪，保卫盾牌手。再次四人为长枪手，后二人持短兵器，他们是主要的

戚继光像

杀手，所以都挑选精敏有杀气的30岁上下健壮好汉。最后一人为火夫，则以老实有力、武艺稍次而甘为人下者充当。训练之时，强调相互配合，协同作战。士兵入伍以后，即按鸳鸯阵中所定位置一一编好，不得任意改变，违者严罚。每哨、每官、每总也都在军中占有特定的位置，整个军队军纪严明，便于指挥，联成一气，进退犹如一人。

其次，戚继光在训练之中将军中号令放在非常重要的地位。他采取的办法有两种：一是使全军上下必须严格听从号令。戚继光把军中

各种金鼓、号炮、旗帜、锣钹、竹筒、灯笼所代表的号令，向军官和士兵们做了详细清晰的说明，命令他们必须准确掌握。同时，还把各种紧要号令编印成册，散发给士兵学习。识字者自己读，不识字者听别人讲读，人人必须牢牢记住，绝对服从。二是做到心从。其办法是赏罚严明，恩威并施。同时，注重说服教育，启发士兵自觉遵守。戚继光通过这些严明的号令，指挥约束部众，无论驻营、行军、操练、出征，都能做到服从号令，步调统一，使全军俨然是一个整体。

最后是练习武艺。戚继光训练士兵学习武艺的方法，一是要求士兵学习防身杀敌的过硬本事，决不要那些只在官府面前装装样子；二是根据鸳鸯阵的特殊情形，按照士兵的年龄、身材、体质、性格的不同情况，分别授以藤牌、狼筅、长枪、短刀等器械，加以精练，并特别注重实战中的相互配合，协调作战；三是不仅士兵要练武，各级军官，直至主将，都必须学习武艺。戚继光本人的武艺就非常娴熟，尤其是箭法，人称"万夫之雄"。戚继光深有体会地说："军官只有自己武艺精强，平日方可督责士兵认真习武，战时才能身先士卒，才能激发全军的战斗能力。"

素质优良的戚家军步兵，经过戚继光苦力经营，精心操练，不久便成为当时一支行动快捷、战斗力强、军纪严明的劲旅。后来各地的客兵撤离浙江，戚继光所训练的军队便成为浙江前线抗倭的主力。嘉靖三十九年（1560）三月，戚继光前往台州、金华、严州三府等地为参将，驻守地从宁波移至松海。胡宗宪同时委派唐尧臣为台州、金华兵备佥事，兼督海防，协助戚继光。戚继光在松海一带，除继续训练步兵外，又训练了一支强悍的水师。训练有素的戚家军步兵、水师使浙江的海防力量大大增强。

嘉靖四十年（1561）夏，大批的倭寇自浙江宁波、台州、温州沿海登陆，疯狂劫掠，各地都被震动了，台州则是倭寇进攻的核心。四月十九日，倭寇16艘船只经象山从奉化县西凤登岸，开到宁海县的团前。这路倭寇的目的是吸引松门、海门的明军主力，然后乘虚突袭台州。戚继光早就料到倭寇会这么做，但因侵犯宁海的倭寇越聚越多，宁海告急，就命令把总楼楠等率领一支军队前往台州，百户胡守仁等率领一支军队驻扎在海门，协助唐尧臣防守，他自己则率领军队攻打宁海的倭寇。

四月二十三日，有几千名倭寇从周洋港、健跳所等处登岸，往桃渚转移。当天夜里，其中的700多名倭寇突袭戚继光家属所住的新河所，唐尧臣率领军队与楼楠、胡守仁一起，击退了倭寇的进攻，残存的倭寇逃往温州。戚继光率军向北开进，抵达离宁海30里的梁王铺时，宁海的倭寇闻讯逃跑。这时，唐尧臣派人送来了信，告诉戚继光新河倭寇已被击退，但侵犯桃渚的数千倭寇则烧掉船南逃了，打算乘虚袭击台州，已经到达精进寺，形势非常危急。戚继光知道这一情况之后，分兵三路，急忙赶回台州。戚家军走到距离台州城二里路的花街时，就与倭寇相遇了。

倭寇排成一字大阵迎战，戚继光命令前锋炮手，一阵鸟铳射过去，火弹乱飞，倭寇纷纷逃避，戚家军整顿军队，继续前进。这时，一名倭寇首领左手持矛，右手挥刀，前来向明军挑战。戚继光当时就脱下身上穿的银铠甲，说："谁能杀了这个贼寇，我就把这副铠甲送给他，作为奖赏。"壮士朱钰应声而出，冲过去一铳打断了敌人的长矛，又击飞了敌人的战刀，并砍下了他的头颅。接着，又一连劈倒七个倭寇。倭寇急忙命右哨兵冲上来，把总丁邦彦、哨官陈高远率领的戚家军左哨拦住厮杀。倭寇左哨也冲了上来，迎战总官陈大成、哨长王如龙率领的戚家军右哨。戚继光压阵指挥。只见旗帜飘扬，鼓角声声，戚家军正兵与敌交锋，奇兵、伏兵一齐冲杀过来。倭寇打不过，只得故伎重施，把抢到的金银扔到地上，引诱戚家军。哨长楼集看都不看，举刀砍杀，倭寇吓得魂飞魄散，四处奔逃。

戚继光将队伍整顿好，只见敌人一个劲往南逃。他立即明白了敌人的用意，倭寇想吸引明军也随之开出，好让他们再次乘城中空虚袭击台州。于是，戚继光假装向宁海转移，然后乘敌人不注意，再杀回来。当天夜里，戚家军开往桐岸岭，倭寇果然又来侵袭台州，当时台州下了很长时间的雨，城墙多处倾倒、坍塌，加上兵将都不在城中，防守空虚。倭寇收旗息鼓急奔而来，城中居民都在做逃难的打算。四月二十七日清晨，戚继光率领戚家军突然返回台州，正准备支锅烧饭，听说倭寇又到了花街，戚继光立即号召大家消灭敌人，报效国家。将士们虽然饿着肚子，仍然奋勇争先，五战五胜，活捉了两个倭寇首领，杀死308个敌寇，剩下的都淹死在水中，并且救出被俘百姓5000多人。

四月下旬，2000多名倭寇从健跳所的坼头登陆。五月初一，到达台州东北的大田，打算攻打首府城池。这时，戚继光因多处安设防线，身边只有丁邦彦、陈大成两支部队及亲兵共1500人。即将开战的时候，戚继光召开誓师大会，约法三章说："以前打仗的时候，我们是以多胜少，这次是我方人少而敌军人多。希望你们做到三件事：第一，不要乱杀敌寇；第二，不要抢夺敌人的战车、炮弹；第三，不要轻易杀害随从将士。"戚继光还命令军中准备一面白旗，战斗一开始就竖立起来，招纳倭寇中的被逼参战将士投降，可以不杀并送回原籍，借此分化敌军。动员完毕，戚继光便率领军队开往大田。因为下着大雨，没办法开战，双方就各自埋伏好兵将，只等时机一到，相互厮杀。倭寇见明军已有准备，不敢再入侵府城，相持了一天多，便准备趁雨袭击处州。戚继光预料到敌军必然要经过上峰岭，便命令哨官赵记率领他的部下尾随敌人，观察敌军动向。他自己率主力抄近路迅速赶到上峰岭设下埋伏。五月初五，倭寇来到上峰岭下，只见丛林密布，看不到戚家军，就放心过岭。等倭寇快到岭中央时，戚家军火铳突发，冲往山下攻打敌寇。倭寇被杀得落花流水，四散逃窜，掉下山崖摔死的不计其数。剩余敌寇爬下山崖，逃到白水洋，被明军围了好几层，最后被全部歼灭。上峰岭之战，戚家军杀敌344人，活捉头领5人，救出被俘百姓1000多人。第二天，戚家军凯旋而归，台州居民出城20里迎接他们，一时间欢声雷动。

同年九月，戚继光升任都指挥使，又在义乌招兵3000，使戚家军人数达到6000。在戚家军的沉重打击之下，倭寇再也不敢来浙江沿海骚扰，人民的生命财产得到了保证，戚家军的威名传遍四海。

荡涤倭寇，平定海疆

　　倭寇在浙江受到戚家军的沉重打击之后，逐渐向南扩散，使得福建、广东一带的倭寇越发猖獗。特别是福建，北自福宁，南到漳泉，沿海数千里，都是倭寇的营地。福建巡抚游震得请求朝廷火速派兵支援。嘉靖四十一年（1562）七月，胡宗宪派戚继光为上将，率领其部下6000人，同时派督府中军都司戴冲霄率1600人协助，前去福建增援。

　　在福建境内的倭寇营地特别多，其中最为集中的有两处：一是宁德境内的横屿，这里是倭寇占据多年的老巢；另一处是福清境内的峰头，新来的倭寇多聚集在这个地方，连营数处，相互支持。戚继光率部南下，正好途经横屿。他听说福清的官军与倭寇对垒相持不下，而宁德局势日益紧张，遂决定先克横屿，再去福清。横屿是一座小岛，隔10里浅滩与大陆相望。这片浅滩潮来成海，潮退就成了泥洼。用步兵攻打则难于渡海，用水师进攻船又容易搁浅。倭寇在岛上已经盘踞了3年，加筑了城墙，堆起了堡垒，严加设防，且经常乘小船外出抢劫。离海岸10多里有个名叫章湾的村子，是倭寇在陆上的一大据点。村民大部分都被倭寇胁迫，做了倭寇的向导和哨探，明军稍有动静，马上他们就知道了。这帮倭寇自觉有保险防护，气焰十分嚣张。

　　这一年的八月，戚继光率领戚家军到了宁德。戚继光观测了敌情和地形，预先进行部署。首先下招抚令，免除胁从者的罪责，使得章湾等地多数胁从分子投降，分化瓦解了倭寇，孤立了横屿的敌人。倭寇派遣李十板、张十一两人假装投降，暗做奸细。但李、张二人见戚继光一心一意要除倭寇，对被迫胁从的百姓却以诚相待，深受感动，便报出了自己的身份，心甘情愿为明军效力。

　　八月七日，戚继光先派两支军队分别驻扎在金垂渡和石壁岭，防止敌人逃跑，自己带领大部人马进军章湾。戚家军进村之后，不杀一个人，不烧一间房。曾经被迫跟随倭寇的居民前来跪在地上请求治罪，戚继光说："你们既然离开倭贼，就是中国的百姓。我既诚心让你们回来，一定给你们一条自新之路，决不会因为从前的过错而断绝你们的从善之心。"这些人听后深受感动，表示愿为官军效力。经他们入山相劝，又有1000多胁从分子离倭归来。这样一来，横屿之倭便被孤立了。

　　等到了第二天五鼓，戚家军开赴前线，戚继光留下王如龙率兵两支埋伏在港尾一带海岸边，截杀漏网之贼，然后用激将法进行战前动员。戚继光召集部下军官说："从这里往横屿，现在是落潮，到了对岸就会涨潮。因此，必须全歼敌寇，才能在对岸等候落潮而回，否则就无退路了。如果没有这样的胆力，就不要到对岸去作战，我实在不忍心丢弃你们。"

　　众将的情绪激动起来，纷纷说道："我们不远千里而来，为了什么？难道能面对倭贼而心示胆怯吗？"

　　戚继光进一步激众将说："只怕力不从心啊。"

　　诸位将领的情绪更加激动，个个摩拳擦掌，跃跃欲试。戚继光看士气已经鼓得足够了，就大声说："要真是如此，我应该为诸位擂鼓助威！"戚继光一声令下，戚家军列成鸳鸯阵式，冲向浅滩，每人携草一捆，铺在泥滩地上。壮士们光着上身，在阵阵军鼓声中，艰难地匍匐前进。每走百步，稍喘口气，待队伍齐整再继续前进。就这样终于排除天险，越过浅滩到达对岸。此时，岛上的倭寇早在沿山南麓一带布好阵势，还有大批倭寇屯据木城死守。戚继光命吴惟忠率部攻木城，陈子銮、童子明率部杀向敌阵，陈大成率部沿山脚绕到敌人背后，准备前后夹击。戚家军背水大战，倭寇也知不战即死，因此拼命抵抗。双方恶战，杀得地动山摇，难解难分。虎将王如龙在对岸遥看形势危急，大喊一声，挥师杀过滩去。王如龙的部队一到，合力夹击，倭寇支撑不住，全线溃退。明军乘胜追击，刚过午后，岛上倭寇已被消灭得干干净净，此役共杀 2600 名敌寇。被倭寇占据多年的横屿岛，终于被戚家军一举收复。

第二天，戚家军凯旋回到宁德，暂作整顿。当时，福建地方后勤供应不上，戚家军物质生活十分艰苦。士兵驻扎在野外，八天盐米未进。八月十五是中秋节，为鼓舞士气，克服生活的困苦，戚继光召集数百名官兵，口授所作凯歌。一唱千和，还以合拍的鼓声伴奏，歌中唱道：

> 万人一心兮，泰山可撼。
>
> 惟忠与义兮，气冲斗牛。
>
> 主将亲我兮，胜如父母。
>
> 干犯军法兮，身不自由。
>
> 号令明兮，赏罚信。
>
> 赴水火兮，敢迟留。
>
> 上报天子兮，下救黔首。
>
> 杀尽倭奴兮，觅个封侯。

这一天夜里虽然没有酒，戚继光却和众将士以歌代酒，共赏明月，气氛非常活跃。他们为中秋而歌，也为胜利而歌。

到了八月二十九日，戚家军开抵福清。戚继光初步了解了敌情之后，单枪匹马直上大乌岭，侦察敌情，制定作战方案。接着又召集福建、浙江主客兵各路将领，喝血盟誓，协调戚家军和友军内部的关系，然后布置杀敌。九月初一，戚继光兵分三路：一路由戴冲霄统率，领兵六支，由锦屏山进攻；另一路为伏兵，命令施明赐、童子明率兵埋伏林木岭，预防倭寇偷袭。同时，又命令福建将领率兵扎营伏田原岭、渔溪、上径等地，切断敌人退路。戚继光自己率领一路人马，进攻锦屏山。

戚继光率军出城时，受到当地百姓夹道欢送，哭着请求戚家军立即剿杀敌寇。戚继光非常理解百姓的急切心情，但恐怕众人中混有敌人的奸细，便故意说："我率军远道而来，必须休整几日，相机而动，并非一时可得。"倭寇听此消息，自然放松了戒备。当天晚上二更天，戚继光率军偷袭倭寇的一个据点——杞店，等他们将倭寇巢营团团围住之时，敌人还在蒙头大睡。壮士朱钰直冲敌营，将大门打开，倭寇方才惊醒。戚家军在呐喊声中冲进敌营，倭寇迷迷糊糊，晕头转向，来不及反抗，就全部成了刀下之鬼。

杞店一战，干净利落。戚继光率军回锦屏山驻扎，到了五更时分，大约有700名倭寇，骑兵在前，步兵随后，准备偷袭明军营寨。戚继光已事先得到消息，便在山口埋伏下精兵强将迎击敌人。倭寇进入戚家军的埋伏圈后，战鼓一响，明军伏兵火铳一齐开火，大批敌人纷纷倒下。倭寇想要逃跑，又被事先放置好的蒺藜等物刺破脚掌，行动异常迟缓。戚继光听到鼓铳声后，指挥大军围困敌军。倭寇拼死突围，并抛出大把碎金，想以此引诱明军拾金，好乘机溜走。戚家军全然不顾，奋勇杀敌，倭寇纷纷败退。戚家军边战边追，乘胜直捣牛田倭寇大寨，牛田倭寇慌忙列阵迎战。王如龙率明军冲在前面，吴惟忠、胡大受、张谏等率部分兵两翼，包抄过去。戚家军势不可当，猛扑而来，倭寇抵挡不住，四方逃散。戚继光率军一鼓作气，连破牛田、上薛、闻读等倭巢。这时，戴冲霄率领的一路人马也赶了上来，两路人马成犄角之势，夹击溃敌。一路呐喊着杀去，直追至新塘，倭寇鬼哭狼嚎，拼命逃窜。明军分头追敌，又在阵中竖立白旗为信号，以招纳胁从分子，有数千人纷纷扔掉刀枪前来投降。戚家军屡战屡胜，除瓦解敌寇数千名外，还生擒倭寇10名，杀敌688人，其余被烧死者不计其数。

盘踞西林、木岭的倭寇，见牛田大营倭寇溃败，闻风丧胆，不敢迎战，聚集残寇往上径桥逃去。阻守上径桥的一名福建参将，没料到戚继光会如此神速取得胜利，毫无防备，竟被疯狂败退下来的数千倭贼一下子冲散了队伍。幸亏戚家军及时赶到，他们才得以获救，但残余倭寇却找机会跑掉了。这股败退下来的倭寇，逃到了泉州惠安县的南辋。由于当地百姓异常穷困，抢不到食物，地势平坦更无险可凭。倭寇估计浙江兵不会久留福建，于是又返回莆田城南20里的林墩，筑营死守。林墩四面临河，直通海港，既容易把守又利于撤退。倭寇知道胁从分子不可靠，便不让他们住进林墩，只让他们到外面充当哨探。

固守在林墩的 4000 多名倭寇，都是阴险毒辣的亡命之徒。

九月十二日，戚继光率师出发，在烽头、江口安营扎寨。为防止倭寇听到消息后逃跑，戚继光命把总张谏、叶大正、金科、曹南金率兵 1600 人，于十四日五更前必须赶往宁海桥设下埋伏，堵截敌寇。到时如果敌人尚未逃跑，一听到战鼓声响，即配合大军夹击。戚家军为麻痹敌人，开进莆田县城。戚继光表面上从容宴请宾客，装作要休息几日的样子，暗中积极准备战斗所需物品。当天半夜，乘居民熟睡，戚家军快速整队，开往林墩，行军十五里来到西洪，月明如昼。戚继光命士兵坐等月落，好乘黎明前的黑暗，再走五里，直捣敌巢。

但是，戚继光没想到他们上了向导的当，那个向导原来是倭寇的奸细。向导故意将戚家军带上西洪小路，却把黄石大道留着让倭寇逃跑。西洪小道坑坑洼洼，异常难走，当戚家军走完最后的五里路时，东方已经发白。敌人发觉了戚家军的进攻意图，便砍断了小桥。戚家军冲了好几次，都被倭寇凭借险要地势打退。就在这时，事先埋伏在宁海桥的张谏、叶大正、金科、曹南金等部 1600 人，听到战鼓声赶来会战，前后夹击，倭寇受挫，才退回巢中，戚家军终于冲过河去。

敌寇营盘离水很近，街道狭窄又不通畅，长兵器施展不开。于是双方短兵相接，刀来枪往，倭寇大败，相互践踏，有 1000 多人落水而亡，余寇匆忙往黄石方向败退。戚家军英勇追击，一直追到窑兜，胁从分子四散奔逃，戚继光放过他们，独自率军紧追一股真倭寇。真倭寇被追急了，逃进一家窑灶厂死守，明军爬上屋顶，用草木夹杂火药火烧敌人，倭寇大乱。戚家军乘势攻入，一举歼灭了残寇。这一仗，生擒倭寇 26 人，杀敌 960 人，还有数千倭寇被烧死、淹死，救出被俘百姓 2120 人，戚家军哨官周能等 69 名壮士也英勇就义。戚家军凯旋而归，官绅百姓，出城 10 里迎接。

十月三日，戚继光率军抵达福清。由于连日操劳，又加上渡水时着了凉，戚继光病倒了，与数百名伤病员在县城中调理。到了十月五日，东营地方来报，最近有 300 名倭寇登陆并窜至葛塘屯据，县丞陈永恳请戚继光前去击敌，戚继光立即应允。次日黎明，戚继光命陈大成等率二支人马埋伏在上径桥，阻截溃敌。然后分兵四路，由戚继光亲自督率击敌。陈永劝戚继光先养病，不必亲自前往，但戚继光仍坚持带病出征。大约离城刚刚10里，哨探来报，又来了300多名倭寇，已经到了牛田，离戚家军很近。于是，戚继光决定先消灭这一支倭寇。戚家军赶到牛田，倭寇正守在营寨之中。吴惟忠率兵往里冲杀，倭寇拼命抵抗，凶恶异常，官军败退下来。戚继光抱病大喊一声："大敌都被我们全歼，难道还拿不下这几个逆贼吗！"说着催马冲上前去。退却的兵士在戚继光的激励之下，重新又冲了上去。这时，其余三路将士也赶到了，四面呼应，终于大败敌寇。倭寇退回营中死守，抛瓦抵抗。吴惟忠带伤勇往直前，大队明军一齐拥入，立歼顽敌，巷中尸体累累。其余倭寇躲在巢中，被放火烧焦。经过审讯俘虏，查阅敌人书信，得知这支倭寇头目就是著名倭寇首领双剑潭。双剑潭英勇善战，多年来横行海上，在倭寇之中一呼百应。这次他们是应原来屯据福清之倭的邀请，前来攻打福州的。倭寇准备来1万人，由双剑潭和杨松泉各率300精锐打头阵。双剑潭，这个罪恶深重的寇匪，终于难逃戚家军的正义之剑。

杨松泉部倭寇在葛塘听到炮响，往上径桥奔来，陈大成等率伏兵追杀至桥上。由于桥面太窄，双方兵力施展不开，不少倭寇被挤掉河中淹死了，明军也有一些伤亡。陈大成撤回桥下，倭寇立即砍断桥梁。这股倭寇虽然没有全军覆没，但也被吓得乘夜逃往海上。不几天，登岸的倭寇越聚越多。他们一打听，得知原来福清之倭已被戚家军全歼，又听说双剑潭等也被杀死，吓得魂不附体，胆战心惊地说："戚家军真如猛虎一般！我们已经不敢侵犯江浙一带了，你们又何苦追杀万里！"从此，戚继光就在倭寇中得了个"戚老虎"的绰号，倭寇每每谈"虎"色变，闻风丧胆。先后登陆的倭寇已达1万多人，听说戚继光在此，不敢妄为，悄悄逃往南方。戚家军这次援闽作战，转战千里，四战皆胜，但自己也有不少伤亡。再加上水土不服，有一半兵将病倒，能战者只有3000。当时天气寒冷，冬衣未备，戚继光就让福建官员打扫战场，重修城墙，固守数月，自己先回浙江养息士卒，然后再来福建同倭寇大战。十一月初，戚家军起程回浙。

福建倭寇听到戚继光已回浙江，高兴地说："戚老虎走了，我们还怕什么！"又活跃起来，从北至南，到处骚扰。嘉靖四十一年（1562）十一月，一支倭寇攻陷寿宁、政和二县。另外有 6000 精锐倭寇，竟然攻陷兴化府，这是倭寇第一次攻陷府治大城，震动了整个福建。明朝廷对兴化失守深感不安，不久，罢免了巡抚游震得，起用谭纶为巡抚，又命抗倭名将俞大猷任福建总兵官，同时急调戚继光再次率军支援。戚继光回到浙江后，因援闽有功，于嘉靖四十一年十二月，升任分守台州、温州、福州、兴化、福宁等处副总兵，同时统率水寨，参将、游击以下武官，都听其调遣。戚继光上奏折《议处兵马钱粮疏》，请求招募新兵，加旧部共需 2 万，并请求备足粮饷器械，得到朝廷恩准。嘉靖四十二年（1563）一月，戚继光接到援闽诏书。二月，又往义乌募得新兵 1 万多人，沿途一边训练，一边往福建开去。

攻陷兴化的倭寇，在城中作恶两月，听说戚继光又要来福建，吓得于嘉靖四十二年（1563）一月底，匆匆离开兴化，逃往东南方，屯居崎头。平海卫都指挥欧阳深率兵拦截，不幸中伏牺牲。倭寇乘胜攻占平海卫，俞大猷受命担任福建总兵官，在漳州招收农民武装 6000人，赶来平海卫与广东总兵刘显军会师，驻扎五侯山，与倭营对峙，等候戚家军共同破敌。四月十三日，戚家军抵达福清，平海卫倭寇探得戚继光已到，其中一半吓得从海上逃跑，剩下 3000 多强悍狡诈的倭寇移往渚林南边的许家村，扎营死守。十九日，戚家军抵达东营扎寨，戚继光立即改装到前沿阵地，探察敌情，接着拜访俞大猷、刘显，取得了联系。第二天，巡抚谭纶到达渚林，会集三大营，商量作战部署。决定由戚家军担任中哨冲锋，俞大猷部为右哨，刘显部为左哨，三路军马分头行动，合力狙击。

四月二十一日，深夜四更天，明朝官军各路人马悄悄向敌营进发。中路戚家军以哨总胡守仁部为前锋，戚继光督后队，飞奔至五党山侧岭。戚继光命军士坐等月落，乘早晨的昏暗扑进敌营。这时，有 2000多名倭寇以 100 多骑兵为先锋，向明军阵地袭来。戚家军突然漫山点起火把，火龙飞舞，一排排火铳射去，倭马受惊，没命地四散狂奔。倭寇步兵又冲了上来，戚家军与敌人短兵相接。戚家军摆开阵式，越杀越勇，倭寇经过交手，看着眼前这骁勇善战的鸳鸯阵，明白真的遇上戚家军了。倭寇随即心惊胆颤，大败而逃。戚继光挥师猛追，直插许家村敌营。这时，俞大猷、刘显二部与戚家军会合，围剿倭寇，展开一场血战。明军乘风放火，刹那间敌巢一片焦臭，焚尸无数。到了四月二十二日上午九点，战斗全部结束。共计杀敌2451人，缴获器械3961件，解救被俘百姓3000多人，一举收复平海卫。第二天，明军得胜回城。

当戚家军自兴化回师，路经福清的时候，林墩一带的废墟上，老百姓已经重新盖起了房屋，种上了庄稼、蔬菜。当地群众见戚家军又来了，扶老携幼，向戚家军敬献茶果，载歌载舞，表达感激之情。

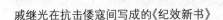

戚继光在抗击倭寇间写成的《纪效新书》

攻陷建宁府寿宁、政和二县的倭寇，大肆劫掠之后，准备经宁德出海，与盘踞平海卫的倭寇会合。当他们得知平海卫之倭已被歼灭，便退到连江县的马鼻，观察动静。五月三日，戚继光率军来袭。通往敌营的道路有两条，他便命胡守仁等率奇兵三支，由左路进军；陈禄等率兵三支，自右路前进。倭寇见明军右路兵至，暗中派精兵一支，乘黑夜从左路杀出，妄图堵截陈禄部的后路，正碰上戚家军左路奇兵。胡守仁率众拥上去格斗拼杀，倭寇败退回营。戚家军两路人马夹击，倭寇退据高山，箭石齐下，凭借险要地势死守。戚家军摆开鸳鸯阵，以盾牌前挡，猛往上冲，不一会儿就将倭寇杀死一小半。余寇四散，一部分还准备乘船往海上逃命。不料船只早已被明军舟师烧毁，倭寇无计可施，藏入海边泥淖中，寻物隐蔽，戚家军将其团团围住。半夜涨潮之时，倭寇都被大浪卷走。戚继光率军紧追漏网残倭，直到离尤溪不远的肖石岭，终于将残寇全部歼灭。这一年的六月，戚继光以其功劳升任都督佥事，不久又升任都督同知。

　　戚继光等人率军消灭了嘉靖四十一年冬天入侵福建的倭寇，收复了兴化、寿宁、政和后，进驻福宁州。从此，戚继光开始常驻福建，担负保卫福建沿海的抗倭重任。嘉靖四十二年（1563）四月，从平海卫逃回日本的数千名倭寇，都带回了大量抢夺来的金银财宝，使其余倭贼十分眼红。他们纠合27000多人，计划当年冬天先出发15000人，余者次年春天再去，打算在福建沿海全面进攻，重点则在仙游，最终攻占福州。十月，倭寇新的攻势开始了。他们北从福宁州的烽火门，南到泉州府的福全千户所，纷纷登陆。倭寇原指望可以洗劫一阵，再向福州进发，但由于戚家军驻防在沿海一带，使倭寇的梦想难以实现。从十月三日至十日的八天时间，戚继光沉着指挥水陆各路人马，同倭寇展开战斗，共计10余次，连连取胜。其中规模最大的上径桥之战，是在戚继光的直接指挥下进行的。当时，戚继光分析敌情，断定敌人意在深入内地，南去兴化、泉州，与已登陆之倭会合，上径桥是他们的必由之路。于是，戚继光命胡守仁率军在八日深夜赶到上径桥附近的渔溪埋伏。倭寇果然往上径桥奔来，一拥而上。可惜胡守仁点炮太早，戚家军伏兵杀出时，虽当场有数百倭寇落水而死，但余寇还是慌忙退下桥去。戚家军一阵砍杀，杀敌92人，残寇从小路奔至惠安的东沙，抢了渔船往海上逃命。戚家军水陆连胜12战，共计击毁倭寇大小战船28艘，歼敌3000多名，给倭寇以沉重的打击。

　　十一月上旬，倭寇集中2万多兵力围攻仙游县，城中军民在知县陈大有、典史陈贤等率领下，坚守城池，等待援兵。嘉靖四十二年（1563）十一月，朝廷任命戚继光为总兵，镇守福建七府一州，并兼管浙江金华、温州二府，都督水陆军马战船，这一任命使得戚继光更有效地担负起闽、浙一带的抗倭重任。戚继光一面派人催促浙兵速到闽应战，同时与谭纶一起做了决战前的周密部署：一是加强仙游方面的防御力量，预先派亲兵200名入城协助守城，并不断增援城中炮火矢石。二是布疑兵以分散敌人兵势。戚继光先调署守备胡守仁、把总蒋伯清等率兵在离仙游城不远的铁山据险扎寨，与敌对垒。又从各营中

挑选敢死勇士500人，不时突袭倭寇。随后与谭纶率大队人马驻扎在俞潭铺和沙园一带，故意鸣炮击鼓，军队来往不息，引起敌兵疑心，分散其攻城之力。三是命署守备耿宗元等率兵一支随监军汪道昆往福州，保卫省会，防备福宁登陆的倭寇突然袭击。四是派兵堵塞仙游之倭通往泉州、漳州的道路，截断仙游倭寇与外面的联系。五是对于陆续赶来会合的小股倭寇，分别消灭，以孤立攻击仙游的倭寇。戚继光之所以这样部署，是因为他所率领的军队全是浙兵，驻守福建采用轮班守卫的办法。他手中现班人数不足，下班兵马又未到达，无法与倭寇决战。

戚继光所设疑兵之计，曾一度使倭寇犹豫不决，但贼寇久不见援兵到来，攻城之势更加猛烈。十二月六日，倭寇聚集精兵强将，对仙游城发动猛攻，险些攻破仙游城。十二月二十三日，王如龙等率浙江兵赶到，明军实力大增，士气高涨。巡抚谭纶亲自到大营之中填写令票，委派戚继光全权指挥。第二天，戚继光召集诸位将领，部署作战方略。当时，围攻仙游的倭寇兵力2万多人，分屯东、西、南、北四门。明军仅1万余人，若四门同时攻打，以寡战多，很难取胜。戚继光决定集中优势兵力，打击敌人。遂命守备王如龙等率中左路人马，署守备胡守仁等率中右路人马，两路人马合力夹击南面倭寇。又命把总陈濠等率右奇兵攻击东面倭寇，游击李超等率左奇兵攻打西面倭寇，牵制敌人以防止他们增援南面倭寇，保证王如龙、胡守仁的胜利。等到王如龙、胡守仁得胜之后，再配合进攻。同时又命令吕从周等率标兵一支同司郭成所率的400苗兵屯扎铁山，设置疑兵以牵制北面之敌。把总金科等率中军大营之兵，准备接应。

十二月二十五日，各路军马分道出发，进入指定地点。恰逢大雨，倭寇竟然没有察觉。次日清晨，又是弥天大雾，对面不见人影，各路军马乘雾直奔敌营。此时此刻，倭寇正集中兵力攻城，他们制造出八座比城墙还高一丈余的吕公车，车身三面围着数层竹木绵毡，以防枪弹。每车可容100多人，车上架飞桥，可翻越城墙。眼看城池难守，在此危急时刻，王如龙率部赶到，直冲倭寇南面据点。敌人只顾攻城，

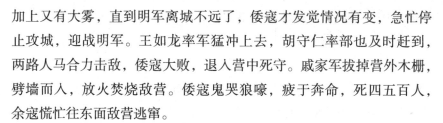

加上又有大雾，直到明军离城不远了，倭寇才发觉情况有变，急忙停止攻城，迎战明军。王如龙率军猛冲上去，胡守仁率部也及时赶到，两路人马合力击敌，倭寇大败，退入营中死守。戚家军拔掉营外木栅，劈墙而入，放火焚烧敌营。倭寇鬼哭狼嚎，疲于奔命，死四五百人，余寇慌忙往东面敌营逃窜。

南面倭寇被歼之后，王如龙、胡守仁各自依计而行，分头冲杀。胡守仁所部乘胜往东面敌营追杀过去，陈濠急忙率领右奇兵协同作战。由于仙游城的东门集中了倭寇的精锐兵将，而且那里多设埋伏，战斗打得十分吃力。右奇兵中的童子明所部不幸中敌埋伏，全部壮烈牺牲。但其余各部拼死搏斗，终于攻破了倭寇的东面巢穴。王如龙所部在南面得手之后，乘胜往西面杀去，会同李超率领的左奇兵进攻西面倭寇营盘。西面的倭寇听说南面巢穴已被攻破，吓得魂飞魄散，不敢迎战，据寨防守。王如龙率军如猛虎般扑了过来，不一会儿就攻破了西面巢穴。

倭寇东西两营数千漏网之寇，拼命突围北逃，企图与北面巢穴的倭寇会合。戚继光亲督金科等率领中军大营兵马，奋起直追，大败敌寇，攻破倭寇的北面巢穴。倭寇全线崩溃，丢下无数尸体，狼狈逃窜，危急中的仙游城终于获救。仙游残余倭寇1万余人向南逃窜，明军随后追击。嘉靖四十三年（1564）二月四日中午，在福建同安县的王仓坪与敌相遇。戚继光折箭为誓，鼓励士气，督诸将率军冲入敌阵，一阵拼杀。倭寇大败，匆忙往山上逃去。这时，有2000倭寇偷袭明军中军，直奔戚继光杀来，戚家军左右狙击，倭寇又逃往山上。戚继光率众登山，追击逃敌，直杀到太阳西下，倭寇支撑不住，狂奔猛跑，纷纷坠崖而死。所剩7000余倭寇，继续向南逃窜。二月十二日逃至漳浦，当地的汉奸15人与倭寇勾结，约定十六日夜间内外夹攻，夺取漳浦。倭寇于是屯兵蔡坡岭，准备袭击漳浦城。十五日，戚家军追了上来，得知上述情况之后，便于第二天猛攻蔡坡岭。倭寇大败，拼命突围不成，只好向丛林中逃。明军放火焚烧，倭寇1000余人被烧死，其余大都受伤，奔向诏安，由双港向广东逃去。后来，被广东总兵俞大猷率军围追堵截，吓得倭寇草木皆兵，再也不敢在中国土地上为非作歹，只得从广东沿海寻船慌忙逃回日本。经过戚继光等人率领沿海军民的有力打击，许多倭寇终于明白，从今往后，如果再登陆骚扰，除送死之外，别无所得。戚继光和他率领的戚家军在抗击倭寇的战斗中，为中华民族抗击外来恶势力的侵略，大写了一笔。

长城守边，威震胡虏

明朝时期的边患主要是"南倭北虏"，南方倭患基本肃清后，"北虏"问题摆在面前。蒙古兵时常越过长城，骚扰边境。蒙古骑兵部队的特点在于流动性和迅猛的冲击力量，集中来犯时，一次可以动员十万名骑兵，甚至各部落联合成一个大同盟，东西绵亘两千里，使明边防官兵束手无策。明朝因边防不力，连撤十员大将。明穆宗即位后，决心采取策略，加强北方防御力量。

隆庆二年（1568）五月，戚继光被任命为都督同知，总理蓟州、昌平、保定三镇军务，领兵镇守北部边关。蓟州镇是明代有名的北方九镇之一。明朝中央政府为防范蒙古骑兵南下，沿着漫长的长城线，设置了九个军事重镇。蓟州镇负责防守从山海关到居庸关附近的长城沿线地区，拱卫着京师，是九镇中最重要的一镇。戚继光到任后，不辞辛劳，巡视防务，深入了解地形地貌，然后采取了一系列有力措施。

首先，在长城沿线建筑空心敌台（碉堡）并加固长城。台高五丈，底宽十二丈，内分三层，四面有窗，最上面有垛口，便于瞭望。在台内储备必要的粮食和武器，可驻扎三十到五十人。如果发现敌情，台上点燃烽火报警，几小时之内可传遍绵延二千余里。把长城加高加宽，特别重要的地方修建起双层城墙，提高防御能力，使两千里防线固若金汤，守战得力。

其次，整顿和训练军队，提高部队战斗力。戚继光派人到浙江招募战士，第一批所募浙兵三千人，大都是戚继光旧部，经历过平倭作战的锻炼。他们到达蓟州时，适逢大雨，为等候戚继光检阅，从早晨站到中午，始终军容整肃，北方将士十分惊骇，军队纪律为之大变。到万历元年（1573），蓟镇共有十六万几千人，在戚继光严格训练下，成为全国闻名的劲旅。

再次，根据当地地形和防御骑兵进攻的要求，制定了车、步、骑兵配合作战的战术。根据蒙古骑兵的作战特点，创建了以火绳枪炮为主的步兵营、骑兵营、车营和辎重营，并使各营成为能在统一指挥下进行协同作战的合成军。

最后，整顿军队屯田工作。豁免屯田军士欠下的公粮；凡开垦抛荒田地的，发给耕牛、农具和籽种，三年免交公粮。搞好军屯，有利于军队的长期防守。

戚继光到蓟镇后，多次指挥了胜利的防御战。隆庆二年（1568），率兵至青山口（今河北迁西东北），击败蒙古朵颜部董狐狸、长昂。隆庆四年（1570），朝廷接受鞑靼首领俺答提出的赐予封爵和允许贸易的要求，达成和议，使得东起宣府（今河北宣化）、大同，西至甘肃的长城沿线地区，保持了几十年和平。万历元年（1573）至三年，多次率兵出塞击败扰边的董狐狸，迫其叩关请罪。万历七年（1579），率兵出山海关，援助辽东总兵李成梁大败蒙古插汉部首领土蛮（图们札萨克图汗）。

戚继光在北方御边十六年，"边备修饬，蓟门安然"，北方人民得以安居乐业。戚继光一再受到朝廷奖励。万历二年（1574）春，由右都督晋级为左都督；万历七年秋，加"太子太保"，援辽后又加"少保"，所以戚继光也被称为"戚少保"。

万历十一年（1583），戚继光到蓟镇已经十六个年头了。在为加强防务而日夜操劳的日子里，他已由壮年进入老年，双鬓添上了银丝，但报效国家的雄心壮志丝毫不减，赋诗言志曰："但使雕戈销杀气，未妨白发老边才。"但是，这位南征北战、出生入死的抗倭名将晚年竟遭到排挤。万历十年（1582），主张改革的内阁首辅张居正逝世后，朝廷内反对改革的人活跃起来。他们诬蔑戚继光是张居正的同党，对他恶语中伤。此时，北方边防已经稳定下来，明朝廷便把戚继光调任到广东镇守，实际上是将他闲弃一边。长年的劳累和精神忧郁使戚继光患了肺病。万历十三年（1585），戚继光被罢官回乡，闲居故里。万历十五年（1587），在昏庸腐朽的当权集团的排挤和打击下，一代名将终于在贫病交迫和寂寞凄凉中逝世。

功业显赫，名扬千秋

戚继光在四十多年的戎马生涯中，"一年三百六十日，多是横戈马上行"。一生戎马倥偬，转战南北，杀贼保民，经历大小八十多次战斗，战无不胜，平定了我国东南沿海长期以来的倭患，安定了北方边塞的形势。在他的身上，既有英勇无畏、保家卫国的爱国主义精神，又有与时俱进、勇于创新的进取精神；既有清正廉洁、艰苦朴素的奉献精神，又有爱兵恤民、忠于职守的公仆精神。

作为伟大的军事家、杰出的民族英雄，戚继光是我国历史上中华民族反对外来侵略的光辉典范。他率领戚家军投身沿海抗倭第一线，转战十余年，荡平危害东南沿海的倭寇，为巩固祖国海防立下了不可磨灭的功勋，充分显示了中华民族同敌人血战到底的气概和意志。每遇外敌入侵，戚继光都是一面激励斗志的旗帜，可以说，他的名字已经成为中华民族热爱和平、抗击侵略的象征，是中华民族最具张力的精神财富。当时的人民歌颂他，后世的人民纪念他。近代中国人民在反抗外来侵略的斗争中，总是从这位抗倭英雄的事迹中，获得鼓舞和力量。

　　戚继光戎马一生，爱民报国。从嘉靖二十三年（1544）袭职登州卫指挥佥事起，至万历十三年（1585）被罢官回乡止，军旅生涯四十一载，荡平倭寇，威震胡虏，忠心耿耿，保家卫国，救人民于水火，使国家边防线固若金汤，人民安居乐业，同时为张居正改革提供了相对稳定的二十年时间，促进了明后期商品经济的发展。他视百姓如父母，常以"军民相体"教育士兵，鼓励士兵杀贼保民，"冻死不拆屋，饿死不掳掠"。所到之处秋毫无犯，黎民百姓对他感恩戴德，"扶老携幼，道路充塞"，"淅米而炊，扫榻以款"，编唱民谣颂扬其功绩："戚我爷，戚我爷，爷未来兮民咨嗟，爷既来兮凶妖荡尽，草木生芽。欲报之德，昊天无涯。"离任蓟州时，人们纷纷罢市，在路上拦阻："黄童白叟哭无边"。正如他在《凯歌》诗中所言，"惟忠与义兮，气冲牛斗"，亦如在《望阙台》中所言："繁霜尽是心头血，撒向千峰秋叶丹"。

　　戚继光是中国历史上著名的军事理论家之一，在军事理论上颇多建树。他一生熟读经史、兵法，治军有方，统领有谋，指挥戚家军"飚发电举，屡摧大寇"。《明史》本传赞曰："戚继光用兵，盛名震寰宇。"誉为"常胜将军"。他的军事思想和军事理论，既是古代军事思想的继承和发展，又是后世军队和国防建设的重要指导原则，起着承前启后的作用。戚继光在戎马倥偬中博览群书，著述颇丰。《纪效新书》是戚继光在东南沿海一带抗击倭寇时所作，涉及的内容非常广泛，阐述选兵、编伍、操练、出征等理论和方法，并以此训练戚家军。《练兵实纪》是戚继光在蓟州练兵时所作，主张练兵之要在先练将，强调对将官必须进行德、才、识、艺方面的培养，倡办武庠（军校），从实践中锻炼、造就精通韬略的良将，此书集中反映了戚继光的军事思想和军事才能。《纪效新书》、《练兵实纪》和《练兵实纪杂集》突出了"新"和"实"，体现了对古代兵法"诗其意，不泥其迹"的创新求实思想，位居中国十大兵书之列，为历世兵家所推崇，"谈兵者遵用焉"。

　　戚继光还是一位杰出的兵器制造专家，一生在军械上有不少创造发明，其中之一便是地雷，当时叫"自犯钢轮火"。戚继光发明地雷是在万历八年（1580），比欧洲人大约要早三百年左右，是世界上最早的地雷。

　　戚继光文采卓然，是文武双全的著名儒将，他经常以诗言志，留有诗文集《止止堂集》。"封侯非我意，但愿海波平"是其内心世界的表白；"一年三百六十日，多是横戈马上行"是其战斗生活的真实写照；"废屋梁空无社燕，清宵月冷有悲魂"是对战争给人民带来灾难的深切同情。戚继光的诗文，充满了爱国主义激情。

　　戚继光功勋卓著而为官清廉，两袖清风，统率十万大军，素以慷慨著称，不事私蓄，他甚至废止让士兵伐柴薪以供其家用的成例。有一年除夕，总兵府中竟因为缺乏炊米之薪而不能及时辞岁；戎马一生的千古良将，罢官回归故里后家道贫寒，竟致医药不备，最终贫病交加而逝。英雄末路，使当时和后世的同情者无不扼腕叹息。如此人品，令人仰慕。戚继光报国安民的丰功伟绩不仅名垂青史，而且享誉民间。四百多年来，在他曾经涉足的山东、浙江、福建、广东、天津、河北、安徽等地，人们纷纷以各种形式纪念他。祀祠、塑像、碑刻、纪念馆（堂）或亭台楼阁、景物命名、地方风俗、方言以及民间文学、戏剧、舞蹈等，民间纪念形式之多、数量之大、范围之广、影响之深远，是许多著名历史人物所不及的。这些纪念形式几乎涵盖了百姓生活的各个层面，虽历经数百年人世变迁，依然留存至今，其丰功伟绩和伟大的爱国主义思想，流芳百世，光照千古。

　　公元1588年1月5日，60岁的抗倭名将戚继光与世长辞。这位威震中外的英雄，把他的英名和智慧留给了后来之人，他的光辉业绩也会名垂青史。

第 十 章

白发临边
——晚清怪杰左宗棠

　　左宗棠，字季高，一字朴存，号湘上农人，署名今亮，谥文襄，湖南湘阴人。清朝大臣，著名湘军将领。一生亲历了湘军平定太平天国运动、洋务运动、率军平定陕甘回变和收复新疆等中国重大历史事件。左宗棠少时屡试不第，功名止于举人，转而留意农事，遍读群书，钻研舆地、兵法。后竟因此成为清朝后期著名大臣，后破格敕赐进士，官至东阁大学士、军机大臣，封二等恪靖侯。

少年英杰，才智出众

清朝嘉庆十七年十月初七（1812 年 11 月 10 日）的凌晨，在湖南省湘阴县东乡左家冲一个贫寒的知识分子家里，年近八旬的老祖母杨老夫人，似梦非梦，看见一位神人从天空降落在她家的院子，自称为"牵牛星"，被一下子惊醒，随即便听到了婴儿的啼哭，原来是媳妇余氏生下了一个男孩。这个在"牵牛降世"神话中诞生的婴儿，就是后来成为清朝封疆大吏的左宗棠。

湘阴左氏家族，是南宋时期从江西迁到湖南来的，世居在这个偏僻的山村里，已长达 700 多年，经历宋、元、明、清四代皇朝，虽也出过一些著名人物，但大多穷苦平常，以耕读为本。左宗棠出生时，家里田地很少，祖父母均已年迈老衰，三个姐姐、二个哥哥，年纪都小，全家九口人的生活要靠父亲终年在外设馆授徒维持，"非脩脯无从得食"。如风调雨顺，一家生活还能维持，遇上灾荒年就难以度岁，粮食不足，常常是余夫人用糠屑作饼给家人充饥。左宗棠出生后母亲奶水不足，又雇不起奶妈，靠吸吮米汁来喂养。米汁难饱婴儿肚，营养跟不上，就日夜啼哭，时间一长，肚皮和肚脐都突出来了，以后长大了，仍然是腹大脐浅。后来左宗棠回忆说，"吾家积代寒素，先世苦况，百纸不能详"。他还曾作诗记述了当时的情况：

研田终岁营儿哺，糠屑经时当夕飧。

乾坤忧痛何时毕，忍属儿孙咬菜根。

左宗棠 4 岁时，随祖父在家中"梧塘书塾"读书。祖父左人锦，字斐中，号松野，国子监生，一生以授徒为业。他为人和气，乐善好施，闻名于乡里，因年近八旬，在家带养孙儿，做了宗棠的启蒙教师。

左宗棠自幼聪敏，祖父教给的诗句，很快就能记住。一次，祖父带他上屋后的小山玩耍，采摘了一大把毛栗子。祖父叫他带回家，分赠给兄姊。宗棠将毛栗子均分成五份，送给三位姐姐和两位哥哥，自己一个也没要。祖父知道后，见他从小知道礼让，能像汉代孔融那样4岁让梨，十分高兴，夸奖他说，这孩子从小分物能均，不存私心，将来一定会光大左家门庭。

左宗棠5岁那年，父亲左观澜到府城长沙设馆授徒，左宗棠和长兄宗棫、仲兄宗植随父来到长沙读书。父亲对他要求很严，宗棠生性颖悟，过目不忘。一次，父亲教二个哥哥读书，其中一句："昔之勇士亡于二桃，今之廉士生于二李。"父亲问"二桃的典故出自何处"？哥哥们还没来得及回答，宗棠早就应道："古诗《梁父吟》有一朝被谗言，二桃杀三士。"父亲非常奇怪。原来，二位哥哥平时朗诵诗文，宗棠在一旁静听默记，早已熟于心中。其父笑着对宗棠母亲说："将来老三有封侯的希望。"这一预言，60年后果然实现了。

左宗棠6岁开始攻读"四书""五经"等儒家经典，9岁开始学作八股文。

左宗棠

道光六年（1826），左宗棠参加湘阴县试，名列榜首。次年应长沙府试，取中第二名。然而，就在左宗棠奋发读书、开始走向科举道路之时，家中却遭遇一连串的不幸。先是，祖父母相继逝世，长兄因病早殇，母亲伤心过度，贫病交加，于道光七年去世。年过半百的父亲接连失子、丧妻，又为了请医生、办丧事，多日劳累，再加上沉重的债务，两年多后也一病不起，与世长辞。父亲一生寒素，死后只是留下了数十亩薄田和数百两银子的

债务。

这时，左宗棠的三个姐姐都已经出嫁，一个 10 口之家，只剩下他和仲兄宗植两人相依为命。而早已中了秀才的宗植，为了谋生，长年不在家，十几岁的宗棠，"早岁孤贫"，独立地走上了社会。但是，艰苦的生活并没有将他压倒，反而锻炼了他倔强的性格，培养了吃苦耐劳的精神。他从未为贫困的处境有过任何烦恼和忧伤，更没有向别人说过一个"穷"字，而是专心致志地学习。这时，他已在研讨治国安邦的"经世致用"之学了。

道光九年（1829），18 岁的左宗棠在书铺买到一部顾祖禹的《读史方舆纪要》，不久，又读了顾炎武的《天下郡国利病书》和齐召南的《水道提纲》。对这些涉及中国历史、地理、军事、经济、水利等内容的名著，左宗棠如获至宝，刻苦钻研，并作了详细的笔记，对于经世致用的，"另编存录"。这些书使他增长了见识，对他后来带兵打仗、施政理财、治理国家起了很大的作用。当时，许多沉湎于八股文章的学人士子对此很不理解，"莫不窃笑，以为无所用之"。左宗棠却毫不理会，仍然坚持自己的选择。

道光十年（1830）十月，江苏布政使贺长龄因为母居丧回到长沙。贺长龄是清代中期一位著名的务实派官员和经世致用学者，曾与江苏巡抚陶澍针对时弊，进行大力革新，并请魏源选辑从清朝开国到道光初年有关社会现实问题和经世致用的论文，编成《皇朝经世文编》120 卷。左宗棠早闻其大名，对贺长龄的学问、功业和为人十分钦慕，便前往请教。贺长龄见左宗棠人品不凡，知他志向远大，也非常赞赏，"以国士见待"。见他好学，又将家中藏书任其借阅。每次左宗棠上门，贺长龄必定亲自登梯上楼取书，从无拒绝。每次还书，都要询问有何心得，与左宗棠"互相考订，孜孜，无稍倦厌"。贺长龄还曾劝告宗棠：目前国家正苦缺乏人才，要他立大志，"幸勿苟且小就，自限其成"。

次年，左宗棠进入长沙城南书院。这座书院历史悠久、声誉颇高，为南宋时抗金名将张浚与其子、著名理学家张所创办，大学者朱熹曾在此讲学。此时由居丧在籍的原湖北学政、贺长龄之弟贺熙龄主持书院。他也是一位著名的经世致用学者，他提出书院的宗旨就是："诱以义理、经世之学，不专重制艺、帖括。"左宗棠在这里读汉宋先儒之书，求经世致用之学，又结识了后来成为湘军名将的罗泽南等，以志行道德相砥砺，以学问义理共研讨。贺熙龄对左宗棠也非常赏识，曾说："左子季高少从余游，观其卓然能自立，叩其学则确然有所得……"

贺氏兄弟以一代名流、显宦，如此地爱重左宗棠这个当时十分贫穷却勤于学习的学子，使左宗棠感动不已，没齿不忘。贺氏兄弟也一直关注着这位有前途的得意弟子，他们始终保持着密切的往来。

一年后，贺长龄丁忧期满，仍回江苏原任。6年后，升任贵州巡抚。他曾几次致信左宗棠，邀请左宗棠去贵州任事。当时，左宗棠已答应教陶澍的孤子，才没有应邀前往。

道光十九年（1839）秋，贺熙龄奉旨赴京。左宗棠和同学邓显鹤、罗汝怀、邹汉勋等会集城南，给他送行。当时，师生依依惜别，一送行者特地画了一幅《城南饯别图》，左宗棠还赋诗作别，又与罗汝怀一直送到湘江岸边，目送先生乘坐的帆船北去，一直到看不见后，两人"横渡而西"，爬上岳麓山顶，到夕阳西下才觅舟归来。两人限坐舟中，谈论先生的道德文章，竟彻夜未眠。

贺熙龄也很是难舍这些品学皆优的学生，特别是才华出众的左宗棠。船到九江后，他忆起往事，提笔写下《舟中怀左季高》诗一首：

> 六朝花月毫端扫，万里江山眼底横。
>
> 开口能谈天下事，读书深抱古人情。

并自注说道："季高近弃词章，为有用之学，谈天下形势，了如指掌。"其评价之高、殷望之深，确是表现了他对左宗棠的器重。

一年后，贺熙龄因病告假回籍，道光二十六年（1846）在长沙逝世。在此之前，左宗棠的长子孝威出生，贺熙龄听到这个消息后，高兴地说："宜婿吾女。"将最小的女儿许与刚出生的孝威。从此，贺熙龄与左宗棠又由师生变成了亲家，两家关系就更近了。

三试不第，绝意仕进

为了生计，左宗棠在城南书院只待了一年不得不另寻生路。第二年，即道光十一年（1831）他又进入湖南巡抚吴荣光在省城长沙设立的湘水校经堂。这所学校给学生提供膳食，吴荣光还亲自在校教授经学。左宗棠表现突出，在这年内的考试中七次名列第一。

道光十二年（1832）四月，三年一届的湖南省乡试又将来临。这时，左宗棠已居忧期满，但由于在居忧期间不能参加院试，错过了这次机会。21岁的左宗棠迫不得已，东挪西凑，筹集到108两银子，捐为监生，与哥哥宗植一道参加了这次有5000多人投考的湖南乡试。

乡试在八月举行，共考了三场。考完之后，贺熙龄马上设法打听，曾去看了左宗棠的试卷，非常赞赏，但说可惜格式不太合，恐怕考官们"无能辨此"。果然，他的卷子被斥入"遗卷"，落选了。但这次乡试恰逢道光皇帝50寿辰，称为"万寿恩科"。因此，道光皇帝下诏命考官搜阅"遗卷"，以示"恩宠"。这时，湖南副考官胡鉴病逝，只得由主考官徐法绩来办。徐法绩独自一人，阅看了5000多份"遗卷"，从中又取出6名，其中第一名就是左宗棠。启开试卷时，巡抚吴荣光正在场监临，一见左宗棠名列榜首，连忙起身祝贺徐法绩得了人才。

不久，榜发，左氏兄弟双双中举，哥哥左宗植中第一名，得解元；弟弟左宗棠中第18名。

乡试后，左宗棠与湘潭周诒端结婚。周夫人字筠心，与左宗棠同年生。她出生于湘潭辰山一书香门第，家境宽裕，父亲周衡在已去世，母亲王太夫人知书能诗、是贤妻良母。周夫人自幼随母读书，不仅好诗文，而且性情贤淑。这门亲事，早在左宗棠的父亲和长兄在世时就订下了，只因家贫，一直没有举办婚礼。时至两人都已 21 岁，早已到了结婚年龄，左宗棠只好来湘潭就婚，入赘岳家，后来在这里寄居了 9 年。

婚后，左宗棠和诒端感情和睦，相敬如宾。岳母也很喜欢这位才华横溢的郎婿。但左宗棠生性高傲，对自己婚后寄居岳家，颇为苦闷，后来他回忆起这段生活曾说："余居妇家，耻不能自食"，又有诗云：

九年寄眷住湘潭，庑下栖迟赘客惭。

这年冬天，左宗棠与宗植一同北上，准备参加来年春季的会试，次年正月，抵达北京。会试在三月举行，兄弟俩住在专门接待湖南来京应试举人的湖南会馆，紧张地准备应试。左宗棠考试完毕，不久发榜，却榜上无名。

回到湖南，左宗棠仍寄居湘潭岳家。这年八月，长女孝瑜出世，左宗棠向岳母家借得西头的几间房子，自立门户。

道光十五年（1835），左宗棠再次赴京会试。这次考试，他的成绩还算可以，同考官温葆深极力推荐，会试总裁也很是欣赏，评语为："立言有体，不蔓不支""二场尤为出色"，准备取为第 15 名。可惜，事不凑巧，发现湖南取中的名额已超过一名，而湖北省却少取了一名，于是将左宗棠的试卷撤去，改换为湖北中一人，左宗棠只被录取为"誊录"。誊录是一种抄抄写写的文职人员，很难有升迁。左宗棠不甘心在京城当一名誊录，等到积劳议功，不久即回家中。

道光十七年（1837），应巡抚吴荣光的邀请，左宗棠动身到醴陵主讲渌江书院。该书院有住读生童 60 余人，但收入却很少，"几无以给朝夕"。左宗棠后来记起这段当书院山长时的情景曾说："每遇岁阑解馆，出纸裹中物，还盐米小债。"生活虽然清苦，但他仍认真执教，从不懈怠。他按朱熹所著《小学》，择取书中八条定为学规。只要是前来就读的学生，每人发给日记本一个，要他们将所授功课的心得随时记录，每月初一、十五这两天要逐一检查。每天日落时分，大门下锁，生童都要在书房读书，左宗棠逐一来每间书房检查，并对所授课业认真指导。学生旷废课业，或虚辞掩饰不守学规，两次以上就要受到处罚，甚至开除。左宗棠严格要求，注重诱导，不到几个月，学生渐渐能一心向学不以为苦。

不久，时任两江总督的陶澍阅兵江西，顺道回乡（湖南安化）省墓，途经醴陵。陶澍是当时非常有影响的封疆大吏，嘉庆、道光年间，连任两江总督10余年。任职期间，他在林则徐、贺长龄、魏源、包世臣等的协助下，大力改革，整顿漕运，兴修水利，改革盐政，因而政绩卓著，为时人称颂。陶澍家境贫穷，"少负经世志"，又是当时倡导经世致用之学的代表人物。他和龚自珍、魏源、林则徐、贺长龄、姚莹、包世臣等一样，敢于揭露时弊，关心民生，对封建衰世的黑暗和腐败非常痛恨，要求改革内政，主张严禁鸦片，加强军备，防御外敌入侵。

陶澍的到来，醴陵县令自然要竭力款待，表示热烈欢迎，为其准备了下榻的馆舍，并请渌江书院山长左宗棠书写楹联，以表欢迎。左宗棠崇尚经世致用之学，对陶澍等也早有耳闻，十分敬慕，于是挥笔写下一副对联：

> 春殿语从容，廿载家山印心石在；
>
> 大江流日夜，八州子弟翘首公归。

这副对联，表达了家乡百姓对陶澍的景仰和欢迎之情，又道出了陶澍一生中最为辉煌的一段经历。一年多前（即道光十五年十一月底），道光皇帝在北京皇宫连续14次召见陶澍，并亲笔为其幼年读书的"印心石屋"题写匾额。印心石屋是以屋前潭中有一印心石而得名。这件事传播极广，令世人羡慕，陶澍也认为是无上的荣耀。因此当他看到这副楹联后，极为赏识，询知是左宗棠所作，立即派人邀请，"一见目为奇才，纵论古今，为留一宿"。陶澍还特意推迟归期一天，于次日与左宗棠周游醴陵，交谈甚深，成为忘年之交。

道光十八年（1838），左宗棠第三次赴京会试，结果又未如愿。南归途中，他绕道去南京谒见陶澍。陶澍并不以左宗棠的连连落第为意，他真诚款待，留其在总督署中住了10多天，"日使幕友、亲故与相谈论"。一天，陶澍主动提议让他唯一的儿子（时仅5岁）陶桄，与左宗

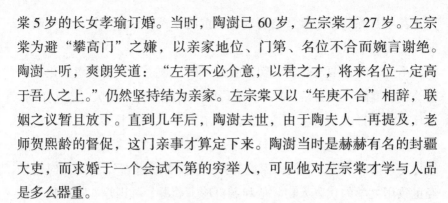

棠 5 岁的长女孝瑜订婚。当时，陶澍已 60 岁，左宗棠才 27 岁。左宗棠为避"攀高门"之嫌，以亲家地位、门第、名位不合而婉言谢绝。陶澍一听，爽朗笑道："左君不必介意，以君之才，将来名位一定高于吾人之上。"仍然坚持结为亲家。左宗棠又以"年庚不合"相辞，联姻之议暂且放下。直到几年后，陶澍去世，由于陶夫人一再提及，老师贺熙龄的督促，这门亲事才算定下来。陶澍当时是赫赫有名的封疆大吏，而求婚于一个会试不第的穷举人，可见他对左宗棠才学与人品是多么器重。

左宗棠在六年中三试不第，对他是个很大的打击。他虽然并不十分热衷于科场，不喜欢作毫无意义的八股文章。但在科举时代，读书人不中科举就难以进身，有志之士也只有通过科举获取地位，才能实现他的远大抱负。左宗棠后来说过："读书非为科名计，然非科名不能自养。"又说："读书当为经世之学，科名特进身阶耳。"左宗棠自少年时代就志大言大，而且自信心很强，自尊心也很强，因此三试不第之后，就下决心不再参加会试，从此"绝意仕进"，打算"长为农夫没世"。

科考失意，心怀天下

科考上的不如意使左宗棠不能沿着正规科举入仕的道路进入社会上层，进而实现他的志向了。但是，他不同于那些只知读书，不关心时事，一心追求功名的凡夫俗子。他毕竟有远大的志向、有崇高的抱负。他最关心的还是国家的命运、社会的治乱兴衰，最感兴趣的学问还是那些有关国计民生的经世致用之学。即使在那奔求科举仕进的年头，也一直没有放弃对时事的关心。

他第一次赴京会试，曾去在詹事府任詹事的胡达源家中拜访，有幸结识了后来成为清朝"中兴"名臣的人物——胡达源之子胡林翼。

左家和胡家原是世交。胡达源，湖南益阳人，早年曾与左观澜同读书于长沙岳麓书院，二人交情很深，感情弥笃。而胡林翼与左宗棠是同年、同学，后来又兼了亲戚。他出生于嘉庆十七年六月，比左宗棠大4个月，也曾在贺熙龄门下求学。他自幼聪慧，8岁时就被陶澍看中，招为女婿。少年时代，他常随岳父住在两江督署，一表人才，也深受陶澍、林则徐等人的影响，有匡时济世之志。

左宗棠与胡林翼一见如故，交谈融洽，从此成为莫逆之交。两人在一起谈古论今，朝政腐败、官吏无能、民生困苦和西方各国的侵逼，无所不及，对当时时局深感忧虑。为此，二人"辄相与欷太息，引为深忧"。当时的人们见了，都为之诧异，他们又如何能知二人的抱负。

但是，在另一方面，左宗棠在京城看到的是，王公贵族的门前车水马龙，官场黑暗，醉生梦死，一片歌舞升平的景象。左宗棠感叹时局，写下《燕台杂感》诗八首。其中有云：

> 世事悠悠袖手看，谁将儒术策治安。
>
> 国无苛政贫犹赖，民有饥心抚亦难。

从中我们可以看出他对民生疾苦的同情和对腐败政治、苛捐杂税的愤恨。

左宗棠对近年来西方殖民国家窥视我国边疆的形势有很敏锐的觉察，深为国家军备废弛而忧虑：

> 西域环兵不计年，当时立国重开边。
>
> 囊驼万里输官稻，沙碛千秋此石田。
>
> 置省尚烦他日策，兴屯宁费度支钱。
>
> 将军莫更纾愁眼，生计中原亦可怜。

又：

> 故园芳草无来信，横海戈船有是非。
>
> 报国心惭书剑在，一时乡思入朝饥。

南归途中，左宗棠给座师徐法绩写了一封信，提到当前国家最难办理的事，莫过于垦荒、救灾、盐政、粮运、治河等，并表示今后要多读些有关书籍，并且加以实际运用，以"不负国家养士之意"，报答老师的殷切期望。

第二次会试归来，左宗棠就开始着力学习地理学。他认为，由于时代变迁，更替日久，以往的地图却少有更改，有的甚至错误百出。于是，他计划绘制一幅全国地图，再画出分省、分府图。他依据古今史籍、志书，认真考察出古今地名、方位、里程，凡水道经过的地方、村驿关口的名称，山冈起伏的形势，都一一标记。陵谷的变迁、河渠的决塞、支源的远近、城治的兴废，以及古为重险今为散地、古为边陲今为腹地等地方，都仔细标记，再由本朝上溯，历明、元、宋……直到禹贡九州。

就这样，在湘潭周氏桂在堂的西楼，左宗棠夜以继日，披览古今图籍，手画其图。周夫人端坐一旁阅读史书，一炉香，一碗茶，互相慰勉。左宗棠每绘好一张草图，就交与周夫人描绘。遇到问题需要查书，周夫人就随手从书架上检出，某函某卷，往往十得八九，二人配合默契。历时年余，左宗棠在夫人的大力支持、帮助下，完成了这一项目。后来，他又抄录了《畿辅通志》《西域图志》和各直省通志，"于山川关隘、驿道远近，分门记录，为数十巨册"。

左宗棠横览九洲，无限感慨。这年，他挥笔写下了一副著名的对联，张挂在居室，表明志向，联云：

　　　身无半亩，心忧天下；
　　　读破万卷，神交古人。

左宗棠也特别重视农学。第三次会试失败后，他以自己从小以耕地为生，又以"农事为国家之本"，展开了对农学的探讨。他遍读了南、北农事之书，特别对"区种"感兴趣，认为农事以区种的办法最好，也就是因地所宜种植和区间种植，为此他写了一篇《广区田图说》的文章，专门论述心得。

他钻研农学，几年后，在湘阴买了一块田地，起名叫"柳庄"，亲自试验"区田法"，并栽桑、养蚕、种茶、植竹等。他每自外地归来，亲身忙于耕作，自号"湘上农人"。他曾在一信中说："兄东作甚忙，日与佣人缘垄亩，秧苗初苗，田水琤琤，时鸟变声，草新土润，另有一番乐意。"描绘了柳庄春日忙于耕种的景象，并抒发了自己从事农耕的愉快心情。道光二十六年（1846），他还根据多年读书和实践所得，分门别类，编撰了一部《朴存阁农书》。

道光十九年（1839）六月，陶澍在南京逝世，家眷迁回安化。次年，贺熙龄委托左宗棠，前往陶家，教其子陶桄读书，达8年之久。

陶家藏书丰富，使左宗棠在教读之余得以遍览群书。一方面，他以《图书集成》中的《康熙舆图》和《乾隆内府舆图》，悉心考索，重新修订了所绘舆图。一方面，他又在这里钻研了有关农政、水利、盐政、漕运的学问，特别是钻研了最初时务的兵学和洋务之学。

这年，钦差大臣林则徐赴广州查禁鸦片，左宗棠把注意力转向了洋务之学，他在陶家孜孜不倦地阅读各种有关书籍。"自道光十九年海上事起，凡唐宋以来史传、别录、说部及国朝志乘、载记，官私各书有关涉海国故事者，每涉及之，粗悉梗概。"

道光二十年（1840）五月，英国侵略中国的鸦片战争爆发，朝野震恐。关心时务的左宗棠虽然僻处安化，但想方设法探询消息，密切地关注着时局的发展。当他听到英军犯浙江，陷定海，林则徐被撤职的消息时，非常气愤，几次写信给贺熙龄，谈论自己对时局的看法，其中也谈到他对战守的看法。他以"天下兴亡，匹夫有责"之义，积极为反侵略战争出策献计，撰写了《料敌》《定策》《海屯》《器械》《用间》《善后》等一组文章，提出了"练海屯，设碉堡，简水卒，练新兵，设水寨，省调发，编泊埠之船，设造船之厂，讲求大筏、软帐之利，更造炮船、火船之式"等一系列作战措施。

然而，战争的进程使左宗棠大为痛心。清军接连失利，琦善妥协求和，道光二十一年（1841），英军占领香港，进逼广州。左宗棠心急如焚，写了《感事》诗四首。在诗中，他对外国侵略者表示了强烈的愤慨，"和戎自昔非长算，为尔豺狼不可驯"；赞颂了林则徐、关天培等爱国将领的积极反抗，"英雄驾驭归神武，时事艰辛仗老成"。"书生岂有封侯想，为播天威佐太平"，并为自己虽怀救国之志，却无报国之门而叹惜，"欲效边筹裨庙略，一尊山馆共谁论"。他又写信给贺熙龄，痛斥卖国贼琦善"以奸谋误国，贻祸边疆，遂使西人俱有轻中国之心，将士无自固之志，东南海隅恐不能数十年无烽火之警，其罪不可仅与一时失律者比，应当斩首军前"。他还给湘潭人黎吉云御史写信，请求上书朝廷，提出"非严主和玩寇之诛，诘纵兵失律之罪，则人心不耸，主威不振"。

道光二十二年（1842），英军先后攻陷吴淞、镇江。七月二十四日（8月6日），清廷在南京与英国侵略者签订了丧权辱国的《江宁条约》。左宗棠闻之，痛心疾首，大声疾呼："时事竟已至此，梦想所不到，古今所未有。虽有善者，亦无从措手矣!"

鸦片战争中，左宗棠只是一介"身无半亩"的寒士，僻处山斋，手中无权无兵，但他"心忧天下"，表现了他对时局的关心，充满了强烈的爱国热情。

官场险恶，因祸得福

左宗棠辅佐骆秉章革除弊政、整饬吏治、筹兵办饷，政绩卓著，得到骆秉章的极大信任，但同时也会有人忌恨和诽谤。他们曾诽谤说，湖南是"幕友当权，捐班用命"；不怀好意地称左宗棠为"左都御史"，意谓身为巡抚的骆秉章，其官衔不过为右副都御史，而左宗棠的权位却高于骆秉章。甚至有人写了一张传单："钦加劣幕衔帮办湖南巡抚左宗棠"，偷偷贴到湖南巡抚衙门的外墙上。

咸丰九年（1859）发生的"樊燮构陷事件"，差点将左宗棠推到绝路。

樊燮，湖北恩施人，咸丰年间任湖南永州镇总兵。出身于绿营，骄奢淫逸，在永州名声极坏，百姓兵丁莫不怨声载道。咸丰八年，骆秉章趁进京之际，参他私自役用兵弁、乘坐肩舆。随后经派员到永州调查，查明他擅自动用公款银960余两、钱3360余串，此外还动用不少米折银两。骆秉章奉旨将樊燮革职。但他不服，向上级衙门控诉，将矛头指向左宗棠。

事情的起因是这样，几个月前，永州知府黄文琛因公去岳州，适逢巡抚骆秉章正在岳州巡视，黄文琛便前往拜见，并就永州地方的各种弊端一一禀报。随后这事被樊燮知道了，他自知所做的肮脏事，不可见人，便做贼心虚，认为黄文琛必在巡抚面前告了他的状，就与其幕僚魏龙怀商量对策。魏为他出主意说，巡抚衙门的幕僚左宗棠，只是个举人，骆巡抚对之却宠信有加，委之以大事，何不先去见他，请他帮助疏通一下。樊一听有理，便依计而行，前往长沙。

左宗棠听到永州总兵来了，自得接见。但他为人心性耿直，恃才傲物，不喜与人虚交，对这位总兵大人的劣迹早有所闻，不免说些责备的话。而樊燮是个刚愎自用之人，倚仗他出身

左宗棠 行书七言联

武职，对文人幕客并不放在心上，故见面时只是拱手作揖，没有按礼请安。左宗棠即心直口快地说，武官来见，无论官职大小，照例都要

先行请安，你不请安，何必来见。樊燮一听，顿时性起，便反唇相讥：朝廷体制，没有武官见师爷请安的规矩，本镇官至二品，向无此例！为了礼仪细节，两人大吵起来。左宗棠一怒之下，将樊燮骂了出去。樊燮怀恨在心，一直寻找机会图谋报复。

樊燮革职后，找到湖南布政使文格请求疏通。文格是满洲人，这几年，骆秉章、左宗棠雷厉风行，在全省废大钱、减漕粮和整办贪官污吏，他很有意见，暗中忌恨。两人臭味相投，一拍即合，文格唆使樊燮诬陷骆、左。

当时，湖广总督官文有一门丁叫李锦棠，正以军功保荐知县。樊燮通过这门丁向官文打通关节，呈禀总督衙门，以幕僚越权干政为由控告左宗棠，并指控左为"劣幕"。同时，他又在京城都察院状告黄文琛与左宗棠，说黄、左通同勾结陷害他。

湖广总督官文，出自满族贵族，是两湖的最高军政长官。他向来看不起汉族官僚，专横武断，曾因骆秉章对他不太顺从而暗中忌恨，并迁怒于骆所器重的左宗棠。同时，作为一位满族贵族大员，近几年来眼见汉人逐渐势大，如胡林翼、曾国藩、骆秉章等逐渐当权，也非常恼怒。因此，在接到樊燮的禀帖之后，立即上奏朝廷。咸丰皇帝览奏后，下旨查办此事，将本案交官文和湖北正考官钱宝青审办，并说："如左宗棠果有不法情事，可即就地正法。"

八月二十五日（9月27日），骆秉章上奏朝廷，陈述冤情，并将查明的账簿、公禀以及樊燮的供词等咨送军机处。而满汉畛域之见极深的官文一意偏袒樊燮，在奉旨之后又以骆秉章之奏章出自左宗棠之手，独断专行，并未与巡抚协商，就要召左宗棠前往武昌，当场对质。

由于此案事关重大，两湖官员，除任湖北巡抚的胡林翼为之极力周旋外，都不敢出面调解。两年后，左宗棠在家信中回忆："官相因樊燮事欲行构陷之计，其时诸公无敢一言诵其冤者。"可知其时情态如何紧急。

这时，此案被咸丰皇帝最为宠信的重臣户部尚书肃顺得知。肃顺是满族人，但对汉族人并不歧视，是最早主张起用汉人的满族大臣，湘军的兴起，胡林翼、曾国藩的被重用，都得力于他的极力支持。他的幕府中，有许多汉人学者。肃顺看到朝廷密旨后，告其幕客高心夔，高告湖南湘潭人王闿运。王也是肃顺门客，又转告翰林院编修郭嵩焘。郭嵩焘听后大惊，因自己与左宗棠是同乡、好友，不便出面讲话，乃请王闿运向肃顺求救。肃顺表示："必俟内外臣工有疏保荐，余方能启齿。"当时，郭嵩焘与侍读学士潘祖荫同值南书房，便请潘出面讲话。

于是潘祖荫连上三疏，力陈其冤，认为这是蓄意诬陷，他说：

楚南一军立功本省，援应江西、湖北、广西、贵州，所向克捷，由骆秉章调度有方，实由左宗棠运筹决胜，此天下所共见，而久在我圣明洞鉴中也……是国家不可一日无湖南，而湖南不可一日无宗棠也。"

"宗棠为人负性刚直，嫉恶如仇。湖南不肖之员不遂其私，思有以中伤之久矣。湖广总督官文惑于浮言，未免有引绳批根之处。宗棠一在籍举人，去留无足轻重，而楚南事势关系尤大，不得不为国家惜此才。

潘祖荫的三次上疏，使案情迅速扭转。其时，胡林翼也极力配合，上奏《敬举贤才力图补救》一疏，称左宗棠"精熟方舆，晓畅兵略"，但"名满天下，谤亦随之"，为左辩驳。

咸丰帝见到这些奏折，果然问肃顺："方今天下多事，左宗棠果长军旅，自当弃瑕录用。"肃顺乘机答道："闻左宗棠在湖南巡抚骆秉章幕中，赞划军谋，迭著成效，骆秉章之功，皆其功也。人材难得，自当爱惜。请再密寄官文，录中外保荐各疏，令其察酌情形办理。"官文等人见风转舵，与门客相商，上奏结案。一场争斗终于化险为夷。

经过这件事后，左宗棠深感官场险恶，忧心忡忡，"早已为世所指目，今更孤踪特立，日与忌我疑我者为伍"，便决定暂且引退。于是，他以要去北京会试为由，向骆秉章提出辞职，并推荐其友、湘乡人刘蓉代替自己，于咸丰九年十二月二十日（1860 年 1 月 12 日）离开湖南巡抚衙门，结束了他长达 8 年的幕府生涯。

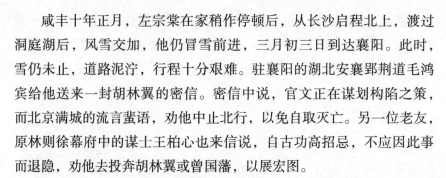

　　咸丰十年正月，左宗棠在家稍作停顿后，从长沙启程北上，渡过洞庭湖后，风雪交加，他仍冒雪前进，三月初三日到达襄阳。此时，雪仍未止，道路泥泞，行程十分艰难。驻襄阳的湖北安襄郧荆道毛鸿宾给他送来一封胡林翼的密信。密信中说，官文正在谋划构陷之策，而北京满城的流言蜚语，劝他中止北行，以免自取灭亡。另一位老友，原林则徐幕府中的谋士王柏心也来信说，自古功高招忌，不应因此事而退隐，劝他去投奔胡林翼或曾国藩，以展宏图。

　　左宗棠阅信以后，感到进退两难。在一封致友人的信中，他表达这种困境中的自己感到身孤力单，四顾苍茫，"帝乡既不可到，而悠悠我里仍畏寻踪"。于是，他决定采纳王柏心之建议，投靠胡、曾以自效。随后，他即由襄阳乘船顺汉水东下，经汉口再转向东，进入安徽，闰三月二十七日（5月17日）由英山抵达宿松。这时，胡林翼进驻英山，曾国藩扎营宿松，正准备全面进攻太平军在安徽太湖、潜山的据点。左宗棠拜见了曾国藩，便留其幕中。

　　不久，曾国藩奉到咸丰帝的寄谕，特询："左宗棠熟习湖南形势，战胜攻取，调度有方……应否令左宗棠仍在湖南襄办团练事，抑或调赴该侍郎军营，俾得尽其所长，以收得人之效。"曾国藩与左宗棠虽然性情、脾气并不相投，但交情颇重，对左宗棠身被诬陷十分同情，只因他贯于明哲保身，为人小心谨慎，一直未出面说情。这时，见"天心大转"，便立即回奏：左宗棠"刚明耐苦，晓畅兵机，当此需才孔亟之时，无论何项差使，惟求明降谕旨，俾得安心任事，必能感激图报，有裨时局"。由于曾国藩的保荐，很快，朝廷即发下谕旨，授予左宗棠四品卿衔，帮助曾国藩办理军务。

　　于是，刚刚走出巡抚幕府的左宗棠，因祸得福得到破格起用，于是，开始了更大的事业。

清剿太平，威震江南

左宗棠接到清朝廷要他襄办曾国藩军务的命令时，江南正被太平军打得一败再败，时局危急。这年闰三月时，太平军的杰出将领陈玉成、李秀成率领各路军，再次击溃清军的江南大营，太平军声势重振。随后，李秀成挥师东进，威震江苏；陈玉成回军安庆，猛攻湘军。

为挽救危局，清朝廷任命曾国藩为两江总督，于是，他自宿松移军皖南祁门，并命左宗棠在长沙招募兵员 5000 名，另立一军，进援安徽。

咸丰十年五月，左宗棠在长沙打出"楚军"旗号。他选择崔大光、罗近秋、黄少春等一批勇敢朴实的湘军旧将，令其回各县募兵，设立了四个营，每营 500 人；四个总哨，每哨 320 人；另外增选精锐之士 200 人，分为八队，作为亲兵；又会合原湘军骁将王鑫旧部 1400 人，总共 5000 多人。

王鑫，湖南湘乡人，是左宗棠老友罗泽南的弟子，双方早就熟悉。咸丰二年，王鑫和罗泽南在湘乡举办团练，后奉命带赴长沙，帮办军务。不久，曾国藩以团练为主，编组操练，创办了新式军队的鼻祖"湘军"。王鑫有勇有谋，但很有个性，不太服从曾国藩的指挥，因此不得曾的倚重。咸丰四年，他在岳州战败，免不了受处分，而当时在巡抚幕府的左宗棠却给予勉励，骆秉章也很看重他，仍让他带领湘勇去防守边境。从此，王鑫对左宗棠十分信服，作战英勇，后来他转战江西，被太平军称为"王老虎"。咸丰七年，战死江西乐安。王鑫死后，旧部由其弟王开琳等统带，被称为"老湘军"，后来成为左宗棠部队的主力，随同左宗棠南征北战，战功显赫。

楚军成立后，全部屯驻长沙城南的金盆岭，由王錱堂弟王开化总管全军营务，宁乡人刘典和湘乡人杨昌为副，整训军队。制定严格的军纪，左宗棠亲自拟定了《楚军营制》，规定："行军必禁"，凡犯奸淫烧杀者斩首示众；"不准骚扰百姓"，概不准搬民家门片板材、桌椅、衣服、小菜、桶碗；"买卖公平"，必须按市价平买平卖。

正当左宗棠加紧训练楚军时，清朝廷得知太平军名将石达开将率部由黔入川，拟任命他到四川督办军务，以扭转西南形势。曾国藩闻讯后，认为左宗棠肯定前往，因为在湘军只是襄办，而去四川却是督办。但左宗棠认为自己资望尚浅，不能当此大任，去也无济，表示"我志在平吴，不在入蜀矣"。曾国藩和胡林翼也非常愿意留左在身边，便联名上奏，力主将他留下，由他率领楚军，支援安徽。左宗棠虽有"督办"之位不从，而安居"襄办"，但仍然得以独领一军亲临前线。

八月，左宗棠率楚军由长沙出征，经过醴陵，进入江西，最初打算去祁门与曾国藩部会合，后来获知太平军已占领皖南重镇徽州，于是改由南昌、乐平，进驻江西东北门户景德镇。曾国藩之目的是以其保卫祁门饷道，并阻止太平军从皖南进入江西。

楚军到达景德镇后，有太平军别部一支前来打探虚实。左宗棠派王开琳率老湘营将之击退，另派王开化、刘典部在半路上截杀太平军，太平军连受重创，大败而去，楚军乘胜占领德兴，又昼夜追赶，占领婺源。楚军出师首战告捷，在江西站稳了脚跟。这是左宗棠独起一军后打的第一仗。

十一月，太平军李世贤部包围祁门、黄文金部数万人攻打楚军。左宗棠以黄少春从后包抄，将黄文金击溃。其后又与曾国藩派来的猛将鲍超配合，伏击黄文金，占领建德，祁门解围。楚军连打两次胜仗，曾国藩奏准清廷，左宗棠升为三品京堂候补。他还在奏疏中说："臣在祁门，三面皆贼……赖左宗棠之谋，鲍超之勇，以守则固，以战则胜，乃得大挫凶锋，化险为夷。"

咸丰十一年二月（1859 年 3 月），李世贤率大军前来，连克婺源、景德镇，楚军被迫退往乐平。三月，两军大战乐平。太平军三路进攻，楚军坚守不出，掘壕引水，太平军英勇作战，持续 10 余日，楚军伤亡惨重。最后，左宗棠下令兵分三路出壕反击，自己督率中路，与太平军短兵相接。李世贤部受到重创，纷纷撤退，不久，退入浙江。

咸丰十一年六月，清廷又授予左宗棠太常寺卿，并以浙江紧急，命他迅速援浙，后因曾国藩奏留，移师婺源，以稳定江皖局势。

这时，国内政局动荡。七月，咸丰帝在热河病亡，不久，西太后发动北京政变，肃顺等顾命大臣分别被处死、流放、免职，西太后垂帘听政，改元同治。八月，湘军攻克长江重镇安庆，湘军已无顾虑。十月，清廷以江、皖大局已定，命曾国藩办理苏、皖、赣、浙四省军务，并命左宗棠督办浙江军务，援救浙江。

李世贤部太平军入浙只有几个月，势如破竹，攻占严州、绍兴、宁波、台州等重镇，十一月又攻克杭州，浙江巡抚王有龄兵败自杀。曾国藩奉旨后，乃密奏清廷，推荐左宗棠为浙江巡抚，又致信左宗棠嘱他以大事。十二月，清廷即下诏，授予左宗棠为浙江巡抚。于是，左宗棠开始亲掌大权，迅速成为清王朝的封疆大吏。

奉旨以后，左宗棠着手谋划援浙军务。楚军初出湘时仅 5000 人，后陆续增加到 8000 余人，这时又奏调广西按察使蒋益澧、总兵刘培元各率部前来，兵力达到 14000 余人。随后，他开始大力整顿浙江军事：申明赏罚、汰弱挑强、保证饷需；在作战上，提出"避长围，防后路"，宁可缓进，断不轻退，"得尺则尺，得寸则寸"的方针。

同治元年正月（1862 年 2 月），左宗棠统率楚军进入浙江，首先攻占开化，二月下遂安，紧紧追赶太平军。太平军在浙人数众多，李世贤、汪海洋等将领英勇作战，势力仍很强大。两军在浙西多次交战，长达一二年之久。

北京政变后，西太后、恭亲王奕䜣执掌朝廷大权。为了迅速将太平军镇压下去，采纳了沿海一带部分官僚、买办"借洋兵助剿"的主张。于是他们勾结了在华的外国人组织起"洋枪队"，出面与太平军作战。当时，在浙东沿海活跃着中法"常安军""定胜军""常捷军"等，并于同治元年四月攻陷宁波等地，由浙东向浙西进攻。

对此，左宗棠十分反感，认为"借洋兵助剿"，后患无穷，徒劳无功。但朝廷一再下旨，要他启用这些军队，他也无可奈何。

十一月，楚军攻占严州，然后分路进击，直指杭州。同治二年春，各部先后占领汤溪、金华、武义、绍兴等城，太平军连连失败。四月，朝廷命左宗棠任闽浙总督，仍兼浙江巡抚，所统楚军很快扩充到3万余人。八月左宗棠指挥楚军和由法国军官德克碑带领的中法混合军"常捷军"，一举占领富阳城，随后进攻杭州。

杭州是浙江省会，关系全省安危。太平军得知清军来攻，赶忙在城墙四周加筑堡垒，挖掘长壕，坚决抵抗。八月底，楚军各部已兵临城下，双方在城外展开激战。十一月，左宗棠由严州进驻富阳，并到余杭巡视各军。十二月，各军逼城，将四门包围。

这时，太平军的东南局势已十分危急。李鸿章率淮军在江苏作战，连败太平军，先后攻占苏州、无锡等城。曾国荃率湘军主力对天京的围困更紧，昼夜紧攻。而太平军内部人心不稳，江、浙一带发生多起叛变降清事件，杭州城内军心已乱。

同治三年二月（1864年3月），左宗棠下令加紧攻城，楚军水陆配合，首先攻破城外堡垒，而后分兵攻击五门。太平军经多次激战，已经疲于应付，乃于半夜从北门突围。楚军立即蜂涌而进，攻占杭州。同日，踞守余杭的汪海洋也弃城而逃。清廷闻报大喜，立即下诏嘉奖，加封左宗棠太子太保衔，赏穿黄马褂。

杭州一失，太平军失去东南屏障，天京已非常孤立，败局已定。六月，曾国荃军攻陷天京。太平天国农民起义，持续14年、席卷了半个中国，波及全国，轰轰烈烈，至此宣告失败。

太平天国失败后，长江南北仍有太平军残部数十万人。长江以北为赖文光部，后与北方捻军合一，成为捻军之一部。江南即是从杭州、余杭突围而出的李世贤、汪海洋部，合计10余万众。随后，他们辗转江西，又南下到达闽西南的汀州、龙岩、漳州一带，一路攻城掠地，给清廷以沉重的打击。清廷又急忙命左宗棠前往福州，赴闽浙总督之任，并负责镇压这支进入福建的太平军余部。

十月，左宗棠从杭州起行，率刘典、黄少春、王德榜各部入闽，准备彻底消灭太平军。李世贤、汪海洋等受楚军追击，于同治四年春（1865），分部退入广东境内，沿途与清军多次作战，遭受严重损失。左宗棠在后面紧追不舍，随即追入广东。七月，李世贤被汪海洋残杀，势力更弱。十二月，汪海洋退入嘉应州，组织最后的抵抗。同月左宗棠指挥各军发起总攻，汪海洋部被全部消灭，汪海洋自己也中枪阵亡。至此，湘军与太平军长达 14 年的战争，由左宗棠做了最后的了结。

壮志未酬，遗恨归天

光绪七年九月（1881 年 10 月），清政府刚刚结束与沙俄交涉收复伊犁的谈判，又因越南问题与法国发生了矛盾。

越南是我国西南的邻国，长期与我国保持友好关系。可法国想以越南为跳板，进一步侵略中国，所以频频发动侵越战争，先占湄公河，1882 年 3 月侵占河内，1883 年 3 月又占南定。殖民者狂妄叫嚣："征服那个巨大的中华帝国是不成问题的……我们必须站在那个富庶区域的通路之上。"

面对法国进攻态势，以李鸿章为代表的求和派主张："未可与欧洲强国轻言战事。"左宗棠挺身而出，上书总理衙门，态度鲜明地提出抗法援越的主张，中越两国壤地相接，若法国侵占越南，则我西南藩篱尽撤，云贵难保，只有一战，才是挽救时局的唯一办法。

左宗棠积极备战。他从下关起程，沿长江东下，依次视察了乌龙山、象山、都天庙、焦山、江阴、吴淞各炮台，并郑重申明："遇有外国兵轮闯入海口不服查禁者，开炮测准轰击得力获效者，照军功例从优给奖，临阵退缩、甘心失律以致误事者，届时由臣察实手刃以徇。"左宗棠亲自立誓前线，对将士们说："老命固无足惜，或者40余年之恶气藉此一吐。自此凶威顿挫，不敢动辄挟制、要求，乃所愿也"。"如敌冲过隘口，则防所即是死所，当即捐躯以殉。"

光绪九年十月，法国又占领了越南首都顺化，左宗棠决计亲征。因清政府无心与之作战，左宗棠亲赴前线的请求遭到拒绝，于是改派手下得力干将王德榜回湘募兵，又调派久经沙场的提督陈广顺、张春发、杨文彪，总兵吴体全，副将谭家振，游击龙定太、杨肇俊等赴王营，并从亲军差官、大旗中挑选勇敢善战的骨干三四十人送往军前效力，还解去饷银103000两。组成一支援越部队，左宗棠命名为"恪靖定边军"。

1883年12月，法军向驻守在越南北部的中国军队发起进攻，先后攻占山西、北宁、太原，自请赴越南"督师"的云贵总督岑毓英逃回云南。

其时，左宗棠因目疾严重，被批准休假四个月，两江总督由曾国荃代理。左宗棠听到前方战事失利，非常气愤，遂提前销假，被召入军机处，并请求调其旧部、前浙江提督黄少春募军赴援，与王德榜、刘永福合力抗法。此时，法军在军事上得手之后，打起和议的旗帜，清政府与法议和，左宗棠增兵前线的主张被否决。当他获悉李鸿章与法国签订《中法简明条约》之后，写了一份"时务说帖"，竭力陈述法国侵越后，中国所处的危机："适令越为法所据，将来生聚训练，纳税征粮，吾华何能高枕而卧，若各国从而生心，如俄人垂涎朝鲜，英人凯觊西藏，日本并琉球，葡萄牙据澳门，鹰眼四集，圜向吾华，势将舐糠及米，何以待之?"

左宗棠年已古稀，又重病在身，却仍雄心勃勃，自请视师指挥中法战争，并愿立军令状，坚决主张与法国作战。清政府仍然没有同意他的要求，不过他派出的"恪靖定边军"在王德榜率领下，曾孤军奋战，拼死作战，有力配合冯子材部的反攻，取得了镇南关—谅山大捷，为扭转时局起了很大的作用。

1884年8月5日，法军进犯台湾基隆，为我守军击退。21日又偷袭我福州马尾港，使福建水师和造船厂受到重创。在这种形势下，清政府任命左宗棠为钦差大臣，督办福建军务，当时的《申报》中称："左侯相以闽事吃紧，慷慨请行，所谓一息尚存，此志不容少懈，方之古名臣，曾不多让！"

12月14日，左宗棠抵达福州，当时正值马尾新败，福州城内人心不稳，左宗棠到达后，人心迅速安定。有目击者回忆说："当其入城时，凛凛威风，前面但见旗帜飘扬，上大书'恪靖侯左'，中间则队伍排列两行，个个肩荷洋枪，步伐整齐"，"榕垣当此风声鹤唳之秋，经此一番恐怖，一见宫保，无异天神降临。"随后左宗棠下令整顿防务，加强战备，组织渔团，打捞被法击沉之舰炮，加固炮台，并至闽江口校阅长门、金牌防军，经过这一番准备，福州前线防务实力大增。

当时最使左宗棠担忧的是援台问题。1884年10月，左在赶赴福州途中，法军攻陷了基隆，手握重兵的南洋、北洋大臣曾国荃、李鸿章坐视不救。左宗棠认为台湾关系大局，万万不

左宗棠墓

能丢，因此，奏请南、北洋各派兵船五艘，由帮办军务杨岳斌率领，自海道赴援。抵任后，左组成"恪靖援台军"，拟亲自统率渡海，以解台危，但朝廷没有允许，又有当地绅耆士庶再三挽留，才改派统领王诗正、营务处道员陈鸣志等率领赴台。当时法舰巡行海面，封锁台湾海峡，福建水师在马江一战而覆灭，以致"无船飞渡"。左宗棠只得令援台清军"扮作渔人，黑夜偷渡"，一路破险抵达台南，投入保卫台湾的战斗，有效地遏止了法国侵略者侵占台湾的野心。

正当中国军队抗法取得谅山、临洮战役胜利，捷报频传时，清政府却下令停战，左宗棠非常惊奇，他说："去秋至今，沿海沿边各省惨淡经营，稍为周密。今忽隐忍出此，日后办理洋务，必有承其敝者。"当

时全国人民和多数官吏纷纷请战，主战派把希望都寄托在左宗棠身上，两广总督张之洞打电报给左宗棠说："公有回天之力，幸速图之。"但慈禧太后一意主和，左宗棠也无计可施，只能痛视清政府以军事上的胜利换取与法国签订不平等条约的千古奇闻，他气得口吐鲜血，几次晕过去。9月初，左宗棠进入弥留阶段，他口授遗折，谓"此次越南和战，实中国强弱一大关键，臣督师南下，迄未大伸挞伐，张我国威，遗恨平生，不能瞑目"。真是"壮志未酬身先死，常使英雄泪满巾"。

9月5日，福州城东北隅崩裂逾二丈，城下居民迄无恙，竟夕大雨如注，左宗棠带着未酬的志愿饮恨于福州。清廷追赠太傅，照大学士例赐恤，谥文襄，入祀京师昭忠祠、贤良祠。1886年12月10日葬于湖南长沙八都杨梅河柏竹塘。一代封疆大吏就这样离开了人间。